阿拉伯国家研究省部共建协同创新中心（宁夏大学）

"一带一路"倡议对阿传播的话语体系构建【西亚篇】

姜克银 著

时事出版社
北京

图书在版编目（CIP）数据

"一带一路"倡议对阿传播的话语体系构建．西亚篇／姜克银著．—北京：时事出版社，2020.4
　ISBN 978-7-5195-0310-9

Ⅰ.①一… Ⅱ.①姜… Ⅲ.①"一带一路"—国际合作—研究—中国、西亚 Ⅳ.①F125.5

中国版本图书馆 CIP 数据核字（2019）第 235217 号

出 版 发 行：时事出版社
地　　　　址：北京市海淀区万寿寺甲 2 号
邮　　　编：100081
发 行 热 线：（010）88547590　88547591
读者服务部：（010）88547595
传　　　真：（010）88547592
电 子 邮 箱：shishichubanshe@sina.com
网　　　址：www.shishishe.com
印　　　刷：北京朝阳印刷厂有限责任公司

开本：787×1092　1/16　印张：19.25　字数：310 千字
2020 年 4 月第 1 版　2020 年 4 月第 1 次印刷
定价：128.00 元
（如有印装质量问题，请与本社发行部联系调换）

目 录

绪 论 / 001

第一章 对也门传播的话语体系构建 / 008

一、也门概况 / 008

二、故事背景 / 010

三、神奇的白鹰——哈桑 / 011

四、故事分配 / 024

五、故事消费 / 026

六、中也合作 / 029

第二章 对叙利亚传播的话语体系构建 / 031

一、叙利亚概况 / 031

二、故事背景 / 032

三、阿卜杜拉王战记 / 033

四、故事分配 / 050

五、故事消费 / 051

六、中叙合作 / 054

第三章 对黎巴嫩传播的话语体系构建 / 057

一、黎巴嫩概况 / 057

二、故事背景 / 059

三、王后的礼服 / 059

四、故事分配 / 074

五、故事消费 / 075

六、中黎合作 / 077

第四章 对阿拉伯联合酋长国传播的话语体系构建 / 080

一、阿拉伯联合酋长国概况 / 080

二、故事背景 / 082

三、东方秘术 / 083

四、故事分配 / 098

五、故事消费 / 099

六、中阿合作 / 101

第五章 对卡塔尔传播的话语体系构建 / 104

一、卡塔尔概况 / 104

二、故事背景 / 106

三、珍珠粉 / 106

四、故事分配 / 121

五、故事消费 / 122

六、中卡合作 / 125

第六章 对沙特阿拉伯传播的话语体系构建 / 128

一、沙特阿拉伯概况 / 128

目 录

二、故事背景 / 130

三、王子奇遇记 / 130

四、故事分配 / 145

五、故事消费 / 146

六、中沙合作 / 148

第七章 对巴林传播的话语体系构建 / 151

一、巴林概况 / 151

二、故事背景 / 153

三、星月彼岸 / 153

四、故事分配 / 174

五、故事消费 / 175

六、中巴合作 / 178

第八章 对科威特传播的话语体系构建 / 181

一、科威特概况 / 181

二、故事背景 / 182

三、星月奇遇 / 182

四、故事分配 / 199

五、故事消费 / 200

六、中科合作 / 202

第九章 对伊拉克传播的话语体系构建 / 205

一、伊拉克概况 / 205

二、故事背景 / 206

三、第一千零二个邂逅 / 206

四、故事分配 / 221

五、故事消费 / 222

六、中伊合作 / 224

第十章　对阿曼传播的话语体系构建　/　227

一、阿曼概况　/　227

二、故事背景　/　228

三、阿伊莎历险记　/　229

四、故事分配　/　242

五、故事消费　/　243

六、中阿合作　/　245

第十一章　对巴勒斯坦传播的话语体系构建　/　248

一、巴勒斯坦概况　/　248

二、故事背景　/　249

三、王后的重生　/　249

四、故事分配　/　268

五、故事消费　/　269

六、中巴合作　/　272

第十二章　对约旦传播的话语体系构建　/　275

一、约旦概况　/　275

二、故事背景　/　276

三、山尔的奇幻之旅　/　276

四、故事分配　/　291

五、故事消费　/　292

六、中约合作　/　295

参考文献　/　297

致谢　/　301

绪　　论

阿拉伯国家处于"一带一路"的交汇处，地缘位置独特，发展潜力巨大，在中国推进"一带一路"倡议的过程中占据重要位置。不少阿拉伯国家民众由于缺乏直接获取信息的渠道，对"一带一路"倡议不甚了解。他们了解的渠道常常是外媒，获取的是西方发达国家报道"一带一路"倡议的二手信息。然而，一些西方主流媒体对"一带一路"倡议的歪曲报道导致阿拉伯国家民众对"一带一路"倡议产生负面认知，造成误解。"一带一路"倡议对阿（对阿为"对阿拉伯国家"的简称）传播问题仅引起学界部分学者的关注，研究内容具备以下几个特点：第一，国内外关于"一带一路"倡议对阿传播的话语问题的研究刚起步，其中具有代表性的是薛庆国[1]的《"一带一路"倡议在阿拉伯世界的传播：舆情、实践与建议》（2015）和《关于在阿拉伯媒体上传播"中国声音"的思考》[2]（2011）。截至目前，相关学术专著成果不足。第二，国内虽对"一带一路"倡议对阿传播话语的说话原则、语言技巧和策略多有梳理、论证，但关于"一带一路"倡议对阿传播话语体系构建的深入研究仍有待加强。因此，在阿拉伯国家民众无法获取"一带一路"倡议的中国之声的背景下，研究"'一带一路'倡议对阿传播的话语体系构建"的任务十分紧迫。

本书运用文献的方法，梳理国内外关于"一带一路"倡议对阿传播话语体系构建的研究之现状；运用民族志和文献学相结合的方法，在阿拉伯国家联盟22个成员国重点国家做田野调查，搜集了第一手资料；运用叙述学的方法，叙述"一带一路"倡议对阿传播的话语体系。为了深入、系统、全面地对阿拉伯国家进行针对性的研究，课题组把阿拉伯国家分为西亚和北非两部分，研究成果分为西亚篇和北非篇。两本著作由姜克银教授

---

[1] 薛庆国："'一带一路'倡议在阿拉伯世界的传播：舆情、实践与建议"，《西亚非洲》2015年第6期，第36—52页。

[2] 薛庆国："关于在阿拉伯媒体上传播'中国声音'的思考"，《阿拉伯世界研究》2011年第1期，第27—32页。

完成初稿。校稿过程漫长、辛劳而有序。为了提高书稿的质量，姜克银教授带领课题组成员——宁夏旅游学校孙蕊老师、徐晶晶老师以及宁夏大学阿拉伯学院2019级的三名研究生王果、王瑞丰、王军反复对内容进行修改。在出版社的建议下，课题组邀请宁夏大学阿拉伯学院刘东宁、杜晟、马成文三名教师对国家概况部分内容进行反复校对，力争确保国家概况信息的准确性。书稿修改组成员中，除了徐晶晶老师，其他成员分别在沙特、埃及、约旦、伊拉克、利比亚、突尼斯、摩洛哥等国家工作或者留学过不短时间，有的成员甚至在阿拉伯国家生活过四年以上。这些潜在的团队优势为书稿的质量提供了一定保障。在此，对全体参与课题研究的教师及同学为两本专著所做的贡献表示感谢。

"一带一路"倡议对阿传播的话语体系构建研究具有一定的创新之处，包括以下几个方面。

一、理论创新

本研究提出"一带一路"倡议对阿传播话语作为文本的概念以及"一带一路"倡议对外传播话语体系三要素的新观点。理论的构建基于英国兰卡斯特大学的语言学教授诺曼·费尔克拉夫（Norman Fairclough）的话语理论。诺曼·费尔克拉夫是话语建构理论的代表人物之一，也是当代西方著名的批判话语分析学者。他在20世纪80年代初开始将研究重点放在批判的话语分析上。诺曼·费尔克拉夫以福柯话语理论为基础，汲取其思想养分和精华，提出任何"话语事件"都可同时被看作一个文本。基于此，"一带一路"倡议对阿传播的话语被看作是文本。课题组基于22个阿拉伯国家的历史、文化、宗教、语言、艺术、民俗等方面情况，运用新颖而翔实的资料，点面交叉、层次分明地撰写了22个故事。这些故事就是"一带一路"倡议对阿拉伯不同国家精细化传播的文本。这些故事文本绝大部分内容以新颖丰富而见长。它们在激发阿拉伯国家人民对自身独特的文化传统产生自豪感的同时，又潜移默化地引导阿拉伯国家人民了解并熟悉"一带一路"倡议的理念。在文本概念的基础上，诺曼·费尔克拉夫还提出话语分析的三个向度——文本向度、话语实践向度、社会实践向度。其中，课题组重点关注了"话语实践"向度。这个向度主要阐释文本的生产过程与解释过程的性质，如分析文本生产、分配和消费过程的方式和机制。基于诺曼·费尔克拉夫的"文本生产""文本分配"和"文本消费"三大分析指标，我们提出"一带一路"倡议对阿传播的话语体系包含文本（故事）生产、文本（故事）分配、文本（故事）消费三个要素。从构成关系来讲，针对不同阿拉伯国家的文本（故事）生产、文本（故事）分配、文本（故事）消费系统共同构成"一带一路"对阿传播的宏观话语结构。经过文本（故事）生产、文本（故事）分配、文本（故事）消费这三大环节，中阿合作水到渠成。因此，三大话语要素的构建是中阿合作的基础和保障。中阿合作是构建"一带一路"倡议对阿传播的话语体系的目标。在撰写针对22个阿拉伯国家故事的基础上，课题组系统梳理针对每一个国家的故事分配渠道，构建合理而具有可操作性的故事消费策略。完成话语体系构建任务后，中阿合作的意识已在读者当中建立起来。课题组又根据故事当中铺垫的中阿民间合作的情节，设想中阿可能产生合作的领域。需要说明的是，阿拉伯国家国情具有相似之处，也有个性与不同。因此，本着实事求是、突出特色的原则，针对不同阿拉伯国家呈现的文本（故事）的分配领域、消费策略和中阿合作领域会出现相似性和差异性的特点。但是就单纯一个国家内部而言，分配、消费、合作的内容各不相同，具有时代性、可操作性、科学性的显著特点。

二、叙事创新

针对22个阿拉伯国家传播"一带一路"倡议的故事包括四部分：第一部分是国家概况，第二部分是文本（故事）生产，第三部分是文本（故事）分配，第四部分是文本（故事）消费。以上四个部分的叙事风格具有创新性。创新性包括两大部分：第一个是国家概况介绍的创新，即具有个性化特点。第二个是故事文本叙事风格的创新，包括充分发挥想象力、微言大义、内在联系紧密三个方面。下面分别做出说明：

第一，国家概况介绍具有个性化的特点。通常，国家概况的介绍聚焦于一个国家的优势特色，或者劣势与不足，涉及的面广而丰富，包括经济、气候、地理、历史沿革、风俗、港口、教育、人口、主要节假日等方方面面。本书介绍的国家概况与其他书籍中的国家概况有所不同。首先，在叙述风格上具有短而精的特点。主要表现在概况部分只介绍下文文本（故事）中重点提及并且在中阿合作部分起到一定作用的内容，并非面面俱到。例如，对苏丹国的介绍，强调苏丹医学的发展水平有限，目的是为下文文本故事（《莱依拉和仙草的故事》）的构思和中苏未来在医学方面的合作埋下伏笔。需要说明的是，基于中阿合作的国家概况介绍并未单方面地突出中方或者阿方的一方，而是实事求是地呈现双方的不同方面。如果书中出现连续说明一方（中方或阿方）优势或不足的情况，纯属偶然或巧合。其次，针对不同国家的叙事，侧重不同。本书对任何一个国家概况的介绍都是以中阿合作为目的的。每个阿拉伯国家的国情不同，与中国合作的潜质也不同。在介绍一个国家的概况时，有可能聚焦优势特色领域，也有可能聚焦劣势与不足之处。有可能是读者期待的领域，也有可能是读者未曾关注的领域。这种叙事风格打破了读者的惯性思维，给读者一种耳目一新的感觉。例如，通常提及阿拉伯联合酋长国时，相关学术著作会提及购物、石油、航空三个优势领域。与前期相关研究不同，为了在"一带一路"倡议推动过程中拓展中国与阿拉伯联合酋长国合作的领域，笔者在介绍阿拉伯联合酋长国国家概况时，选择介绍其食品、服装和旅游三个行业。读者在阅读时会被打破常规思维，意外地发现阿拉伯联合酋长国和中国之间具有在其他领域合作的潜质。为了便于表述，"中国和阿拉伯某一个国家"的称谓表述简化为"中×"。"×"为阿拉伯国家国家名的第一个字，例如中也（中国和也门）、中黎（中国和黎巴嫩）等。

第二，文本（故事）叙事风格的创新点。此部分包括充分发挥想象力、微言大义、故事内在联系紧密三个方面。"一带一路"倡议对阿传播文本（故事）的撰写模仿阿拉伯人民喜闻乐见的名著《一千零一夜》的写作风格。了解"一带一路"倡议对阿传播文本（故事）的叙事风格，将对引导读者阅读起到积极的作用。

首先是充分发挥想象力。例如：故事《神奇的白鹰——哈桑》基于中国发达的现代建筑技术和也门的古代建筑，虚构了"可以视频的镜子"；故事《阿卜杜拉王战记》则是基于中国与叙利亚在粮食种植技术方面的合作，虚构了狮子借给王子可以"往返时空的挂坠"的情节；故事《王后的礼服》依据中国传统刺绣技术与黎巴嫩服装设计理念的优势，虚构了精灵带着主人公"一夜千里的飞行"；故事《珍珠粉》根据中国和卡塔尔皆有的养殖珍珠的技术，虚构了人鱼悲伤哭泣时掉落的眼泪会化作"璀璨夺目的珍珠"的情节。这种虚构形象与朴素现实的融合描绘，使整个故事的情节神秘莫测又优美动人，突出了《一千零一夜》现实主义与浪漫主义相结合的写作手法，达到奇辞奥旨的效果。虚实相交织的表现手法，生动地表现广大人民群众对于美好生活的向往。其次，故事语言丰富淳朴、通顺自然、诗文并茂。故事在诙谐的语言中插入优美的中国、阿拉伯国家的诗句、俗语、神话故事等，赋予了故事艺术感染力。例如，在故事《精忠报国》里，突尼斯的将军学习《孙子兵法》中的暗度陈仓、声东击西、调虎离山等智计，取得了战争的胜利。又如，在根据中国独特的中医医疗治愈苏丹的"苏丹热"病毒而创作的《莱依拉和仙草的故事》中，笔者插入了白狐与人类的爱情神话故事，用以增强故事的生动性和感染力。

第三，突出《一千零一夜》微言大义的特点。这主要表现在两个方面：首先，在爱恨情仇和质朴和善的故事情节中巧妙地体现广大人民群众对"真善美"的向往。例如：在故事《撒哈拉传奇》中，一位中国帅小伙在利比亚境内的撒哈拉沙漠险些丧命，结果被一位利比亚姑娘搭救了，两人相爱了，携手共建幸福生活；在《莱依拉和仙草的故事》中，助人为乐的莱依拉为了救治家乡患病的亲朋好友，不顾千山万水的阻隔，从家乡到遥远的东方学习医术；在《月亮之国》中，科摩罗陷入危难之际，科摩罗的月亮精灵在华夏国不遗余力的帮助下，找到救助科摩罗人民的办法。其次，对阿传播"一带一路"倡议的文本（故事）以讲述故事为表，以联系实际为真。每一篇故事虽短小而生动，却隐含了中阿合作的深刻含义。故事将中国与各个阿拉伯国家间的合作内容穿插其中，让读者在享受文本故事的同时，充分认识到在"一带一路"倡议的指导下，中国和阿拉伯国家具有良好的合作基础和充分合作的必要。

第四，故事内在联系紧密。《"一带一路"倡议对阿传播的话语体系构建》以22个阿拉伯国家为单位设计了一系列小文本（故事）。无论是"西亚篇"还是"北非篇"，每个国家的故事在内容编排上都有很强的逻辑性和内在联系性，可能会体现在故事里国与国之间存在的历史渊源、文化交流、经济合作等方面。以叙利亚、黎巴嫩两国为例，叙利亚和黎巴嫩是邻国，且都因复杂的历史原因而爆发了内战。可想而知，在战争时期，两国人民都曾有过逃到邻国避难的经历。笔者在构思故事时，基于叙利亚和黎巴嫩的历史渊源，把逃入别国避难的历史点滴编入故事中，不但体现了故事之间的内在联系性，而且给读者造成悬念——读者在阅读跌宕起伏、扣人心弦的叙利亚故事的同时，会情不自禁地联想到那些被迫逃入黎巴嫩的叙利亚人民，追问"他们的命运如何"等重要命题。

综上，本书在叙事方面的三个创新之处均受益于《一千零一夜》故事的叙事风格。总之，两本专著的文本（故事）在叙事方面的创新之处使它们的结构别具一格，内容丰富多彩，犹如一串琳琅的明珠，让人目不暇接，令人赏心悦目。为了突出话语文本的故事性，凸显话语文本模仿《一千零一夜》叙事风格的特点，每个章节的二级标题被分别命名为故事的具体名称（例如莱依拉和仙草的故事、撒哈拉传奇）、故事分配、故事消费。

此外，研究"一带一路"倡议对阿传播的话语体系构建具有重要的意义，包括学术意义和现实意义两个方面。

首先讲讲在学术方面的意义。第一，拓展了以往"一带一路"倡议对外传播话语的理论体系。从话语生产、话语分配、话语消费三个宏观层次以及"一带一路"倡议对不同阿拉伯国家传播的个性话语等多个微观层次，厘清"一带一路"倡议对阿传播话语体系的内涵，明确"一带一路"倡议对阿传播话语体系构建的组成部分。

第二，丰富了"一带一路"倡议对阿传播话语研究的成果。模仿阿拉伯国家喜闻乐见的《一千零一夜》民间故事集，产出"一带一路"倡议对阿传播的话语文本故事成果，丰富了中国"一带一路"对外传播话语的体裁、内容、文体、形式，激发了阿拉伯国家基层人民参与中国"一带一路"故事创作的积极性，扩大了阿拉伯国家了解中国"一带一路"倡议的受众群体。

第三，创新了"一带一路"倡议的海外传播问题的研究视角。学界已有研究从政治学、传播学、经济学、管理学、建筑学等学科出发，研究"一带一路"倡议的海外传播问题。"一带一路"倡议对阿传播话语体系从语言学的视角思考"一带一路"倡议的海外传播问题，为已有研究另辟蹊径，做出有益补充。

其次讲讲在应用价值方面的意义。第一，促进"一带一路"倡议在阿拉伯国家扎根。对阿传播"一带一路"倡议的故事真实生动地反映了不同阿拉伯国家的社会生活实景。通过畅通的分配渠道和消费策略，故事能够最大限度地传播到阿拉伯国家人民当中。由此，阿拉伯国家人民将积极主动加深对"一带一路"倡议的认识，并积极推动"一带一路"倡议在阿拉伯国家的落地生根。

第二，扭转"一带一路"倡议在阿拉伯国家传播的被动局面。"一带一路"倡议对阿传播的话语策略包括故事生产策略、故事分配策略和故事消费策略。这些有效的策略让中国版本的"一带一路"倡议之声和西方媒体歪曲报道的"一带一路"倡议之声形成对话机制，让阿拉伯国家人民有机会聆听到不同于西方传媒报道的"'一带一路'声音"，从而扭转中国"一带一路"倡议在海外传播不畅的被动局面。

本书为西亚篇，包括也门、叙利亚、黎巴嫩、阿拉伯联合酋长国、卡塔尔、沙特阿拉伯、巴林、科威特、伊拉克、阿曼、巴勒斯坦、约旦12个国家。

第一章　对也门传播的话语体系构建

一、也门概况

也门有 3000 多年文字记载的历史，是阿拉伯文明的摇篮之一。也门共和国，总面积约 5.27 万平方公里。截至 2010 年 4 月，总人口达 2758 万。旧首都是萨那，2015 年 3 月，因萨那被胡塞分子占领，改亚丁为临时首都。全国绝大多数是阿拉伯人，官方语言为阿拉伯语，伊斯兰教为国教，什叶派的宰德教派和逊尼派的沙斐仪教派各占 50%。也门国庆日是 5 月 22 日。[1]

课题组设想的中国和也门的合作主要体现在古建筑、通信和排水设施三个方面，所以仅对这三个方面进行介绍。

（一）古建筑

也门拥有举世闻名的古建筑，包括萨那清真寺、亚丁清真寺、希巴姆老城、宰比得历史古城等。下面分别进行介绍：

萨那清真寺是也门著名的清真寺，也是重要的古迹之一，位于首都萨那古城，于公元 630 年左右由也门行政长官、圣门弟子瓦卜勒奉穆罕默德之命创建，后经伍麦叶王朝第六代哈里发瓦利德（705—715 年在位）扩建及其后历代不断重修，得以保存至今。大寺占地 1 万多平方米，为一组多座圆顶式的阿拉伯古建筑群。在大寺的 12 扇大门中，有一扇至今还刻有希木叶尔文字。该寺曾设有宗教学校，是也门地区什叶派支系宰德派的宗教教育中心。清真大寺附有多种设施，其中图书馆是收藏阿拉伯世界伊斯兰教典籍最多的图书馆之一。馆里藏有多种珍本书籍和手稿，十分罕见。萨那有近百座清真寺，在已列入也门文物古迹的清真寺中，该寺名列

---

[1] 环球网："也门共和国"，https://world.huanqiu.com/article/9CaKrnJmTub。（采用日期：2019 年 7 月 2 日）

前茅。

亚丁清真寺是也门现存最古老的清真寺，全称法克拉德亚丁清真寺，至今已有七八百年的历史，位于摩加迪沙。清真寺是做礼拜的地方，"亚丁"的词根为"定居"的意思。①

希巴姆老城在半岛沙漠中央拔地而起的一片高层建筑群中给人一种海市蜃楼般不可思议的感觉。那简练的外观、相同的造型，不由得让人联想到远在美洲大陆的纽约摩天大楼。这些以土坯为材料的建筑群高达30米，堪称中世纪的高层建筑。据考证，这种高层建筑是传统家族制度的产物。当时家族分家后一般不在外面另起炉灶新盖房屋，而是在原来的房屋顶上加层扩建，从而逐渐形成这种高层建筑。每栋建筑为五层或八层结构，总共有500多座，居住着7000人左右。高楼的一、二层房间大多没有窗户（一层养家畜，二层用作仓库），三层以上供人居住。1982年，希巴姆老城被联合国教科文组织列入世界遗产名录。世界遗产委员会评价：16世纪的希巴姆城堡被军事防御墙环绕，是基于垂直建筑规则建造起来的世界最古老、最杰出的都市规划典范之一。②

宰比得历史古城也是也门重要的建筑之一，古城的房屋早已老化、侵蚀，现存的建筑多为100年前或300年前建造的，最古老的还可追溯到10世纪。宰比得位于红海沿岸狭长、炎热的提哈迈平原上。它处在连接荷台达港与塔伊兹城海拔较高的道路边，距离海岸25公里，而且距高原较近。从更大范围来说，它过去坐落于亚丁—麦加的路线上，是印度与麦加间通道的一部分。宰比得在公元7世纪时就已存在，不仅拥有著名的伊斯兰教大学，还是政治和贸易中心。③

（二）通信

也门通信行业发展滞后，已影响了也门经济的整体发展，因此被政府

---

① 搜狐网："走遍世界"，https://m.sohu.com/a/194186123_570340/。（采用日期：2019年7月2日）

② 人民网："最美的十处世界遗产"，http://pic.people.com.cn/GB/17817792.html。（采用日期：2019年7月2日）

③ 海丝网："也门"，http://www.hssczl.net/2016-03/24/content_5297054.htm。（采用日期：2019年7月5日）

列为国民经济的优先发展领域。也门电信的固定网络和移动网络,无论是在数量还是技术上都不能满足社会需求。也门的移动电话服务主要覆盖萨那、亚丁、依卜、塔兹、荷台达等主要城市和附近区域,辐射面积较小。

也门电信公司是主要的互联网服务提供商,但由于线路及设备等问题,互联网入户主要采用电话拨号方式,还没有普及速度在40Kbs和64Kbs的一线通,只能在有限的范围内使用最高速率2Mbs的专线。虽然也门之后又开发了卫星接入互联网的方式,速度可高达256Kbs,但仍无法下载数据,实现实时交互。也门互联网的发展不仅受电信发展水平的限制,而且存在电脑价格昂贵和上网费用高等问题,与国内居民消费水平极不相符。截至2009年,也门使用互联网的人数仅有22万,而且使用的依然是落后的拨号上网方式。

(三)排水设施

也门是阿拉伯半岛降雨最多的地区之一,地下水和泉水储量都相对丰富。此外,也门境内河流大部分是季节性河流,主要分布在西部和中部山地。萨那城一年有两个雨季,每年的3月至4月为小雨季,7月至8月为大雨季,河流的水源主要来自于雨水,夏季这些河流水量充沛,冬季则变为干谷,成为通行的道路。因排水设施落后,也门每逢大雨过后常常泛滥成灾。

二、故事背景

在遥远的东方有一个古老而又神秘的国度——华夏国,在这个国家,突然出现了邪恶而令人恐惧的巫师。据说,被施了巫术的人会变成动物,他们虽然保留了人类的记忆、思想和语言,但是无法改变自己的样貌。要想变回人类,被施了巫术的人必须经历重重磨难。为此,被施了巫术的人总是因无法变成人类而备受折磨。

出生在华夏国的哈桑是一位乐观向上、热情正直且乐于助人的小男孩。在一个星期五,他和小伙伴们一起前去聚会。途中,他看到一位衣衫褴褛的老妇人,领着衣不蔽体的小孩子在向路人乞讨。哈桑注意到妇人狠狠地掐拧了小孩的背部。被拧的小孩瑟缩了一下身子,扑簌簌地流着眼泪，不得不跪在地上磕头向路人乞讨。围观的路人因怜惜孩子，纷纷掏出钱币给了那个妇人。就在这一瞬间，正直的哈桑厉声制止，并揭穿了那位妇人虐待儿童骗取钱财的骗局。小孩得到解救，妇人却仓皇而逃。然而，事情并没有就此结束。妇人其实就是一个邪恶的巫婆。由于骗术被揭穿，她受到所有人的唾弃，于是对哈桑怀恨在心。一天夜里，她偷偷潜入哈桑家，趁哈桑熟睡之际，对他施了巫术，并下了恶毒的诅咒。顷刻间，哈桑被幻化成一只白鹰。白鹰属于珍稀的鸟类，有钱人都想通过拥有白鹰来彰显自己尊贵的身份，因此为了丰厚的报酬而捕杀白鹰的人有很多。就这样，化作白鹰的哈桑天天面临被人捕杀的危险。哈桑终日感到惶恐与不安，为了躲避捕杀，他被迫远离家乡。在逃离猎杀的途中，哈桑偶然从人们的谈话中得知，在遥远的阿拉伯半岛有一个叫也门的国家，那里有一座神秘的城堡，能够解除一切巫术，只要意志坚定，坚持不懈地去寻找，就会有再次变回人类的机会。勇敢的哈桑像是受到某种神秘力量的驱使，坚定地飞向也门。由此，惊险而艰辛的历程开启了。

三、神奇的白鹰——哈桑

第一章　葱郁林间的惊险遭遇

这是一座大山，山里有树林和源泉，还有许多沟壑，纵横交错。树木葱葱郁郁，高大挺拔，遮挡住烈日对大地的炙烤，只是仍有几缕调皮的阳光，从林叶间的空隙中洒下来，投射在地面上、水流中，留下斑驳的光影。林间还有许多稍微低矮的草丛，微风吹过，树叶和枝条摇晃着，草丛也一齐摆动着身体，发出窸窸窣窣的声音。小溪在山谷沟壑间湍流，晶莹清澈的溪水冲刷着水底形状各异的石头，石头上还蒙着一层薄纱似的青苔，幽幽的绿色在水流的掩映下，也好像在流动一般。溪水发出"汩汩"的声音，一直蜿蜒到山脚下。安逸静谧的气氛伴着草木的清香，蔓延在整个山谷中。

突然，"咻！咻！咻！"树林深处传来木箭急速穿梭的声音，打破了这安静的氛围。

"嗨，兄弟们，我们遇到这高贵的动物，是我们走运，我们一定会得到报酬的，加把劲儿呀！"粗犷的男声在林间回荡着，几个健壮的身影在林间穿梭。这是当地的几个猎人，他们以狩猎为生，平日里会在这片山林里狩猎一些动物拿到集市上去换钱，用以维持生计。

只见跑在最前面的那个壮汉身着一件棕色的开襟及膝长袍，长袍下面垂落的部分被挽起，束扎在腰间，腰间还别着一把精致的腰刀。他背着一个装着木箭的小背篓，那是用柳条编织而成的，格档规整地排列着，里面装着十几支削得十分尖利的木箭，是最普通、最常用的那种。他下身穿着一条黑色的粗布阔腿裤，脚腕处的裤腿被束紧了。头上缠着白色的缠头，皮肤黝黑，浓眉下深邃的双眸闪着兴奋的光，浓密的大胡子随着跑步的频率一上一下地摆动着。他喘着粗气，卖力地向前奔跑着。身后，紧跟着几个和他装束差不多的男子。

领头的男子又取下一支木箭，将削得尖利的箭头对准正在空中仓皇飞窜的白鹰。"咻"的一声，木箭飞快且笔直地向着白鹰的方向射去。它擦过白鹰的翅膀，直直地射在一棵树上。白鹰的翅膀被利箭擦过，飞行失去了平衡，它在空中打了两个转儿，随即坠落下来。看到白鹰被射中，几名男子欢呼着向白鹰坠落的方向跑去。

鹰在也门是一种极其珍稀的鸟类，尤其是这种白色的雄鹰，它洁白的羽毛被视为高贵的象征，流线型的轮廓以及振展有力的双翅被看作英勇的象征。一些贵族为了显示自己高贵的身份，不惜出高价寻获这种白鹰圈养在家里，加以驯服后再向外人炫耀。即使猎捕白鹰是被明令禁止的，还是有许多人为了那黄灿灿的金币铤而走险。

白鹰掉落在一条小溪边，受伤的翅膀垂落在水边，红色的血不断地渗出，不一会儿就在原本洁白的翅膀上渲染出一大片红色的晕圈。白鹰慢慢扑棱着翅膀想要飞起来，但是都失败了，在即将失去意识的时候，它隐隐约约看见一个身影向自己快步走来……

向白鹰走来的是一位少女，她被这突如其来的状况吓到了，略带警惕地站在离白鹰还有几步远的地方，紧接着她看见不远处，几个男人正朝着这个方向奔跑。少女像是明白了什么，赶紧把白鹰抱起来，并随手折了一些草枝随意地盖在白鹰刚才受伤坠落的地方，然后抱着它躲在一处较为隐蔽的草丛中。

几个猎人跑到溪边，却不见了白鹰的踪影。

一个猎人疑惑地说道:"奇怪了,难道是我看错了吗?为什么不见白鹰的踪影呢?我用我的人格发誓,我确实看到它掉落在这儿了。"

另一个猎人在旁边小声嘟囔道:"难道是掉进这条小溪,被溪水带走了?"

几个猎人随即快步沿着小溪奔流的方向追去,不一会儿便不见了踪影。

这时少女才松了口气,她看向怀里的白鹰,白鹰在伤口的疼痛中微微地睁开了双眼。白鹰发现自己正被一对温暖的臂膀环抱着,它随即看见了一双灵动的大眼睛,黑棕色的瞳孔像是被墨色渲染了一般,深邃、清澈而无杂质。刚才为了躲避猎人,此时少女眼中多了几分惊恐,挺拔的鼻梁下,樱桃小嘴正紧紧地抿着。这位少女头戴黑色的头巾,身穿一件黑色长袍。

少女开口对白鹰说:"真可怜,漂亮的白鹰,是什么让你面临被追杀的境地?既然我们相遇了,我一定会让你得救的。"

说完,少女将白鹰向怀里拥了拥,起身快步向山下跑去。

少女将白鹰带回了家。

"哥哥,快来帮帮我!"少女在家门口遇见了她的哥哥,急忙说道。

"玛丽娅,你怀里抱着的是什么?发生什么事情了?你怎么这样慌乱?"玛丽娅的哥哥阿卜杜拉看到妹妹慌张地跑回来,问道。

"哥哥,今天我在山上玩耍的时候,遇见了这只受伤的白鹰,它被几个强壮的猎人射伤了,我不能放任它不管,我一定要救它!"玛丽娅说道。

"感谢妹妹有这样善良的心,我会和你一起救它的,快去吧!"哥哥说。

玛丽娅的爸爸易卜拉欣、妈妈莎迪亚听到动静,也赶紧过来了。

爸爸易卜拉欣看了看白鹰的伤口,对妈妈莎迪亚说:"把家里前些日子从悬崖上采摘的止血草拿出来,我要给这位尊贵的客人疗伤。"

"好的,我去拿,它可一定要好起来!"妈妈莎迪亚的神情略微有些沉重。

玛丽娅不解地问爸爸易卜拉欣:"爸爸,我曾看见村里的叔叔爷爷们把止血草放在嘴里嚼,再敷到伤口上,难道这样就能止血疗伤吗?"

爸爸易卜拉欣解释道:"我亲爱的女儿,你有所不知,止血草不但止血效果很好，还有另外一种作用，那就是麻醉。处理伤口时，把止血草捣碎，敷在伤口上，可以减轻伤口带来的疼痛感。"

哥哥阿卜杜拉问道："爸爸，您平时不会轻易把那些止血草拿出来的。这次是为什么？"

爸爸易卜拉欣回答道："我的儿子，这只白鹰不是普通的白鹰，而是高贵的象征。那些猎人之所以要猎杀它，肯定是为了获得丰厚的奖赏。既然白鹰如此高贵，它一定配得上使用这些悬崖上采摘的止血草。"易卜拉欣正向儿子解释着，莎迪亚已将止血草拿了过来。

一家人悬着的心总算放了下来。白鹰的险境就这样在善良少女玛丽娅和她家人的帮助下化解了。

第二章　大雨漫山，白鹰显智

玛丽娅的家在马纳哈山的山脚下，这里安静、舒适而温暖，受伤的白鹰就在昏迷当中沉睡着。山脚下约有 60 户人定居，山腰上有许多被分割成块的梯田。这些梯田遍布在群山和肥沃的谷地之间，村民们巧妙地利用自然斜坡进行灌溉，同时还挖了两条储蓄雨水的沟渠。

白鹰醒来已是次日清晨了，它睁眼后，先看见了半圆形的窗户。这些半圆形的窗户都是用石膏制成的，装有各式各样的花格窗框，窗框上镶嵌着五彩斑斓的玻璃，还饰有各种奇形怪状的植物与几何的图案。接着，白鹰又看见了头顶上的天花板，那是木制的天花板，上面漆着美丽、鲜艳的油彩。

最后，白鹰的目光落在了玛丽娅身上。玛丽娅因为放心不下白鹰，所以一晚上都没有离开过，守了整整一宿。这会儿，她正熟睡在白鹰的身旁。白鹰想到昨天那惊险的一幕，看看女孩，又轻轻抬了抬翅膀，发现自己又活过来了，而且感觉伤口也不太疼了。正当白鹰挣扎着想要飞起来的时候，玛丽娅醒了。她看见白鹰已经好得差不多了，兴奋地大喊起来："白鹰醒了，白鹰醒了！"玛丽娅高兴的呼喊吸引了她哥哥阿卜杜拉。阿卜杜拉闻声进来，"止血草疗效太好了！"一家人因白鹰的痊愈而欣喜万分。

最开心的要数玛丽娅了，这会儿，她正兴高采烈地向白鹰做着自我介绍。

"你好啊，我的名字是玛丽娅，认识你很高兴，你知道吗？我那天……"

"你好，我叫哈桑……"白鹰缓缓地说道。

玛丽娅愣了好一会儿，她刚才听到了什么？白鹰开口说话了吗？白鹰开口说话了！

"白鹰，你会说话？"玛丽娅惊讶地问道。

"是的，我是一只会说话的白鹰，谢谢你救了我。"白鹰哈桑有礼貌地说，并且微微点了点头。虽然它的翅膀上还缠着纱布，但它却像绅士一般端正地站在玛丽娅面前。

玛丽娅从来没有遇到过这样神奇的事，她开心地吟道：

"欢乐的光辉照亮了黑夜，
灿烂的白昼便随之出现。
患难的人们啊！
忧愁苦闷不是永恒，
欢乐散发出耀眼的光泽。
抹去了灾难的灰暗，
恰如云雨向丘陵洒下福泽。"

接着，玛丽娅叫来她的爸爸、妈妈和哥哥，并且郑重地向家人介绍了哈桑，告诉他们哈桑是一只会说话的白鹰。

爸爸易卜拉欣说："你好，我尊贵的朋友，我的女儿在那样危急的时刻遇到你，并且救了你，这是我们一家的荣幸。"白鹰哈桑点头回应了爸爸的问候。

而后，妈妈莎迪亚和哥哥阿卜杜拉也依次向白鹰哈桑进行了问候，并对哈桑的到来表示欢迎。

白鹰哈桑怀着激动的心情向这一家人表示了感谢。

玛丽娅还有一件事很好奇："为什么你会说话呢？哈桑阁下。"

在哈桑不知该如何回答的时候，爸爸易卜拉欣开口了："还记得之前我告诉过你们吗？白鹰是高贵而圣洁的鸟，它象征着一种高尚的精神。哈桑拥有其他鸟类所不具备的能力——会说话。万物都有存在的理由，我们太有福气了，能有这样的荣幸与这高贵的白鹰相遇！"

易卜拉欣说完这番话，阿卜杜拉和玛丽娅纷纷点头表示同意。他们都用最恭敬的态度与白鹰哈桑交流着。

白鹰哈桑向他们询问："请问我翅膀上包裹的绿色泥状物是什么？为什么我一点儿也感觉不到伤口带来的疼痛呢？"

玛丽娅回答说："那是一种植物，它的名字叫止血草。止血草是我们当地产的一种野生的植物。我的爸爸告诉我，止血草不仅能用来止血，还能麻痹伤口，减少痛感。"

"原来是这样，那止血草还真是一种神奇的植物啊，竟然可以当作药物使用。"白鹰哈桑的语气中透着一丝兴奋——如果他的家乡也有这种止血草就好了，小的时候因为调皮捣蛋，身上总少不了流着血的伤口，要是当时有这样的植物，他就能少受点苦了。白鹰哈桑一边悻悻地想着，一边抬起头望着窗外的蓝天。

这里的天气变化得非常快。早晨和上午，天空还是万里无云，到了午后便乌云密布，电闪雷鸣，顷刻间大雨倾盆，雨水落在人身上，像鞭笞一般。这雨平日里下一两个小时就结束了，可是今天却与往常不同，不仅持续了好几个小时，而且越下越大，乌云层层叠叠，好像快要压下来一般，让人感到不安。

瓢泼大雨不断地冲刷着大地，好像一位发怒的巨人，挣扎着想把所有的怒气都发泄出来似的。不一会儿，积蓄雨水的沟壑已经满溢出来，较宽的沟壑则成了一条更宽阔的大河，水肆无忌惮地奔流着，吞噬了山腰上的梯田，继而冲向那片因暴雨而显得格外不安的村庄……

雨水渐渐蔓延开来，渗进了各家各户的房间，人们都吓坏了。看到雨丝毫没有停下的迹象，人们纷纷开始采取措施，将漫进来的雨水清理出去。然而，大雨更加疯狂地肆虐着。

白鹰哈桑也被这突如其来的灾难吓到了，因为家里的每个人都着急地奔来走去，想要阻挡这汹涌而来的雨水。

玛丽娅看着哈桑说："哈桑，我们平日里只是挖了几条沟渠用来积蓄雨水，以便灌溉，却没想到怎样来应付这糟糕的天气。现在雨越下越大，眼看就要淹没整个村庄了，这可怎么办？愿真主赐福，希望爸爸和哥哥能为全村的人解决这场危机。"说着，玛丽娅的神色更加凝重了，平日亮晶晶的大眼睛里也蒙上了一层淡淡的忧愁。

哈桑很想报答之前被解救的恩情,为玛丽娅排解烦忧,于是主动要求去找玛丽娅的爸爸和哥哥,说自己也许能够帮上忙。玛丽娅虽然很好奇哈桑到底会怎么做,但她相信高贵的白鹰就是福星,一定能够战胜一切灾难。于是,玛丽娅便带着哈桑去寻找她的爸爸和哥哥。

就在玛丽娅带着哈桑寻找易卜拉欣的时候,她的爸爸正看着眼前的洪水而束手无策,深感内疚。易卜拉欣是一位叙利亚籍的也门建筑师。之前叙利亚受到异族的入侵,国王被杀害,幼年王子失踪,生死不明,国内一时间动荡不安。异族入侵后,大肆地抢夺叙利亚人民的财物,并且杀戮当地人民。残酷的现实迫使人们不得不舍弃自己的家园,逃离祖国,去寻找新的生路。周围的几个国家迫于强大的异族势力,都不愿意收留这些可怜人。因此,叙利亚难民只好逃往更远的地方,祈祷能有一个落脚安身的地方。

易卜拉欣是他们当中的一个,他一路向南流浪,几乎穿越了整个阿拉伯半岛。这一路上,他穿越了几片大沙漠,也经历了几次高山脚下突发的山洪。在一次次惊险的遭遇中,他不仅顽强地活了下来,还学到应对风沙和洪水的方法。现在的他不仅是一个技术精湛的建筑师,更是一个善于应对恶劣天气的人。他最后漂泊到马纳哈这座温暖善良的村庄,结识了美丽、善良又大方的马纳哈女子莎迪亚,两人组建了一个幸福的家庭。易卜拉欣一家和睦地与当地村民相处着。易卜拉欣借助自己的一技之长,为村里各家房屋的建筑设计献计献策,深受当地村民的喜爱和尊重。

玛丽娅一边向白鹰介绍着自己的家事,一边快步走着,不一会儿便找到了爸爸和哥哥。爸爸和哥哥正在商量着如何阻挡这汹涌而来的雨水。这时,机智的白鹰哈桑已经从刚才的惊吓中回过神来,对易卜拉欣说:"我敬爱的救命恩人,让我来做点什么吧,我想帮助你们化解危机。"

易卜拉欣没有任何迟疑,因为他与玛丽娅的想法是一样的,他也相信高贵的白鹰一定能帮助他们化解危机。

白鹰哈桑拔下自己的一根羽毛,化作一种由木棍和一片坚硬、弧度弯曲状的铁组合而成的工具。就这样,哈桑不停地拔下自己的羽毛,用神奇的魔法变出几十把一样的工具。他让易卜拉欣把这些工具分发给村里的小伙子们,指挥他们去挖更多的沟渠,建造简易的排水设施,将雨水引到更低的地方去。随后，他又告诉易卜拉欣在河的两侧用石块简易地堆砌出一堵墙，形成堤坝，用来阻挡肆意泛滥的洪水进一步流入村内。全村的男人们在白鹰哈桑和易卜拉欣的指挥下井井有条地劳作着。暴雨慢慢变成小雨，泛滥的洪水也渐渐止住了。洪水肆虐过的地方，庄稼遭受了巨大的损失，所幸村庄里的人都是安全的。

玛丽娅浑身上下湿漉漉的，她拿着白鹰哈桑变出的铁制工具，兴奋地跑到哈桑身边说："哈桑，你真厉害！这种工具真好用，它能轻易挖起泥土，只是它有点重……"

当玛丽娅兴奋地讲话时，哈桑边听边认真地端详着眼前这个活泼漂亮的小姑娘。她的脸上被雨水打湿了，皮肤显得更加细腻透亮，一双清澈的大眼睛也在雨水的渲染下更加灵动了，纤长的睫毛上还悬着几颗雨珠，晶莹剔透。哈桑一边赞叹着玛丽娅的美貌，一边在心里感谢上苍让他遇到这样善良的女孩。

雨终于在夜幕降临的时刻停了，乌云渐渐散去，天空因大雨的洗礼而变得更加湛蓝深邃。天空中的星星也比平日里更加晶亮闪耀，像一双双美丽的大眼睛，好奇而欢快地俯瞰着依然"水波"荡漾的大地。马纳哈村庄经过暴雨的洗礼，这会儿显得格外沉寂，想必是和泛滥的洪水做了一整天斗争，累坏了吧。

玛丽娅拿了一张小板凳坐在院子里，白鹰哈桑静静地站在她的肩膀上，他们一起看着亮闪闪的星星，陶醉在夜色中。

"哈桑，你说谁能想到暴雨后还能看到这样令人心旷神怡的景色呢？对了，哈桑，虽然你是高贵的象征，但你似乎比神话中的精灵更加理解人类世界。我猜你一定有更神奇的经历吧，能跟我讲讲吗？我亲爱的朋友。"玛丽娅灵动的大眼睛一闪一闪地望着白鹰哈桑。通过和玛丽娅一家人这些日子的相处，哈桑重新感受到家的温暖，他在心中已经把他们当作自己的家人。哈桑渐渐陷入回忆，娓娓道来自己的身世。

第三章　哈桑的身世秘密

"我其实是一个真实存在的人，而不是你们现在看到的白鹰的模样。我来自神秘而古老的东方国度——华夏国。我的家庭非常民主，父辈们常常教育我要乐于助人，并传授给我许多有用的知识。因此，我在这样的成长环境中学到一些本领，比如这次在大雨侵袭时我提出的举措。我从小就受这种家庭氛围的熏陶，并在命运的指引和家人的关怀下健康无忧地成长，可是就在那天……"

"那天，我正走在街上，照例要和小伙伴们一起去参加星期五举行的每周聚会。我突然看见一个衣衫褴褛的妇人，她周围有一些人，妇人表现出一副可怜的模样。她向周围的人们伸手讨要钱财，我和小伙伴们也围了上去。这时，我看见妇人身边还有一个孩子，这个小孩子穿得更加破烂，衣不蔽体，脸上也脏兮兮的，一双黑眸中满是惊恐之色，目光躲闪地看着周围的人，但很快就低下了头。这时我注意到妇人狠狠地掐疼了小孩的背部，小孩瑟缩了一下身子，眼泪扑簌簌地落下，不住地将头磕在地上，一下又一下。周围的人们都怜惜地看着这个孩子，于是纷纷掏出钱币给了那个妇人。看穿妇人博取同情的伎俩后，我厉声制止道'够了！她是个骗子，大家不要被她的假象迷惑！'此刻，周围的人们也被吓到了。'她身边的这个小孩子就是她骗取大家同情的工具。'说着，我一个箭步冲到小孩面前，将他扶起来，掀开他背后的衣服。孩子后背上除了刚才留下的青色掐痕，还有许多紫色的掐痕。小孩子身上触目惊心的伤痕让众人瞠目结舌。妇人见骗局被戳穿，就从拥挤的人群中慌乱地逃跑了。我将这个可怜的小孩子带回了家。小孩子因获救而万分感激我，我的正直也赢得了大家的赞扬。"

哈桑叹口气，接着说道："然而，事情并没有就此结束。那个妇女其实是一个邪恶的巫婆。自从骗术被我揭穿后，她就被所有人唾弃，她恨极了我。一天夜里，她偷偷潜入我家，趁我熟睡之际，对我施加巫术，并下了恶毒的诅咒，将我变成一只白鹰，被人捕杀，我不得不远离家乡。而捕杀的原因正是因为我是一只白鹰，白鹰是一种珍稀的鸟类，拥有白鹰的人可以彰显高贵的身份。为了丰厚的报酬，那些怀有贪婪邪念的人，不断地捕猎我，让我终日感到惶恐与不安。"

听完哈桑的遭遇，玛丽娅对他的不幸遭遇深表同情："万幸你现在平安无事，不要灰心，你一定能和家人重逢的！"看着玛丽娅真诚的表情，哈桑心里涌起一阵感动，但很快忧愁又爬上他的心头，"可是，我需要找到能将我变回人形的方法，我一路寻找，却没有任何线索。"

玛丽娅像是想到了什么，带着哈桑跑到爸爸易卜拉欣的房间，将哈桑的身世告诉了爸爸和妈妈。听完玛丽娅的诉说，易卜拉欣告诉他们："我知道萨那古城里有座古堡，那里有一位智慧老人，相信他能为你找到变回人形的方法。明天你们就启程去找那位智慧老人吧！"

第二天，玛丽娅和哥哥阿卜杜拉带着干粮、必备品，与哈桑一起出发，踏上寻找智慧老人之旅。

三人翻过重重高山，跨过道道河流。一天夜里，哈桑突然听到玛丽娅低声啜泣着，哥哥阿卜杜拉在安慰她："哥哥还陪在你身边，远方的父亲、母亲一定也像我们想念他们一样惦念着我们，只要我们与他们的心相通，就不会孤独了，我们会成功的！"哈桑听了，心里也很不好受，他能体会到这种离别家人的痛苦，也一直在承受着这种痛苦。他也十分想念玛丽娅的父母，因为他得到过那些善良人的帮助与慰藉。

哈桑飞到玛丽娅的肩上，对玛丽娅和阿卜杜拉说："我可以帮助你们和父母相见。"话音刚落，玛丽娅和阿卜杜拉一齐转头看向哈桑，脸上带着难以置信的神情，却又带着些许希望。哈桑让玛丽娅拿出事先准备好的镜子，拔下一根羽毛，在镜子面前旋转一圈，耀眼的光芒闪现在大家眼前，镜子中随即出现玛丽娅家中的情景。玛丽娅的父母正在做宵礼，他们虔诚地祷告着，双眸间满是思念之情。玛丽娅眼中泛着惊喜的泪花，阿卜杜拉也渐渐地红了眼眶。待父母做完宵礼，玛丽娅迫不及待地呼喊着爸爸妈妈。父母显然被吓了一跳，他们也在镜子中看见了玛丽娅、阿卜杜拉和白鹰哈桑。双方互相问了安，一家人热切地寒暄着。

接下来的几天，玛丽娅和阿卜杜拉精神满满地和哈桑一起寻找智慧老人。有了哈桑神奇的联络方式后，他们感觉父母就像在身边一样，一点儿也不伤心，反而更加欢喜了。

功夫不负有心人，经过多日的长途跋涉，他们终于打听到智慧老人的下落。

当哈桑、玛丽娅、阿卜杜拉站在古堡前时，他们都惊讶地呆住了。与其说那是座古堡，还不如说是宫殿。那是一幢摩天大楼，人们称它为霍姆丹宫，共有二十层，层高十骨尺（骨尺：指从肘到指尖的长度，约合十八至二十二英寸），楼高一百多米。据说，一天清晨，建筑师登上还未竣工的大楼顶层，大楼映照在远处的阿勒斯山上，形成影子。建筑师认为这是吉祥之影，预示着国家的安乐与富足。于是，他下令不再盖了，而此时，大楼正好盖到二十层。楼的顶层覆盖着薄而透明的石片，这种石片是当地特有的质量极好的白云母片，可以当玻璃用。透过晶莹的薄顶，白天可以看到空中翱翔的雄鹰、漂浮的云彩；入夜则能看见当空的皓月和闪烁的繁星。皎洁的月光映入室内，幽雅静谧；透过石片还可以俯瞰宫外的景色和萨那市容，看到骆驼商队从远处缓缓走来。

楼是采用石料制成的，颜色各异，这些五颜六色的石块组成华丽的花纹，显得雅而不俗。

他们三人走进这幢大楼。房间的四壁用黑、白、灰、黄四色大理石砌成，每面墙壁一种颜色，给人以富丽堂皇之感。房间四角装饰着四尊铜狮，狮头伸出墙外，狮身居于室内，狮腹空，口含铃。微风吹拂，房间内窗帘上挂着的无数小铃铛相互碰撞，奏出悦耳的风铃曲。这美妙的音乐，为大楼蒙上了一层神秘的面纱。

正当三人陶醉于霍姆丹宫的宏伟时，几声怒吼忽然响彻整个宫殿。玛丽娅吓得大叫一声，阿卜杜拉吓得倒退了几步，哈桑也惊吓得展翅在屋中乱飞起来。"哈桑……哈桑……"沙哑的声音在空荡的宫殿里时隐时现、时远时近。三人被这声音吸引住了——一位长着花白胡子、穿着白色长袍、围着白色缠头的老者在一束强光的掩映下翩翩然落在他们面前。三人瞪大了眼睛，张大了嘴巴，觉得眼前这一幕太神奇了。

"你们好。"老者先开口道。

三人随即恭恭敬敬地向老者表示问候。

玛丽娅率先问道："您一定就是智慧老人吧？我是玛丽娅，这位是我的哥哥阿卜杜拉，这位是……"

"哈桑。"智慧老人接过玛丽娅的话说道。

第四章　考验——胜利在望

智慧老人一直在等待哈桑的到来，"我知道你的境遇，别为这件事而担心，任何磨难都有个终点。该在这一处丧生的人，不会葬身在另一个地方。不要差人去处理重要的事，因为除了自身，再无可依靠的人。"

哈桑急忙问道："尊敬的智慧老人，那我该怎么做呢？"

"你变成这尊贵的白鹰模样，你解救众人于大雨滂沱中，让人们的生命免于丧失的危险；你帮助善良的家庭在遥远的时空里相见，一解思念的煎熬。这一切归功于你拥有一颗智慧和善良的心，以及你坚定、真诚、顽强、乐观的品质。这是对你的考验，你没有辜负这些艰难考验背后的期望。你将得到奖赏，但是必须在你完成最后一次考验之后。"

"什么考验？"哈桑、玛丽娅、阿卜杜拉三人齐声问道。

智慧老人接着说道："鲁卜哈利沙漠南端有一座古城——希巴姆城。这座古城原本是由历代白鹰守护，但是因为战乱，失去了守护者白鹰的庇佑。历经岁月侵蚀、人为破坏，残垣断壁的古城墙早已不能抵御外敌。可是在这片土地上，仍旧流传着一个古老而神秘的传说，传说希巴姆古城的守护者白鹰会再次降临，将使拥有几百年历史的古城重新焕发荣光。哈桑，你就是传说中的守护者。若你能够通过自身的努力使古城再次恢复往日的辉煌，那么福泽一定会降临到你身上！"

"好，我接受这个任务，我一定要通过这次考验，不管前路有多少艰难险阻，我都不会畏惧的！"哈桑坚定的话语回荡在偌大的宫殿里，久久不散。

"哈桑，我和哥哥陪你一起去，我们也希望你能实现自己的心愿，我们将与你一同完成这个任务，给你最大的支持！"玛丽娅真诚地说道，阿卜杜拉也赞同地向哈桑点点头。

哈桑十分感动地说道："能够遇到你们这样心地善良的人，真是我的幸运！"

"别这样说，我们是一起经历过患难的朋友，不是吗？"玛丽娅说。"对呀，哈桑，既然是好朋友，就应该一起面对！"阿卜杜拉接过玛丽娅的话头说道。

"好！孩子们，"智慧老人说道，"出发吧，孩子们，我在这里等待你们胜利的好消息！"

告别了智慧老人，三人踏上新的征程。一路上，他们相互关心、相互鼓励。时间一天天过去，三个人在旅途中建立了更加深厚的友谊。

希巴姆在鲁卜哈利沙漠南部边缘繁忙的街道上，坐落于哈德拉毛河谷边的小山丘，三面被繁茂的棕榈林所环绕。这是一座长方形的城，东西方向较长一些，四周被城墙环绕着。这座在沙漠中央建立的城，给人一种似真似幻的感觉。走进这座城，一座座清真寺映入眼帘，周围的房屋自上而下逐渐加宽。一条条小巷像迷宫一样纵横交错，幢幢居民楼如同叠加在一起一般，外观简约而质朴。但唯一的不足就是城墙的外观，的确像智慧老人说的那样千疮百孔。

哈桑三人到达希巴姆城的时候，正好赶上一家人在举办婚礼。他们看见人们排着长长的队伍，在手鼓的伴奏下，唱着歌，跳着舞，十分热闹。新娘被人们簇拥着走进新郎家。新郎身着一袭崭新的长袍，腰间系着由金线缝制而成的腰带，并且佩戴了一把十分精致的腰刀。新郎头上缠着簇新的缠头，坐在家门口迎接客人。新娘踏进新郎家门后，新郎把手放在新娘的额头上，以示对妻子的尊重，并欢迎妻子成为这个家庭中的一员。

婚礼热闹的气氛一直持续着，喧嚣熙攘，哈桑三人也被感染了。但是望着这满目疮痍的城墙，哈桑和伙伴们心里仍然十分苦恼——这么大的城墙工程该怎么完成呢？

晚上，哈桑三人被好心的人家收留了。玛丽娅和阿卜杜拉在跟爸爸联系的时候说了这件事，虽然易卜拉欣是很厉害的建筑师，但是也从未遇见过这样破败不堪的城墙。他表示帮不上什么忙，哈桑更加沮丧了。

夜晚，哈桑没有睡意，玛丽娅见他这么苦恼，便鼓励他："一切都会好起来的！"

"快乐骤然降临，
驱散苦难、忧愁。
相会的和风吹散满天乌云，
复活了我们的身体，
滋养了我们的心灵。
我们不因忧愁而哭泣，
只会迎难而上立于风雨中笑。"

玛丽娅吟罢，哈桑便进入了梦乡。梦中，哈桑回到阔别已久的家乡，他不但恢复了正常人的身体，还见到久违的家人。与家人的相聚令哈桑十分感动，心中无限感慨。梦中，父亲正在修缮他家的房屋。父亲将灰白的泥土掺水和成泥浆，将这些泥浆刷在墙上，等晾晒干了，这些泥浆变得坚固无比……

哈桑一下子从梦中惊醒，"对啊，我怎么没想到呢？"

"一带一路"倡议对阿传播的话语体系构建（西亚篇）

哈桑向玛丽娅和阿卜杜拉讲述了这个想法，他俩表示赞同，三人便一起去找当地的工匠寻找这些材料来修缮城墙及屋舍。

在工匠的帮助和当地居民的辛勤劳动下，哈桑他们终于完成城墙及城墙内房屋的修缮。残垣断壁的城墙变得高大坚固，狭小破旧的房舍变得宽敞美观，崎岖的街道变得平坦规整。希巴姆城焕然一新，在阳光下的照耀下，熠熠生辉。

希巴姆的居民们为了表达对哈桑他们的感谢，纷纷邀请三人到家里做客。在希巴姆逗留了一段时间之后，三人谢绝了希巴姆居民的挽留，准备启程。

启程的那一天早晨，阳光明媚。"哈桑，我们该出发了。"玛丽娅了敲门，随即径自推开了门，却惊奇地看到一位英俊的少年躺在床上。她不敢相信自己看到的景象，床上的少年有着微黄的肤色、黑色的头发、英气的眉毛，那是一张典型的东方面孔。是的，那是白鹰哈桑，也是少年哈桑！哈桑醒来，惊喜地发现自己已恢复了人形，也有点难以置信。玛丽娅兴奋地拉着哈桑去找她的哥哥阿卜杜拉，三人开心地又蹦又跳，激动而喜悦的泪水在三人的眼眶里打转。

告别了希巴姆，哈桑三人回到马纳哈——玛丽娅的家。看到少年哈桑，易卜拉欣和莎迪亚由衷地为他感到高兴。

在玛丽娅家又住了一段时日，哈桑不得不离开这里，回到他的家乡。玛丽娅一家人都恋恋不舍地和哈桑告别。看到玛丽娅伤心的泪花在眼眶里打转，哈桑说："愿命运慈悯，我许你一个承诺。我会再次来找你们，到那时再报答你们的恩情！"

说完，他转身踏上归途。

四、故事分配

也门在学校教育、雕塑、媒体和话剧四个领域具有一定的优势，对故事《神奇的白鹰——哈桑》的宣传具有推动作用。

（一）学校教育

也门政府重视教育的发展，通过制定教育发展计划，加大资金投入，致力于提高教育普及率，扩大教育受众面。也门国民教育主要由普通教育、高等教育和职业教育三部分构成，学校数量多。普通教育（包括小学和中学）实行免费义务教育，注重乡村教育特别是女童教育。在学校接受教育的青少年是故事《神奇的白鹰——哈桑》传播的重要对象。基于也门政府对教育的重视，中国通过与也门各级各类学校建立宣传平台，可以扩大故事的受众面，这不仅让也门的青少年一代增强对中国的认识，也使也门的青少年成为未来搭建两国友谊的"桥梁"和纽带。

（二）雕塑

也门自古就有借助狮身、鸟翼和人头组合等多种形象呈现神话故事情节的艺术技艺。精美的雕塑不仅展现了也门人民丰富的想象力、卓越的技艺，而且蕴含着也门博大精深的文化内涵。在也门，雄鹰被视为国鸟，且被应用于国徽的设计中，体现了也门人民对雄鹰的喜爱。故事《神奇的白鹰——哈桑》正是以此为灵感创作而成的。通过也门艺术家卓越的雕塑技艺将故事《神奇的白鹰——哈桑》中的人物形象呈现出来，一方面能激发也门人民的文化认同感，另一方面可以加深人们对故事的认知程度，提高作品的知名度。

（三）媒体

在也门媒体中，报纸媒体和电视媒体覆盖面广。也门报刊杂志种类多样，出版机构与出版形式多样，出版量较大，传播范围广，受众面大。国营广播电台有萨那广播电台和亚丁广播电台，播音时间长且覆盖范围较广。建于1964年9月的亚丁电视台和成立于1975年的萨那电视台在也门比较著名。其中，萨那电视台通过卫星向全国及其他阿拉伯国家转播电视节目。通过报刊杂志等的宣传，可以极大地调动读者阅读故事的兴趣和积极性。与此同时，借助广播电台及电视台形成的强大文化辐射力，更能增强故事的生动性、感召力，使受众快速进入人物角色，深入理解故事的内涵，从而引起共鸣。报刊杂志、广播电台及电视台形成的多媒体、全方位、立体化的传播方式，使故事《神奇的白鹰——哈桑》家喻户晓。

（四）话剧

话剧是一种极具视觉享受的艺术，在也门具有一定的历史沉淀和文化积累，深受人民的喜爱。也门政府非常注重传承和弘扬传统文化，不断加强对国家和地方文化机构与文化设施的建设，拓展文化传播途径，加大文化、文艺领域的投资力度，鼓励设立民间文化团体、文艺机构，培养文艺人才。政府、社会、民间的各类文化协会和团体也经常举办各种文化活动，丰富人民的业余生活。通过当地不同规模的剧院，以话剧为表演形式，将《神奇的白鹰——哈桑》塑造成人们喜闻乐见的形象，提高也门人民对故事的喜爱度。

五、故事消费

故事《神奇的白鹰——哈桑》分配渠道建立后，从学校教育、雕塑、媒体和话剧四个领域分别介绍故事消费的策略。

（一）学校教育

在学校教育领域的消费通过课外读物、课堂和校园活动三个策略实现。

1. 课外读物

邀请也门的童话作家、翻译家与中国童话作家合作，将故事《神奇的白鹰——哈桑》翻译为阿拉伯语、英语版本，并在学校的校刊、学生们的课外读物中刊登，以方便学生们阅读。

2. 课堂

先将故事《神奇的白鹰——哈桑》推荐给教师，让教师熟知，再通过课堂讲述的方式传达给学生。这不仅丰富了教学内容，还扩大了故事的影响力。

3. 校园活动

通过举办故事《神奇的白鹰——哈桑》的校园读书会、校园演讲、校园朗诵等活动，宣传本书。这样不仅丰富了学生们的课外活动，加大了图书的推广力度，还扩大了受众面。

（二）雕塑

在雕塑领域的消费通过雕塑艺术品、文化艺术展和文化竞演大赛三个策略实现。

1. 雕塑艺术品

故事《神奇的白鹰——哈桑》是围绕白鹰的遭遇展开的故事。这一人物形象与也门人民喜爱的国鸟——雄鹰的形象非常相似。以故事为主题创作出来的雕塑艺术品，更能给也门人民带来直观的感受，引导他们关注白鹰的命运，从而走进故事、了解故事。

2. 文化艺术展

在人口密集的社区，连续举办多期文化艺术展。艺术展的空间设计要与故事主题保持一致，要有很强的代入感，使人能够快速融入故事的氛围中。而且，在设计雕塑艺术品展台时，要将每件雕塑艺术品的设计灵感与故事的内容介绍相融合，让也门人民在欣赏雕塑艺术品的同时，进一步了解故事《神奇的白鹰——哈桑》。

3. 文化竞演大赛

把雕塑作为文化竞演大赛的奖品来达到宣传故事的目的。在各文化团体、艺术机构、民间团体开展文化竞演大赛，并且围绕故事进行竞演，可以选取歌剧、舞台剧、话剧、音乐剧等形式。设置不同奖项，优胜的团体或机构除获得大赛奖励外，还免费赠送以故事为主题创作的雕塑艺术品。现场如果有其他团体或机构想要购买雕塑艺术品，则享受打折优惠。文化竞演大赛不仅可提高也门民众的文化素养，还增强了他们对故事《神奇的白鹰——哈桑》的认识。

（三）媒体

在媒体领域的消费通过故事宣传、节目制作、节目播放和受众互动四个策略实现。

1. 故事宣传

为加大故事的宣传力度，针对不同读者，将故事《神奇的白鹰——哈桑》创作为极具吸引力的连载小说、系列漫画等，刊登在也门主要的报刊杂志上。通过销售或公益捐赠的方式，不断扩大故事的受众面。

2. 节目制作

通过报刊杂志、广播电台及电视台等媒体进行前期宣传，使故事产生一定影响力。以故事为蓝本，根据不同节目的类型，制作出富有创意、内容新颖的音频、视频短节目，吸引不同年龄段的受众。

3. 节目播放

加强频道宣传，固定节目播放时间和频道。通过主要报刊杂志宣传节目播放频道、播放时间和播放内容，让受众及时了解并掌握频道及节目播放信息。抢占黄金时段，播放形式多样的音频、视频短节目或现场直播电视节目，提高节目收听、收视率。

4. 受众互动

根据故事情节设计问答题，在音频、视频短节目播放以及电视节目直播的最后阶段设置有奖问答环节。根据受众的喜好，颁发品种繁多的融入《神奇的白鹰——哈桑》故事内容的奖品，如精美的鹰形书签、故事书以及印有故事人物卡通形象的足球、篮球等。通过与受众互动，不断激发他们的兴趣，提高故事的知名度。

（四）话剧

在话剧领域的消费通过编排话剧、甄选专业演员、加大宣传、免费巡演和观众互动五个策略实现。

1. 编排话剧

以《神奇的白鹰——哈桑》这个新一千零一夜故事为剧本，根据不同年龄段的特点，编排成多台形象生动的小话剧。

2. 甄选专业演员

从剧本、观众、平台等几方面出发，选择适合的演员，最好邀请也门本土知名度较高的演员出演，以此提高上座率。

3. 加大宣传

在话剧演出前要进行广泛的宣传。通过制作富有创意的广告，在广播电台、电视台等媒体进行宣传，可通过精美的海报、宣传册等引人入胜的方式激发观众的观看欲。

4. 免费巡演

由专业演员在也门各大剧院进行免费巡回演出，让机智果敢的白鹰哈桑、美丽善良的小女孩玛丽娅更加深入人心，从而让故事妇孺皆知，传诵在大街小巷。

5. 观众互动

与到场的观众进行互动，设计一些简单有趣的题目，答对题目者可颁发小礼品，礼品为精美的鹰形书签、故事拼图等。

六、中也合作

故事生产、故事分配、故事消费的最终目的之一是达成合作。两国的合作主要体现在以下几个方面。

（一）携手保护古建筑

在国家概况部分已经介绍过也门拥有很多历史悠久的古城。如萨那古城，建城历史达2500多年，主体建筑由清真寺、哈玛姆寺、民居三部分构成，其规划与设计体现了伊斯兰教早期的空间布局理念，整体建筑风格具有一致性，建筑顶部与内部装饰精美，极具文化价值。也门灿烂的文化就蕴藏在以萨那古城为代表的历史遗迹中。然而，自然风化、历史变迁等原因，却导致这些弥足珍贵的人类共同的文化遗产正在遭受严重的损害。也门的古建筑保护已迫在眉睫。由于文物保护技术、人才、资金和设施设备等方面的限制，也门难以实施科学有效的保护。而中国拥有专业的文物保护技术、丰富的文物保护经验、较为健全的文物保护法律及制度、大批文物保护修复专家及先进的文物保护设施设备。两国可在古建筑保护修复领域进行合作。通过合作，中国可不断提高文物修复水平，加强对古建筑文物修复的研究，促使也门的古建筑得到有效保护，为也门和世界保留更多的文化瑰宝。

（二）助力通信

也门的电力、信息通讯等基础设施长期处于滞后发展状态，严重影响了也门经济的发展。为此，也门政府加大了对电力工程、通信信息工程等领域的资金投入，努力推动电信业的发展。政府虽然鼓励私营企业参与乡村电信建设，但移动通信的服务范围还是集中在城市，全国的电话覆盖率不高。电信发展水平落后，使得互联网发展受到限制。主要原因之一就是也门的互联网覆盖技术老旧，仍然以拨号上网为主，网络传输采用大容量的环型电缆系统，所以网速较慢。

而与也门相比，中国在互联网、通信等领域发展态势良好。中国互联网用户已超3亿人，无线互联网移动用户已超6亿人。其中，手机上网用户居全球第一。随着光纤技术的成熟，中国多个地区在电力通信专用网方面已实现光纤传输。若两国在这方面达成合作，不但中国企业能够不断提高自身开拓海外市场的能力，提高自身技术水平，加大自身产品研发力度；而且可助推也门通信技术的发展、移动通信服务范围的扩大、数据传输方式的优化。最终，通过互联网、通信等领域的合作，两国经济均可实现快速发展。

（三）共建城市排水设施

也门城市排水设施发展滞后，以也门第一大城市萨那（原也门首都）为例，萨那属于盆地地形，每当雨季来临，降雨量大。由于排水设施老旧，萨那经常发生水灾。这不仅影响了萨那的交通运行、居民生活、城市发展，还会带来经济损失、人员伤亡等不良影响。从也门整体情况来看，管理制度不完善、人为破坏严重、战争空袭等是导致城市排水设施发展滞后的主要原因。城市排水设施是解决城市内涝隐患的关键，也是衡量城市是否成为现代化城市的重要指标。排水设施的质量，对于城市防灾减灾、人民生命财产安全、环境保护、生态平衡具有非常重要的作用。随着中国经济的快速发展，城市规模也在逐步扩大，中国城市排水设施正在健康发展着。中国不仅拥有各类城市排水实施方案，还积累了大量城市排水的实践经验。可以说，中国在城市排水设施建设、大数据排水技术研发、排水实施方案、城市发展规划、资金筹备等方面具有一定优势。若两国达成合作协议，有望改善也门城市排水现状，加快也门城市排水设施建设，降低也门城市水灾的发生率，减少水灾对居民财产及生命的威胁，从而创造良好的国内外投资环境。中国在援外的同时，也可不断提高自身城市市政排水规划水平，提升中国海外排水设施的设计能力，积累海外排水设施施工的宝贵经验。

第二章 对叙利亚传播的话语体系构建

一、叙利亚概况

叙利亚的全名为叙利亚共和国，是一个历史悠久、文化底蕴深厚、资源能源丰富的国家。首都为大马士革，面积 18.518 万平方公里，人口 2253 万（2012 年）。叙利亚位于亚洲大陆西部，地中海东岸，北靠土耳其，东南比邻伊拉克，南连约旦，西南与黎巴嫩、巴勒斯坦地区接壤，西与塞浦路斯隔海相望，海岸线长达 183 公里。其北部地区属亚地中海气候，南部地区属热带沙漠气候。沙漠地区冬季雨量较少，夏季干燥炎热，最低气温 0℃以下，最高气温达 40℃左右。沿海地区年平均降水量 1000 毫米以上，南部地区仅 100 毫米，水资源较为匮乏。叙利亚有库尔德人、亚美尼亚人、土库曼人、阿拉伯人等，其中阿拉伯人占 80%以上。[1]

在行政区划方面，全国划分为 14 个省市：大马士革农村省、霍姆斯省、哈马省、拉塔基亚省、伊德利布省、塔尔图斯省、腊卡省、德尔祖尔省、哈塞克省、德拉省、苏韦达省、库奈特拉省、阿勒颇省和大马士革市。[2]

课题组设想的中国和叙利亚的合作主要体现在农业、资源和医疗三个方面，因此仅对这三个方面进行介绍。

（一）农业

叙利亚为中东地区农业大国，农业在国民经济中占据重要位置。农业耕种面积为 473.6 万平方米，农业人口为 440 万。主要农作物有小麦、大麦、玉米。经济作物有棉花、豆类、甜菜和烟草，其中棉花是出口创汇量

---

[1] 中华人民共和国驻叙利亚大使馆："叙利亚简况"，http://sy.chineseembassy.org/chn/gjgk/xlyjk/t1620483.htm。（采用日期：2019 年 7 月 5 日）

[2] 外交部："叙利亚国家概况"，https://www.fmprc.gov.cn/web/gjhdq_676201/gj_676203/yz_676205/1206_677100/1206x0_677102/。（采用日期：2019 年 7 月 5 日）

第一的农作物。水果有柑橘、大马士革杏、无花果等。叙利亚是中东地区重要的畜牧业国家，主要畜禽品种有牛、绵羊、山羊和鸡。水资源缺乏是影响其农业发展的主要因素。①

（二）资源

叙利亚主要有石油、天然气、磷酸盐、岩盐、沥青等。已探明石油储量为25亿桶。石油及其产品基本自给，并部分出口。已探明的天然气储量为6500亿立方米，磷酸盐储量6.5亿吨，岩盐储量5500万吨，储量丰富。但是其工业基础较为薄弱，现代工业仅有几十年历史，工业产品大多为初级产品，主要依靠进口来满足国内产品的多样化需求。②

（三）医疗

叙利亚医疗资源严重缺乏，因战争影响，诊疗技术落后，药品资源供应不足。

二、故事背景

在亚洲大陆的西部，有一个令人难忘的国家——叙利亚。这是一个命途多舛的国家，战争连年不断，人民生活苦不堪言。作为这个国家的主人，国王竭尽全力地保护着这个奄奄一息、混乱不堪的国家。很快，敌军兵临城下，国王也倒下了。为此，他唯一的继承人、国家的新主人阿卜杜拉王子痛不欲生，但是他也因战争原因而逃亡他乡。当他与母后阿伊莎、随从法里斯逃亡到北部，向阿迪勒王寻求帮助时，却遭遇不测。经过一系列磨难，阿卜杜拉踏上了前往东方的征途。最终，凭借着坚韧不拔的毅力，阿卜杜拉终于抵达东方神秘的华夏国。最终，他能否找到智慧的谋士，获得华夏国的帮助，打败敌军呢？

---

① 中华人民共和国驻叙利亚大使馆经商处：" 叙利亚经济简况"，http：//sy.mofcom.gov.cn/article/ddgk/201905/20190502862031.shtml。（采用日期：2019年7月5日）
② 中华人民共和国驻叙利亚大使馆经商处：" 叙利亚经济简况"，http：//sy.mofcom.gov.cn/article/ddgk/201905/20190502862031.shtml。（采用日期：2019年7月5日）

三、阿卜杜拉王战记

第一章　王国的沦陷

"驾、驾、驾……"

清脆的鞭子声从森林的深处传来，迎面走来的是一位英俊的、器宇轩昂的少年。这位少年就是叙利亚国的王子阿卜杜拉。他对王宫卫队喊道："快，你们快跑，给我追上前面那头野鹿。""是，阿卜杜拉王子。"密集的马蹄声传来，掀起一阵尘土。野鹿在与士兵数番角逐后，最终奄奄一息地倒在了地上。阿卜杜拉正要靠近时，几头小鹿突然从草丛中蹿了出来。一头小鹿用舌头舔着野鹿的伤口，另外两头用头顶着野鹿的身体，努力地想让它站起来。这时，阿卜杜拉叫来身后的医生，让他给受伤的野鹿包扎伤口，并对手下人说："我们走吧，放它一条生路。"

回到宫中，阿卜杜拉的父王刚刚征战归来。对于父亲的凯旋，阿卜杜拉并不是很在意。父亲曾经抓到一个同他年龄一般大的俘虏，阿卜杜拉出于仁慈，背着父亲偷偷地释放了他。此后，父亲对他的态度就像对待臣子一般，但阿卜杜拉并不明白父亲为什么会这样对待自己？自己究竟做错了什么？

考克布是阿卜杜拉的老师，教他习字和剑术。阿卜杜拉经常问考克布："我放了战俘有错吗？"考克布总是笑着说："王子认为自己有错便有错，认为自己没错便没错。"面对这样的回答，阿卜杜拉总是似懂非懂。

叙利亚王善于征战，王子阿卜杜拉却截然相反，他有一双大大的眼睛，目光就像月光那样柔和，没有一丝咄咄逼人的气势。每当父亲不在的时候，阿卜杜拉就会偷偷溜出宫去和城里的小孩子们一起玩耍。在玩耍的过程中，他亲眼目睹了连年征战给百姓带来的灾难——缺医少药，甚至是失去生命。正因为这些灾难，阿卜杜拉一直感到很沮丧。

阿卜杜拉父王的勇猛众人皆知。他百战百胜，在保卫国家和平安定的同时，也树立了许多敌人。很快，敌军联盟便兵临城下。

这天夜晚，月光皎洁，阿卜杜拉站在窗前凝望着月亮，仆人们正忙着准备阿卜杜拉母后生日的宴会，全城张灯结彩，欢乐无比。守城的士兵放松了对城门的警戒，享受着可口的美食。

士兵们开心地品尝着国王赏赐的美食。其中一个士兵问道："我们都在狂欢，无人值守，放松了对城门的警戒，要是被敌人偷袭了怎么办？"

"不会的，我们的王勇猛非凡，其他国家弱小无比，怎么敢来偷袭？就是给他们吃了熊心豹子胆也不敢来！"另一个士兵不屑一顾地说道。

"哈哈哈，有道理，来，咱们继续。"一片乌云被风吹过来，遮挡住了月光。

杯子的碰撞声、叫喊声、嬉闹声相互交织着。突然，一声炮响破坏了欢乐的氛围，城中随即火光四起。一边是士气高涨的敌军，另一边是刚刚从欢愉中惊醒的士兵，战斗的结果可想而知，城中护卫队很快被歼灭了。领头的敌军对手下嘶吼道："让我们杀进宫殿吧。"

"冲啊！"敌军士兵齐声吼道。

随即，杀声震天，血流成河。

叙利亚王手持利刃，率领一小队王宫卫队在大殿与闯入的敌军奋力厮杀着，刀光剑影，一番血战，只剩下叙利亚王一人，激烈的战斗令他的双手微微颤抖着。冷峻的面庞下，他那双鹰一般的眼睛扫视着周围。他又紧了紧手中凌厉的宝剑，他似乎早已知道这一天终会来临，又好像在等待着什么。楼梯"嘎吱嘎吱"地响着，而他银色的铠甲上，正反射出月亮的光芒。

这时，从远处走来一个神秘的蒙面人，只听他说道："自认为伟大的哈里发，①你让别人国破家亡，你给别人带来失去亲人的痛苦，你偿还一切的时候到了。"

叙利亚王说道："你来了！"

"是啊，你知道我等这一天已经等太久了！"蒙面人边说边向他身后走来。

"那就动手吧，还等什么？"叙利亚王淡淡地说。

就在剑要劈在叙利亚王身上的时候，阿卜杜拉出现了，他大喊一声："父亲，快躲开！"

闻声，剑停在半空中，阿卜杜拉问道："你是什么人？"

---

① 哈里发原意为"代治者""代理人"或"继承者"，后成为"阿拉伯帝国元首"之意。

"你应该问我为什么而来,至于我是什么人,去地下问你的父亲吧!"蒙面人冷冷地说道。

"阿卜杜拉,快逃!"叙利亚王嘶吼道。

面对杀气腾腾的敌人,弱小的阿卜杜拉吓得踉跄着后退,最后跌坐在地上。剑从高空劈下,阿卜杜拉闭上眼睛蜷缩在角落里,滚烫的鲜血滴在他的身上。阿卜杜拉惊恐地睁开双眼,只听见叙利亚王虚弱地说:"逃……逃……快逃……"

阿卜杜拉惊慌失措地跑下楼梯,考克布出现在楼下,"殿下,这边走。"两人骑马向远处飞奔而去。

见状,一位将军对蒙面人说:"要不要去追?"

蒙面人回复道:"不用,过一会儿再去追,就当我还叙利亚王子阿卜杜拉一个人情。如果他最终还是被我抓住了,那我就不客气了!"

通红的火光充斥着四野,厮杀声与痛苦的哀号声交织着,响彻天地。一些百姓不愿被异主统治,所以逃到邻国去了。

第二章　阿卜杜拉的决定

"父王,父王……不!"阿卜杜拉从噩梦中惊醒。

阳光格外刺眼,照在阿卜杜拉苍白的、没有一丝血色的脸上。他惊魂未定,却踏上了逃亡的路途。

两个人、两匹马,向着未知的方向茫然地前进着。

考克布突然开口:"王子,您接下来打算怎么做?是继续逃亡,还是夺回国家?"

阿卜杜拉遥望着宫殿的方向,说道:"我这么弱小,能夺回国家吗?连那么勇猛的父亲都被杀死了,我又能做什么呢?父王曾对我说,'你的怜悯会将这个国家葬送'。难道一定要靠凶残的战争,才能保证国家的安定繁荣吗?"阿卜杜拉喃喃自语道。

"王子,您是这个国家王位的唯一继承人。国家正在遭受外敌入侵,需要您去收复。被关进牢狱的百姓希望您能带给他们自由,您是这个国家的希望。您认为自己弱小,是因为国王和敌人武艺高强。人的强大是多方面的,肉体的强大并不代表内心的强大。肉体可以通过外部力量来锻炼,然而内心的修炼却并不容易。王子的仁爱之心是世界上最强大的力量。我给您讲一件您父王年少时的事吧。那时，他率领着人马去森林打猎，途中遇到一只狮子，您的父王非但没有惧怕，而且还上前挑衅。当狮子向他扑去时，他腾空一跃，将手中的剑重重地插在狮子的脊背上。您父王年少时表现出来的勇猛，决定了他现在的治国方式。他四处征战，捍卫国家的和平。在您父王的统治下，我们将珍贵的黑色液体——石脂①（石油）加工炼化成润滑剂，然后卖给其他国家，赚取大量钱币，用以军费支出。这是一个弱肉强食的世界，唯有强大，才能在这个世界生存。"说到这，考克布从怀中取出一个小瓶，双手呈上，又补充道："殿下，这就是珍贵的润滑剂。它的用途非常广泛，具有防锈和密封等功能。请您收下，也许未来您会用到它。"

阿卜杜拉接过瓶子，凝视着瓶子里的液体思考了一会儿，说："我要去寻找可以帮助我的人，重新夺回国家，我要以我的方式在这个世界生存！"

"如果你想寻找可以帮助您的人，我想我的儿子法里斯可以帮助您。他追随您父王征战多年，昨晚在混乱之中，我让他先行护送阿伊莎王后逃出宫殿。法里斯对于殿下的未来至关重要。您的母亲和法里斯就在前方等着我们，我们赶紧走吧。"考克布催促道。

很快，他们到达附近的一个村子，王后阿伊莎和考克布的儿子法里斯正在村口等着他们。

阿卜杜拉见到阿伊莎王后，非常激动，母子二人紧紧相拥，彼此安慰。法里斯见到王子阿卜杜拉，说道："参见殿下，臣在此地已恭候多时。"

"你可以不把我当作殿下吗？请把我当作一个来寻求你帮助的人，我们可以做朋友吗？法里斯，我需要你的帮助，帮我夺回国土。我想用我的方式建设一个崭新的国家，一个没有战争的、人民安居乐业的、和平的国家。我需要学的东西还有很多，你可以教我吗？"阿卜杜拉诚恳地说道。

"当然可以，荣幸之至。"法里斯毫不犹豫地回复。

正当两人交谈之际，追杀阿卜杜拉的敌军追踪到了这里。

---

① 石脂即石油。"石脂"一词在东汉班固所著的《汉书·地理志》、南朝范晔所著的《后汉书·郡国志》、唐代段成式的《酉阳杂俎》中都有使用。

第二章　对叙利亚传播的话语体系构建

"法里斯，快带殿下和王后离开这里，这里我来应付，不能让他们抓住殿下。"考克布大声说道。

在考克布的抵挡下，法里斯带着阿卜杜拉王子和阿伊莎王后顺利逃出了敌军的围剿，但考克布拼尽全力，终因寡不敌众而英勇战死。

大风席卷着地上的沙土，吹落了两人眼中噙着的泪水。

阿卜杜拉鼓起勇气大喊："为了那些保护我而牺牲的人，我一定要坚强起来。走，我们去北部的邻国。"

阿卜杜拉踏上了通往北方的征途，在战中幸存的百姓也顺利逃到邻国，并在邻国百姓的帮助下定居下来。邻国的百姓在和叙利亚百姓交往的过程中，学会了叙利亚的建筑技术和纺织技术。

第三章　阿迪勒的翻脸

多日后，阿卜杜拉、法里斯和阿伊莎王后出现在北部的一个国家。

王宫前，法里斯对通报的士兵说："叙利亚国的阿卜杜拉王子前来寻求帮助，快去叫你们的王前来接见。"

"阿卜杜拉？那个落难的王子吗？我们的王早已下过命令，无论何人前来寻求帮助，概不接见。"士兵回复道。

"既然如此，我们只好硬闯了！"法里斯边说边往里面闯。

眼看着双方就要兵戎相见，王宫内匆匆跑来一位侍从喘着粗气说道："请叙利亚国王子阿卜杜拉殿下进殿。"

见到阿迪勒王，阿卜杜拉质问道："为什么？我们两国不是每年都通商吗？你们借助我国的力量得到长足发展，两国关系一直都很友好。如今我国陷入了危机，你们连最基本的援助都不肯给吗？"

阿迪勒王傲慢地说："曾经交往，是因为你父王太勇猛，我国不想和贵国发生冲突，再加上与贵国通商贸易，我国可以得到发展，何乐而不为呢？但是，贵国的沦陷跟我们有什么关系？我为什么要帮助你们？帮助你就等于与那些敌军联盟为敌，无缘无故给自己树立敌人，下一个沦陷的国家不就是我们吗？"

阿迪勒王的声音在宫殿中回荡着，双方随即陷入了一片沉寂。阿卜杜拉目不转睛地看着高座上的王，平静地说："那些敌军联盟的野心昭然若揭，您就那么相信他们吗？难道他们就不会来攻打贵国吗？我们叙利亚国如此强大都被攻破了，其他国家还不是想摧毁就摧毁了。如果您不想国家遭遇和我国相同的结局，希望您再考虑一下是否帮助我们。母后，我们走！"说着，阿卜杜拉三人转身离开了这里。

夜幕降临，大街上人来人往。今天恰巧是节日，街道打扫得干干净净的，东西也码放得整整齐齐的。油香、馓子的焦香与牛羊肉的芳香相互交融，小孩子们换上家人给他们缝制的新衣，穿梭于人群中，互相追逐，嬉戏打闹。

桌上香气四溢的牛羊肉，勾不起王子阿卜杜拉一行三人的食欲。愉快的节日气氛令他们回忆起和家人团聚的时光：家人、亲朋、好友欢聚在一起，彼此问候，共餐同饮。美好的时光就像一幅绝美的画卷，使人情不自禁地去回想、追忆，只是再也回不去了。

来到这个国家，阿卜杜拉总觉得事事不顺。当然，他也感觉到今天阿迪勒王的表现很失常。因此，他示意法里斯在安顿好一切后再回到阿迪勒王的宫殿去一探究竟。王后阿伊莎将自己身上仅有的金银饰品给了法里斯，让他去街上的金店换取钱财。有了钱，三人便寻了一家干净的客店住下。阿卜杜拉将母亲阿伊莎安置好后，便回到房间等待法里斯的消息。此刻，法里斯正悄悄前往阿迪勒王的宫殿。

阿迪勒王的王宫中，一个神秘的蒙面人出现在他的寝宫，轻声对他说："我交代给你的事情都办好了吗？"

阿迪勒王连忙说道："办好了，都是按照您的要求去做的。"

"那就好，我倒要看看这个王子还有什么本事，接下来你应该知道要怎么做吧？如若不然，我可保证不了你的王妃与儿子的安全。"蒙面人威胁道。

阿迪勒王脸色阴沉，低头回答："知道，请您放心，但您要保证我妻儿的安全。"

而此时，法里斯正小心翼翼地趴在窗后，将他们的谈话听得一清二楚。

神秘的蒙面人走后，阿迪勒王坐在床上，思索着白天的事。正如阿卜杜拉所说，他也担心自己这么做，是在无形中豢养了一头野兽，它随时会吞掉自己。他曾经与阿卜杜拉父王积淀下来的友情，也在蒙面人的威逼下，瞬间消失。就在阿迪勒王一筹莫展之际，法里斯从窗外跳了进来。

"你什么时候来的?"阿迪勒王惊叫道。

法里斯恭敬地说道:"我早就来了,是阿卜杜拉殿下让我来的。殿下说您是我们国王的好友,并不是因为惧怕才与我们国家通商的。您一直是很友好的,对人也很真诚,您拒绝我们一定有隐情。现在我知道您的苦衷了,恳请您告诉我王后和王子被困的地点,我保证他们会完好无损地回到您的身边。明天务必请您按照我说的去做,只有演好这出戏,我们才能救出王后和王子。"说着,法里斯走到阿迪勒王身边,向他耳语了自己的计划。

"好!既然你这样说,我便相信你。当然,我不是相信你,而是相信你死去的国王。我会完全按照你说的去做。只是,一旦没有成功,我就会立刻杀掉这个阿卜杜拉。"阿迪勒王厉声说道。

第四章　完美计划

法里斯回到客店后,把阿迪勒王寝宫发生的一切都告诉了阿卜杜拉。阿卜杜拉听完后,十分赞赏法里斯的计划。第二天,法里斯和阿卜杜拉就按照计划一起向阿迪勒王宫殿走去。在熙熙攘攘的人群中,法里斯迅速躲到角落,巧妙地甩开跟踪自己的人,偷偷去营救阿迪勒王的妻子和孩子。

当敌军发现法里斯消失的时候,为时已晚,他已经走远了。

宫殿内,阿卜杜拉问:"尊敬的阿迪勒王,不知您考虑得怎么样了?"

阿迪勒王淡淡地说:"的确,你说的有些道理。但是,让我把全部赌注压在一个没有胜算的毛头小子身上,如果失败了,我岂不是会招来更大的祸端?"

"但您这样苟且偷生地活着,是一个王应该做的吗?"阿卜杜拉愤怒地说。

阿迪勒王打断他:"够了,不用再说了,我的主意已定,你走吧,再不走我就让人直接把你抓了。"

"还拖延什么,赶紧将他抓住。"不知何时,蒙面人出现了。

"阿迪勒王,请允许我再说一句话,我希望两国未来能和平共处。我阿卜杜拉在此以叙利亚国王的名义立下盟约,两国以后互不侵扰,平等贸易,互相扶持。"阿卜杜拉镇定地说。

"来人,拿下他。"阿迪勒王命令道。

"慢着,谁敢动阿卜杜拉殿下!"法里斯高声说道。

随着话音落下,法里斯带着阿迪勒王的妻子和孩子出现在宫殿门前。阿迪勒王激动地从王座上起身,快步走下台阶,来到宫殿门前。他紧紧地将妻儿搂进怀里,随即下令:"将蒙面人拿下。"

藏于帘后的大批士兵突然冒了出来,冲向蒙面人的方向,法里斯紧随其后。

蒙面男子武艺高强,但是并没有恋战之意,他转身大喊:"铁面法里斯,今日虽然很想和你大战一场,但现在不是时候,我们后会有期。"

没有抓住蒙面人,法里斯跟着队伍回到宫殿中,阿卜杜拉急切地问道:"抓住蒙面人了吗?"

"没有,不过他似乎认识我。"法里斯疑惑地说。

"刚才,阿迪勒王为了答谢我,同意借我一支军队。阿迪勒王说他从来没有见过那个蒙面人的真面目,但他说蒙面人身边有一位神机妙算的谋士,我们必须找到一位这样的谋士。不知你是否还记得,多年前,从东方遥远的华夏国驶来一支船队,船上好像有一位叫诸葛的人。他指挥着船队航行在波涛汹涌的大海上,那些敌军联盟曾率领众多战船去围攻他们,但在那个诸葛的指挥下,敌军却被轻而易举被击退了。他可谓神机妙算,我们可以去寻找他,说不定借着他的帮助,能够再次打败那些敌军。"阿卜杜拉兴致勃勃地说道。

法里斯惊讶地说:"东方?殿下可知那里有万里之远,路程的大部分时间都会在海上度过,一路凶多吉少。"

阿卜杜拉没有理会,继续说道:"据阿迪勒王说,离此处一千里外的草原上有一头雄狮,人们都叫它菲拉斯,传说菲拉斯是被派往人间的天使,拥有很强大的能力,它可以帮助我们到达任何想去的地方。但我们得找到它,而且想要寻求它的帮助,就必须回答正确它提出的问题,否则它就会把我们吃掉。"

"好吧,现在也没有什么更好的办法,只能放手一搏了,咱们明早就出发。"法里斯无奈地说道。

阿迪勒王为答谢他们的帮助,给他们准备了一大桌丰盛的宴席。计划进行得很顺利,援军也借到了,阿卜杜拉心里的石头总算是放下了,他很快便进入了梦乡。

第五章　菲拉斯之问

阿卜杜拉将母亲阿伊莎托付给阿迪勒王照顾，便和法里斯准备去寻找菲拉斯。阿迪勒王和阿伊莎王后为他们践行，朝阳似火，燃烧着人们的青春与热血，曾经弱不经风的王子阿卜杜拉带着众人的希望再次出发。

第二天傍晚时分，他们找到了那片大草原。令人意想不到的是，草原上的狮子竟是如此之多，这让他们去哪里寻找雄狮菲拉斯。

远处的狗叫声和狮子的吼声引起了他们的注意。原来，一群庞大的鬣狗正在围追堵截一群狮子。顷刻间，草原上所有的狮子骚动起来。阿卜杜拉与法里斯突然发现，不远处，一只小狮子因体力不支而跟不上成年公狮，落在了狮群的后面，并被几只鬣狗包围住了。只见一头成年公狮为了保护小狮子，正奋力地跑向小狮子。鬣狗群看到迎面扑来的公狮，群起而攻之，双方互相搏斗着。只听见"嗵"的一声，成年公狮寡不敌众，被咬伤后瘫倒在地。见此情形，法里斯点燃一支火把，把周围的灌木丛引燃，借助强大的风势，火光冲天，吓得包围狮子的鬣狗群四散奔逃。阿卜杜拉看见鬣狗群逃跑了，快步上前，侧身趴在成年公狮的身上，听到狮子的心脏还在跳动，他松了一口气。阿卜杜拉为它处理了伤口，低头对小狮子说："这是你的亲人吗？不要担心，你的亲人很快就会好的。"小狮子舔了舔阿卜杜拉的脸颊。

法里斯与阿卜杜拉守护了两只狮子一整晚，确定鬣狗群不会再袭击之后，才安心地睡去。

小狮子轻柔地舔着阿卜杜拉的脸，让他逐渐从熟睡中清醒。天已经亮了，朦胧中他看到那头公狮在不远处捕猎，而小狮子正举起两只小爪子捕捉空中飞舞的蝴蝶。狮群也回到了原来的地方。

那头公狮捕完猎后，向阿卜杜拉走来，开口说道："感谢你昨晚的搭救，不知道你来这里要做什么？"

阿卜杜拉很意外：这头狮子怎么会说话？难道它就是我要寻找的公狮？他急切地回复道："我要寻找一头名为菲拉斯的雄狮，想让它帮助我们到达遥远的东方，想必您就是菲拉斯吧？"

公狮继续说："没错，我就是菲拉斯，虽然我可以帮助你到达任何你想要去的地方，但是想要获得我的帮助，就必须回答正确我提出的问题。

如果回答错误,我将会吃了你们。但你们救了我,作为回报,即使你们回答错了,我也会放过你们。"

"好的,请您提问吧。"阿卜杜拉自信地说道。

菲拉斯提问道:"如果你的仁慈心给自己的国家带来了灾祸,你还会用仁爱之心继续治理国家吗?或者以暴制暴?"

阿卜杜拉不明白菲拉斯为什么会这么问,但他还是要尝试着去回答。

"我的老师考布克曾经对我说,'仁慈是没有错的,它是世界上最强大的武器。同时,它也是世界上最脆弱的武器'。即使我的仁慈心给国家带来了灾祸,我也绝不改变初心。人民渴望过上安定、和平、幸福的生活,不希望充满战乱,满目疮痍,流离失所。我相信爱是会感染的,在我真诚的态度下,周边国家一定会和我们友好相处的。"

对于阿卜杜拉的回答,菲拉斯感到非常吃惊——没想到这孩子竟有如此宽广的胸襟。

菲拉斯点点头,赞同地说道:"我欣赏你的回答,希望你以后真的会按照自己所说的去做。你的回答是正确的。你们准备好,现在我就要送你们前往遥远的东方。我也会送你一件挂坠,当你想要回来时,用手摩擦几下就好了。"

说完,菲拉斯将后腿用力撑在地上,抬起头奋力向天空吼叫一声。他们的眼前顿时出现一个时空之洞,阿卜杜拉与法里斯一同跳入了时空之洞。

风吹动着草丛左摇右摆,菲拉斯看向东方,心里想着:也许阿卜杜拉这个孩子能给这个世界带来真正的和平。

第六章 初遇

跳进时空之洞,阿卜杜拉和法里斯一瞬间就抵达那个位于东方的神秘华夏国的边境。连绵不绝的山脉映入眼帘,阿卜杜拉记得他的老师跟他说过,在遥远的地方,有一个伟大的华夏国,这个国家的边境由连绵起伏、巍峨屹立的山脉组成。这些山脉就像钢铁壁垒一般守护着这个国家,保护着子民们不受欺凌,守护着王朝不被侵略。他不禁想起自己的子民。

法里斯见王子阿卜杜拉一副心不在焉的样子,知道他又在思念故国和亲人了。他轻轻地叹了一口气,对阿卜杜拉说道:"殿下,我知道您现在心里很难过，但是难过与伤感是不能解决任何问题的。我们现在只能一路前行，不要忘记，我们的国家还要靠您来拯救。您的父王不在了，您就是我们所有人的希望，您不该如此伤感下去。"

阿卜杜拉听到法里斯这样说，立刻认识到现在不是伤春悲秋的时候，作为肩负着国家最后希望的王子，他一定要打起精神来。

想到这里，阿卜杜拉的眼中重新焕发出坚毅的神采。他对法里斯说道："亲爱的法里斯，你真是我的良师益友，谢谢你的提醒，如果不是你，我真的无法克服这些困难，又如何能来到这神秘的华夏国。如今我已经明白了所肩负的重任，从此以后，我将为此奋斗，今日如此，日日皆然！"

法里斯看到王子阿卜杜拉坚毅的目光，听到他坚定的话语，心里顿时涌起阵阵暖意。在他看来，直到这一刻，阿卜杜拉王子才算是真正地长大了，不再是那个逃亡时会在夜半哭醒的孩子了。他成长了，终于可以真正担负起收复国家的重任了。或许在这样一位王子的领导下，他们真的可以赶走侵略者，重新建立一个繁荣昌盛的国家。

想到这里，法里斯按捺不住心中的激动之情，连忙对阿卜杜拉说道："既然如此，我们就赶快翻越大山吧！翻过群山，我们就离目标越来越近了。"

昆仑山脉作为守护华夏国的神山，已守护这个王朝达数千年之久，又岂是那么容易翻越的？但是在收复国家和解救人民的坚定信念的支撑下，两人开始了艰难的攀登之旅。一路经历种种艰难险阻，两人身上留下各种各样的划痕，他们已经记不清有多少次差点儿被落石击中，有多少次差点儿从山坡滑落。面对这鲜有人敢翻越的昆仑山脉，他们也曾多次想要放弃，但是心中那坚定的信念却支撑着他们一路走下去。他们曾在昆仑山顶看到绚烂的朝霞、斑斓的晚霞，也曾在登顶的一刹那感受到"会当临绝顶，一览众山小"的壮烈情怀。

踏进昆仑山脉半个月后，他们终于找到下山的道路。那是一条荆棘密布的崎岖的山路。山风徐徐吹过这条路，发出"呜呜"的声音，仿佛那些因保家卫国而捐躯于此的热血男儿正在诉说往日英勇的事迹。两人迈着沉重的步伐徐徐前进，于前方渐渐看到一座雄伟的关隘。

第七章　一年光景

　　正当两人打量着这座庄严肃穆的关隘时，只听"嗖"的一声，一支箭羽从阿卜杜拉王子的耳边擦过，法里斯猛然拔出佩剑将王子护在身后。而阿卜杜拉一时失神，仍旧站在原地。就在两人不知所措之际，城墙上传来一声大喝："何方宵小，安敢犯吾边境？"

　　随着这声大吼，城墙上出现一排又一排弓箭手。见二人不答话，士兵们正要放箭，一个沉稳的声音从密密麻麻的人群后方传来："看他们的样貌，应该是大食人，不可滥杀无辜，将他们带上来！"

　　不一会儿，他们被带到城楼上的一间厅堂。阿卜杜拉和法里斯终于看到这沉稳声音的主人。那是一位五十多岁、平易近人且不失威严的文官。中年文官见到他们，便问道："你们是何方人士？为什么到我国边境来？想要做什么？"阿卜杜拉与法里斯不由得面面相觑，法里斯小声对王子说道："殿下，我们听不懂他说的话？怎么办？"就在阿卜杜拉和法里斯为语言不通而苦恼时，那位文官竟然用阿拉伯语说道："色俩目。"阿卜杜拉诧异地问道："您怎么会我们国家的语言？"文官听后，微笑地用阿拉伯语说道："我是华夏国的宰相，叫诸葛春秋。年轻的时候，我曾应一位朋友之邀游历过大食，学会了你们的语言。"

　　法里斯既惊讶又激动地对阿卜杜拉说道："殿下，我们找到华夏国啦！"阿卜杜拉也非常高兴，拥抱了法里斯一下。法里斯好像想到了什么，赶紧追问诸葛春秋："诸葛春秋阁下，您好，请允许我介绍下自己，我叫法里斯，邀请您前往大食的朋友是叙利亚国一位叫考克布的人吗？"

　　诸葛春秋惊讶极了："是的，你怎么知道？"

　　法里斯连忙回答："我是考克布的儿子，邀请您来大食的朋友就是我的父亲。我的父亲经常向我提及您和您的国家。向您介绍一下，这位是我们叙利亚国的王子阿卜杜拉殿下，我们是来寻求帮助的。"

　　诸葛春秋点了点头，说道："见到你们真是太好了，我此次到昆仑山关隘，就是因为听说你们的国家发生了战争。为打探情报，我便率兵驻扎在边关。"随后，三人你一言、我一语地攀谈起来。

　　为了以身殉国的老朋友考克布，诸葛春秋当即决定带王子阿卜杜拉和法里斯返回京城去面见皇帝，恳请他帮助阿卜杜拉赶走侵略者，光复他们的国家，也算是帮老朋友考克布完成最后的心愿。于是，三人快马加鞭地赶往京城。

经过一个月，三人终于抵达京城。诸葛春秋顾不上路途的疲惫，带着王子阿卜杜拉去进宫面见皇帝。经过诸葛春秋的翻译，阿卜杜拉告诉了皇帝他知道的所有关于侵略者的情报，并表达了自己想请求皇帝帮助打败侵略者，光复国家的愿望。但是，皇帝并没有下定决心是否帮助阿卜杜拉，于是委婉地把他送出了皇宫。阿卜杜拉不甘心，因为他知道，现在只有诸葛春秋能帮他夺回国家。但是，诸葛春秋作为一国宰相，想要带兵出征，就必须得到皇帝的准许。诸葛春秋安慰阿卜杜拉，并私下告诉他过几天自己将陪同皇帝去巡游，到时候可以再想办法。几天后，当皇帝巡游时，阿卜杜拉一直尾随着巡游队伍。趁侍卫交接班的间隙，阿卜杜拉瞅准机会，快速冲上前挡在皇帝的銮驾前，请求皇帝同意。但是，他的举动却惹怒了皇帝。皇帝愤怒地说道："你现在已经不再是王子了，请你认清自己的身份，让朕的子民为你血战，牺牲生命，朕不同意。"

诸葛春秋还未来得及翻译，皇帝便命令身边的侍卫把阿卜杜拉拖到一边。阿卜杜拉突然大喊道："皇帝陛下，如果您愿意帮助我复国，我可以向贵国开放我国的通商渠道。贵国货物可以自由出入我国，商人可以在我国自由贸易。贵国的丝绸、陶瓷、茶叶等货物不征收任何关税。另外，我们国家有特别珍贵的别的国家没有的石脂。这个石脂可以用作燃料，用来制造武器——燃烧弹，杀伤力极强，也可以经过炼化制成润滑剂，使用范围非常广。石脂一滴价值千金，作为回报，我愿意无偿供应贵国三年石脂。我现在就可以签订两国通商文书，请您再次考虑。"说完，阿卜杜拉便从怀中掏出一个小瓶。

诸葛春秋急忙为皇帝翻译，皇帝让随从拿过小瓶后，看着小瓶思索良久，终于同意了阿卜杜拉的请求。随从将小瓶还给阿卜杜拉后，皇帝当即命人拟好两国通商文书，与阿卜杜拉达成了协议。

签订协议后，皇帝仔细听取了阿卜杜拉对当前形势的分析，随即下令开始操练军队，准备大量粮食、兵器等。一年后，宰相诸葛春秋将领兵作战，帮助阿卜杜拉消灭侵略者，收复国土。而在这一年里，阿卜杜拉则在宫中为皇帝讲解叙利亚周边国家的风土人情，同时为文武百官讲授叙利亚及周边国家的民俗知识。

闲暇之余，阿卜杜拉会四处走走，感受这里的风土人情。时值金秋时节，稻花飘香，到处洋溢着收获的喜悦。望着黄灿灿的稻穗随风摆动以及繁忙的收割场景，阿卜杜拉陷入了沉思。他从诸葛春秋那得知，这里非常重视农业的发展，在小麦、水稻的育种、栽培、种植，农田灌溉等水利枢纽建设，以及农具使用等方面，都具有很高的水平。正是因为这些优势，华夏国粮食作物的产量非常高。阿卜杜拉正想着如何将这里的先进技术引进自己的国家，却被疾驰奔跑的马车撞倒了，受了很重的伤。正巧，一位名叫孙初雨的姑娘路过，见状，即刻上前去救治阿卜杜拉。在姑娘高超医术的治疗下，阿卜杜拉的伤很快痊愈了。在养伤的过程中，他得知姑娘的医术是家传的，远近闻名。阿卜杜拉想学习这种医术，希望回到祖国后可以救治他的子民，于是请求孙初雨将医术传授给他。但是，孙初雨犹豫不决，因为她祖上有规矩，家族医术绝不外传。可是，面对真诚的阿卜杜拉，孙初雨最终还是答应了他的请求。阿卜杜拉在学习医术的过程中，慢慢地喜欢上了这位美丽善良的东方姑娘。

时间飞逝，一年之期马上就要到了，阿卜杜拉的医术也即将学成。离别的时刻终于到来，阿卜杜拉鼓起勇气向孙初雨表白。但是，想到自己即将奔赴战场，生死未卜，他只能向姑娘承诺："如果我能活着回来，一定娶你。"

看到心爱的姑娘流泪的一瞬间，阿卜杜拉多想永远留在这个地方。但是，他不能，他的故土上还有成千上万的子民等着他去解救，还有他的国家等着他去光复，他不能为了一己之私而置万千生灵于水火而不顾。

万事俱备，阿卜杜拉和法里斯辞别东方皇帝与初雨姑娘。摩擦着当年狮子菲拉斯交给他的那件挂坠，阿卜杜拉俩人和诸葛春秋带领着浩浩荡荡的军队，携带着大量粮食、兵器等穿越时空之洞，回到了当初寻找到菲拉斯的那片草原。之后，随着时空之洞的消失，那块挂坠竟也神奇地不见了。

第八章　重归故土

阿卜杜拉带着诸葛春秋等人回到故土时已是盛夏时节。阿卜杜拉和法里斯先去拜见了阿迪勒王。阿卜杜拉不但借到阿迪勒王事先允诺给他的军队，还获得伊萨姆将军的协助。阿卜杜拉依旧将母亲阿伊莎委托给阿迪勒王照顾。安顿好母亲后，他率领着军队继续踏上回国的路途。回国途中，诸葛春秋缜密地研究了周围的地形，发现附近有一个山谷，他认为可以将敌人引诱到那里伏击，从而全部歼灭。正在这时，巡逻的敌军撞在了枪口上，被阿卜杜拉他们轻松地"解决掉了"。诸葛春秋留下了一个活口，让他捎信给侵占叙利亚的敌军联盟——三日后阿卜杜拉等人便会攻取城池。

他们将营地驻扎在离王城不远的一片森林里。阿卜杜拉不放心，便带领两个随从视察粮草。就在这时，一支箭飞速射向阿卜杜拉。由于事情发生得太突然，阿卜杜拉来不及做出任何反应。这时，一个身影飞扑过来，挡在阿卜杜拉面前，挡住了这一箭，随即那人捂住中箭的胳膊跌落在地。随从见状，迅速赶去追捕放冷箭的人。

阿卜杜拉这时才反应过来，上前仔细打量那个跌落在地的男人。那个男人忽然跪地："参见阿卜杜拉殿下！"

"你认识我？"阿卜杜拉惊讶地问道。

"当然。我是这个国家的人，怎么会不认识您，阿卜杜拉殿下。"男人继续说道。

阿卜杜拉感激地说道："谢谢你刚才搭救了我，你叫什么名字？可否愿意与我一同夺回我们的国家？"

"我叫巴塞尔，非常乐意和殿下一同战斗，夺回我们的国家！"巴塞尔激动地说。

阿卜杜拉真诚地说："不要叫我殿下，现在你是我的伙伴了。"

"伙伴？是吗？"巴塞尔简直不敢相信自己的耳朵。

"是的。"阿卜杜拉肯定地说。

阿卜杜拉带着巴塞尔回到了营地。此时，诸葛春秋正在与法里斯他们商量计谋。阿卜杜拉将事情的来龙去脉说了一遍，没有人怀疑巴塞尔，但诸葛春秋却不这么想，他的直觉告诉他巴塞尔也许是个奸细。

晚上，他们在营帐里商量作战计划，其中也有巴塞尔，诸葛春秋说："我们将营地设在后方不远处的山谷里。那里离战场较远，可以保证阿卜杜拉王子的安全。前锋由法里斯担任，伊萨姆作为侧翼，巴塞尔在后方保护阿卜杜拉王子。"

众人回答："明白。"

第二天，军队在运输作战物资时，车轮却生锈了，无法顺利前进。众人使尽全力推着战车，车轮依然纹丝不动，影响了行军速度。阿卜杜拉见众人发愁，走上前去询问原因。众人回答："车轮生锈阻塞，难以前进。"阿卜杜拉笑了笑，从口袋里掏出一个小瓶，倒出一些神秘的液体，往车轮上滴了几滴，转了转车轮，不一会儿战车就可以顺利前进了。众人疑惑地望向他，只见阿卜杜拉不慌不忙地解释道："这是父王在世时，我国从石脂中提炼出来的润滑剂，它有很多用途。"众人听后，都惊叹不已。经过两天的修整，军队士气饱满。很快，法里斯就率领军队抵达叙利亚的城池附近。敌我双方在城池前对峙着，鼓声阵阵，当冲锋的号角吹响的瞬间，双方士兵挥舞着手中的武器冲上去，短兵相接的声音响彻战场，没过多久便血流成河。在敌军当中，法里斯发现了那个蒙面人，但是那人却无心恋战，而是直接冲向后方山谷，法里斯在后面紧紧地追赶着。

进入山谷后，蒙面人按照巴塞尔递来的密信，来到营地附近，巴塞尔早已在那里等候。巴塞尔带领蒙面人来到阿卜杜拉的营帐前，只见蒙面人问道："那个柔弱的王子出来过吗？"

"没有任何人进出过！"巴塞尔答道。

"嗯，不错。阿卜杜拉，快快出来受死吧，不要躲在里面了，没人救得了你。"蒙面人说着便闯入帐篷，却发现帐内空无一人。"不好，中计了！他怒不可遏地提剑冲出营帐，将巴塞尔一脚踹倒在地，骂道，"你这个废物，连这点事情都做不好，要你何用？去死吧！"

"住手，你的对手在这里。"法里斯高声喝道。

"那就战个痛快吧。"蒙面人顾不得巴塞尔了。

在打斗中，法里斯将蒙面人的面具打了下来，却大吃了一惊："怎么会是你？"

"就是我，少废话，快来战吧。"蒙面人快速向法里斯冲去。

法里斯按原计划将蒙面人引向山谷深处，与此同时，埋伏在山谷两侧的弓箭手早已做好了准备，地上也洒满了石脂。当蒙面人意识到中计时，为时已晚，带火的弓箭落地的一刹那，熊熊燃烧的大火瞬间就包围了他。法里斯见状，便带领弓箭手离开山谷，全部回到了主战场。法里斯向阿卜杜拉汇报蒙面人已经被烧死了。在随后的战斗中，士气大振的阿卜杜拉在主战场大获全胜。

然而事实却是，一场大雨从天而降，将山谷中的火全部浇灭了，蒙面人拖着受伤的身体返回了宫殿……

营帐内，被士兵抓获的巴塞尔跪在地上，向所有人低头认罪。当所有人都要求处死巴塞尔时，阿卜杜拉起身，走到巴塞尔面前，对着所有人说，"巴塞尔没有罪，有罪的是利用他的那个人。每个人的作恶都不是真心的，而是被迫的，我相信巴塞尔是一个爱国的人。所以，我要和巴塞尔并肩作战。"众人听后，纷纷点头表示服从阿卜杜拉的决定。

晚饭过后，法里斯找到阿卜杜拉："我刚刚去了山谷，没有发现蒙面人的尸体，估计是逃出去了。殿下可曾记得你十多年前放走过一个俘虏？"

"记得。我放走他后，父王对我的态度就一直很冷淡，难道那个蒙面人是他？可是为什么我把他放了，他还要来侵略我们的国家？"

"因为当年我们为了保卫自己国家的和平，不得已与他们国家作战，而他的父王就在那次战役中不幸战死。"法里斯接着说。

听到这里，阿卜杜拉十分震惊。他忽然明白了那头狮子当初问他问题的用意，回想起自己所说的誓言。

第九章　原来是你

当浩浩荡荡的讨伐大军兵临城下时，蒙面人站在城墙之上，对着阿卜杜拉大喊："一场大雨将我救了出来，哈哈……王子殿下，我想你已经知道我是谁了吧？感谢你当初把我放出来，不然我就没有机会报仇了。你敬爱的父王攻打我的国家，害得我父王战死，臣民四散奔逃、流离失所。现在我只不过是以其人之道还治其人之身罢了。你有什么资格来阻挡我？不要妄想踏入城池半步。"

阿卜杜拉的内心顿时掀起巨大的波澜，但脸上依旧从容淡定："我想知道你到底是谁？"

"艾什勒夫。"蒙面人摘下已被火熏黑的面具，扔在了地上，奸笑道。

"好，艾什勒夫，终于见到你的真面目了。你想没想过，如果没有战争，你的生活会是怎样的？也许是和你的母后在花园里散步聊天，也许是和你的父王在寝宫里谈论治理国家的方针。战争是你我都不想要的，你已"以牙还牙，以血还血"，难道还想让你的皇室后继无人吗？以战争报复战争，就会永远陷入战争的泥潭，你我的父亲都已死去，我想终结这场战争。"

阿卜杜拉说话时，法里斯已带领一队人马不动声色地绕到城堡的后面，准备突袭。

艾什勒夫听到这番话，内心有些松动——每个人都希望和平，他也不例外。

气氛变得不那么紧张了。

很快，法里斯便从后方进入了城堡。

"考虑得怎么样了？放下你手中的剑，咱们做个朋友怎么样？"阿卜杜拉继续劝说道。

"阿卜杜拉，我佩服你有如此宽广的胸襟，也羡慕你有这么多忠实的伙伴。其实，你能放一个活口回来通风报信，我已经很佩服你的为人了。这就像当年你放了我一样。"说完，艾什勒夫放下手中的剑，并命令所有士兵也放下武器，打开了城门。

由于在大火中受了伤，他一瘸一拐地走向城门，亲自迎接阿卜杜拉的大军进城。随后，艾什勒夫与阿卜杜拉签订了和平协议，艾什勒夫很快便踏上归国的路途，决定回国重建自己的国家。

就这样，国家恢复了以往的和平与安定。休整一段时日后，诸葛春秋和阿迪勒王的军队也即将踏上归途。临行前，阿卜杜拉将两封信件委托给诸葛春秋，让他分别转送给华夏国皇帝和孙初雨姑娘，还派遣法里斯将母亲阿伊莎从阿迪勒王那里接回国。阿卜杜拉虽然很思念远在东方的心爱姑娘，但是国家和人民还需要他，他必须承担起这个重任。阿卜杜拉只能将思念之情深深地埋在心底，他坚信终有一天会再见到心爱的姑娘。

一年后，皇帝派遣诸葛春秋和孙初雨带领使团，携带着华夏国的丝绸、茶叶、药材和瓷器等前往叙利亚进行通商贸易。而叙利亚早已将石脂、润滑剂等物资准备妥当，就等着诸葛春秋他们到来。叙利亚和华夏国商路的开通，不仅促进了两国经济、贸易、文化的交流，还促使商路沿线的国家也发展起来。艾什勒夫和阿迪勒王也与叙利亚、华夏国建立了良好的关系，互通商贸。此后，几个国家和平共处，人民生活幸福美满。

四、故事分配

叙利亚在广播电台、电视台以及广告、手机游戏三个领域具有一定的优势，对故事《阿卜杜拉王战记》的宣传具有推动作用。

（一）广播电台、电视台

叙利亚无线广播技术比较成熟、收听成本低，"叙利亚广播电台建立于1936年，在各省市建立有地方广播电台"，[①] 受众范围广泛。叙利亚电视台建立于1960年7月，面向叙利亚全国制作并播送阿拉伯语、英语、法语等节目，为叙利亚人民提供新闻报道、热点聚焦等服务。依托广播电台、电视台等大众传媒，利用官方媒体具有良好的群众基础和权威的话语权的优势，故事《阿卜杜拉王战记》可广泛地在叙利亚民间传播。

（二）广告

叙利亚现代化传媒体系较为完善，拥有广告公司、广播电视台、报刊、网络等大众传媒。除全国及地方性阿语报刊外，还发行英语报刊，受众群体广泛。通过多种传媒渠道，可将故事《阿卜杜拉王战记》制作成不同类型的广告，在各传媒平台播放，加速故事的传播。

（三）手机游戏

叙利亚全国移动电话使用率较高，互联网普及率低，但发展前景广阔。叙利亚的手游市场潜力巨大，尤其是年轻人对手机游戏需求量大。可将故事《阿卜杜拉王战记》制作成手机游戏，因为手机游戏开发难度低，投入资金少，可广泛应用于互联网和手机移动客户端，而且使用方便，不受时间、地点的限制，随时随地打开手机APP即可以参与游戏。这些便利条件可加快故事《阿卜杜拉王战记》在叙利亚的传播速度，扩大故事的覆盖面。

五、故事消费

故事《阿卜杜拉王战记》分配渠道建立后，从广播电台、电视台以及

[①] 商务部国际贸易经济合作研究院、中国驻叙利亚大使馆经济商务参赞处、商务部对外投资和经济合作司：《对外投资合作国别（地区）指南——叙利亚（2019年版）》，第14页，https：//max.book118.com/html/2019/0528/7120025114002030.shtm。（采用日期：2019年12月20日）

广告和手机游戏三个领域分别介绍故事消费的策略。

(一) 广播电台、电视台

在广播电台、电视台领域的消费通过制作节目、选择主持人或嘉宾、黄金时段播放、听众互动和终极大奖五个策略实现。

1. 制作节目

以故事《阿卜杜拉王战记》为蓝本，委托叙利亚当地顶尖的策划咨询公司，结合叙利亚当下最流行的节目形式，依据不同年龄段收听率、收视率等相关数据，设计不同类型的广播电台节目、电视节目，扩大故事《阿卜杜拉王战记》的受众面。

2. 选择主持人或嘉宾

(1) 节目主持人：选择叙利亚当地民众最喜爱的主播做节目主持人。
(2) 嘉宾：选择有中国留学背景且对中国文化比较了解的叙利亚本国学生作为节目特邀嘉宾。通过主持人与嘉宾的选拔，能够促使候选人主动深入理解和分析故事《阿卜杜拉王战记》。通过选择主持人、嘉宾的消费策略，可进一步提高叙利亚人民了解故事《阿卜杜拉王战记》的热情。

3. 黄金时段播放

黄金时段，可在车载广播电台频道和知名电视台开播故事《阿卜杜拉王战记》，从而进一步推广故事，扩大受众面。

4. 听众互动

在节目中设置听众、观众有奖问答环节，每月随机抽取若干名幸运观众，邮递精美小礼品。小礼品是根据故事《阿卜杜拉王战记》开发出来的立体书籍、书签、便签纸等。通过小礼品，可以在线下推广故事，进一步提高故事《阿卜杜拉王战记》的知名度。

5. 终极大奖

每年从忠实收听节目或者观看节目的观众中抽取五名幸运观众，奖励中国游。在播放故事《阿卜杜拉王战记》的节目或者录制节目的现场，可与在中国旅游的五名幸运观众现场连线，让他们参与节目，不仅可增强节目的现场感和互动性，还可更有力地宣传故事。

（二）广告

在广告领域的消费通过制作广告、广告设计大赛和投放广告三个策略实现。

1. 制作广告

以故事《阿卜杜拉王战记》为蓝本，邀请叙利亚顶尖的广告传媒公司加盟，根据不同传播媒介的特点，迎合叙利亚人民的审美倾向，抓住故事的精髓，制作、拍摄不同类型的故事性广告。

2. 广告设计大赛

围绕故事《阿卜杜拉王战记》，面向叙利亚全国各广告传媒公司征集作品，设置不同奖项，获得优胜者可被购买广告版权。通过设计大赛，可提高故事《阿卜杜拉王战记》的社会影响力。

3. 投放广告

借助城市公交系统、官方广播电台、叙利亚国家电视台、报刊杂志和网络等平台，以车载广告、报纸广告、视频广告、公益广告和网络广告等形式投放故事《阿卜杜拉王战记》的宣传广告。在公共场合和人流量较大的商业区循环播放，借助官方媒体的权威性，最大限度地扩大故事《阿卜杜拉王战记》的知名度，提高其社会认可度。

（三）手机游戏

在手机游戏领域的消费通过制作手机游戏、推广游戏两个策略实现。

1. 制作手机游戏

以故事《阿卜杜拉王战记》为蓝本，由中国和叙利亚游戏制作商合作开发游戏。在制作手机游戏时，可将中叙（中国和叙利亚的简称）两国的历史、文化、社会、风俗等内容融入游戏的画面、情景、人物的设计中。通过游戏强大的视觉冲击力、绚烂的特效、丰富的场景，使游戏参与者与故事角色融为一体，达到身临其境的效果。游戏参与者在故事情节创设的虚拟环境中，可对故事《阿卜杜拉王战记》发挥无限的想象力。叙利亚人民不仅能体验到感官的享受、游戏的乐趣，还能通过补充游戏旁白的形式来推动故事情节的发展。这一系列的活动参与，可使叙利亚人民逐渐加深对故事《阿卜杜拉王战记》的理解，并通过口口相传，提高故事的知名度。

2. 推广游戏

聘请叙利亚电子竞技职业选手成为故事《阿卜杜拉王战记》手机游戏的代言人，一方面可提高故事的知名度，另一方面可吸引叙利亚的年轻人。也可选择叙利亚本土游戏运营商，将《阿卜杜拉王战记》手机游戏免费投放在互联网或手机移动客户端，进行免费的公开测试运营。随着游戏推广的深入，可逐渐增加收费项目，以此扩大受众面。还可将《阿卜杜拉王战记》手机游戏推广至世界游戏博览会，扩大其在世界范围内的影响力，从而吸引更多的叙利亚人民关注并下载游戏。

六、中叙合作

故事生产、故事分配、故事消费的最终目的之一是达成合作，两国的合作主要体现在以下几个方面。

（一）共享农业

叙利亚是阿拉伯国家中重要的农业大国之一，历史上曾享有"中东粮仓"的美誉。农业是叙利亚重要的经济支柱产业之一，在国民经济中占有重要地位。叙利亚的北部和西部是重要的农业产区，主要出口的农产品包括小麦、棉花、豆类、水果、蔬菜，其中棉花是创汇收入最高的农作物。自2011年叙利亚冲突爆发后，由于战争的影响，数百万人成为难民，农业人口大量减少，农业灌溉设施、水利枢纽工程、农产品加工设施等遭到严重破坏，加之严重的干旱等自然灾害，叙利亚农业遭受重创，经济发展缓慢，严重影响民生。农业自古以来就是中国的传统产业，中国人民作物种植经验丰富。悠久的农业种植史使中国在农学思想、农田水利工程建设、农业育种栽培技术、农具等方面积累了丰富的实践经验。随着现代科技、工业在农业领域的应用，加之国家政策的扶持，中国已基本建立健全的现代农业产业体系，包括多样化的现代农业经营模式、新型职业农民、机械化和专业化的农业发展形态、一体化产销等，形成具有中国特色的现代化农业发展道路。若中叙两国在农业方面建立长效合作机制，叙利亚将会获得来自中国的农业技术、引水灌溉设施、农产品深加工设备等多方面的支持。通过中叙农业方面的合作，中国将会不断加强农业水利工程海外援助、农产品深加工技术海外推广等方面的研究力度，从而推动两国在合作过程中获得共同发展。

（二）共享石油

叙利亚工业基础薄弱，以出口原油及矿产品等原材料为主。在叙利亚内战、国际经济制裁、国际金融市场波动等原因的影响下，第一大出口创汇产品石油的出口不畅，致使叙利亚经济遭受严重影响。叙利亚虽然拥有丰富的能源（以石油、天然气为主），但能源供应体系单一，在能源科技理论水平、机械设备、勘探技术、炼油技术等方面发展滞后，其能源高效开发利用、产品深加工和清洁能源等方面存在短板。与叙利亚不同，历经70年的发展，中国逐步建成以煤炭为主，石油、天然气、核能、新能源和可再生能源等为辅的多元化能源供应体系。中国加大科研投入，不断革新技术，在多个领域取得举世瞩目的成就。在石油炼制工艺方面，中国自主研发的MCT悬浮床加氢成套技术及装备，其关键技术指标达到世界领先水平，为世界提供了重油深加工工艺新思路。[1] 在能源系统技术装备方面，中国已建成世界最大的清洁煤电体系。中国在深水钻探、页岩气勘探开发等技术领域也实现突破性进展，一大批代表国际先进水平的重大工程建成并投产。在可再生能源方面，中国在水电、风电和太阳能发电装机容量上位居世界首位。核电装机容量和在建规模世界排名前列。[2] 中国已经积累了丰富的能源科技理论、资源勘探技术、油气深加工技术。虽然中国是能源消费大国，而且能源总量较高，对石油、天然气需求量大，但是其石油、天然气资源赋存不均，开发难度较大。因此，中国和叙利亚在能源领域具有互补性。如果两国在能源领域达成产能合作，不仅能够改善中国

---

[1] 闫志强：“中国重油加工技术跃居国际领先水平”，https://www.baidu.com/link？url=xH5b9x-f1mrxr4sGj0rY1k6mhus2JSczqkC1kxZUubIbgzkcd0vHQ_wCH1wXpVwkkywqZU0wv5VkkVZ4KLKk0hnOoKVPSKfuMjQVa3MEEaK&wd=&eqid=cadf391d002b595f000000035df0066。（采用日期：2019年12月21日）

[2] 国务院新闻办公室："70年来艰苦奋斗开拓进取 中国能源发展取得举世瞩目伟大成就"，http://www.scio.gov.cn/xwfbh/xwbfbh/wqfbh/39595/41802/zy41806/document/1665059/1665059.htm。（采用日期：2019年12月21日）

能源短缺的现状，还能帮助叙利亚提高能源科技理论水平、更新机械设备，尤其是可以帮助叙利亚提高油气资源勘探技术，掌握油气深加工技术，构建完整的能源工业体系，完善能源供应体系。以上举措均可促进中叙两国经济的共同发展。

（三）援建医疗

自 2011 年 3 月叙利亚内战爆发以来，据官方统计，截至 2016 年，叙利亚死亡人数已达 47 万人，其中 7 万人因没有接受良好的医疗救助而丧命，伤亡人数占总人口的 11.5%，且伤亡数字仍旧不断增高。叙利亚境内医疗机构成为袭击目标，已造成几百名医生和医疗工作人员死亡。叙利亚超一半的医院等医疗机构遭到严重破坏，部分地区医院和诊所已停止运作。叙利亚医疗系统遭到严重打击，叙利亚人民无法得到最基本的医疗保障，无数儿童患有严重的心理疾病，重建制药业和医疗机构已迫在眉睫。叙利亚急需大量医疗物资、医疗设施设备、医疗工作人员，尤其是医疗专业人员等医疗援助。中国历史悠久，拥有传统医学中医，中医学理论源远流长，尤其是在草药、防治瘟疫等方面有着深入研究，是现代医学、世界医学纲要的重要组成部分。中国早在 20 世纪 60 年代就已开展抗击疟疾的研究。中国科学家屠呦呦从古代多本医书中查找到治疗疟疾的方法，从中不断摸索试验，终于发现并成功提取青蒿素。

青蒿素被应用于全球抗疟治疗，成功挽救无数生命。因此，屠呦呦也为中国获得第一个诺贝尔医学奖，使中国中医学的发展越来越受到世界各国的关注。中国不仅重视中医学的传承，而且重视西医的发展，坚持中西医并重，建立了较为完备的医疗体系和完善的医疗基础设施。若两国达成合作，中国可协助叙利亚重建医疗机构，叙利亚将获得大量医疗物资、医疗设备等援助。在援外的同时，中国也可提高自身的医疗技术援外水平，加大制药装备在海外的推广力度等，从而进一步推动两国在医疗卫生、制药业方面的发展。

第三章　对黎巴嫩传播的话语体系构建

一、黎巴嫩概况

黎巴嫩共和国位于亚洲西南部、地中海东部沿岸，人们习惯上将它归为中东国家。它的首都是贝鲁特，东部和北部与叙利亚接壤，南部与以色列、巴勒斯坦为邻，属于亚热带地中海气候，沿海城市夏季炎热潮湿，冬季温暖。①

黎巴嫩是个十分独特的国家，由于曾经遭受埃及、巴比伦、波斯、罗马、奥斯曼帝国等的殖民统治，其教派种类较多。其中，伊斯兰教又分为很多分支。1943年11月22日，黎巴嫩独立成为共和国，实行三权分立的议会民主制。总统是国家元首，内阁行使行政权，议会行使立法权，最高法院是行使司法权的最高司法机关。

黎巴嫩使用的语言主要是阿拉伯语、法语、英语，其方言同叙利亚和约旦的方言比较接近。②

课题组设想的中国和黎巴嫩的合作主要体现在时装、教育和经济贸易三个方面，因此仅对这三个方面进行介绍。

（一）时装

由于历史原因，黎巴嫩在整个阿拉伯世界因文化的包容性与融合性而闻名。对文化的包容与融合孕育出黎巴嫩人民对时尚的追求。黎巴嫩有许多知名的世界级服装设计师，如 Elie Saab、Gemy Maalouf、Ashi Studio、Fadwa Baalbaki、Ziad Nakad 等，使首都贝鲁特成为当之无愧的"东方巴黎"。

---

① 中国历史网："黎巴嫩"，http://www.861sw.com/sjls/22865.html。（采用日期：2020年5月5日）

② 商务部："商务参赞访谈"，http://interview.mofcom.gov.cn/detail/201605/1450.html。（采用日期：2019年10月10日）

（二）教育

根据收费情况，黎巴嫩的中小学分为两种：免费的公立学校和收费的私人学校。大学中，综合性大学有4所，相当于大学和大学预科的学院有20多所。其中，黎巴嫩大学是唯一的国立综合大学，闻名于阿拉伯国家。[①] 此外，还有贝鲁特阿拉伯大学、贝鲁特美国大学、贝鲁特圣·约瑟夫大学等。2006年，中国在贝鲁特圣·约瑟夫大学设立孔子学院，其成为首家中国在阿拉伯国家开设的孔子学院。黎巴嫩前教育部长塔利克·麦特里出席孔子学院协议签署仪式，并对孔子学院建设寄予厚望。该孔子学院自成立以来，一直致力于推广汉语教育，传播中国文化，促进中国文化和阿拉伯伊斯兰文化的交流，并定期举办各类文化活动，如举办中国文化讲座、中国美食文化节，以及承办孔子学院总部组织的春节系列庆祝活动等，使中国文化深入校园，走进黎巴嫩人民中间。

（三）经济贸易

黎巴嫩实行自由、开放的市场经济体制，私营经济占主导地位。工业基础相对薄弱，以加工业为主，主要行业有金属制造、非金属制造、家具、服装、木材加工、纺织等，其总产值占国内生产总值的17%，是仅次于商业和非金融服务业的第三大产业。农业欠发达，黎巴嫩耕地面积较少，粮食生产落后，主要依靠进口，农产品以水果和蔬菜为主，其他农产品有玉米、马铃薯等，经济作物有烟草、甜菜、橄榄等。对外贸易在国民经济中占有重要地位，政府实行对外开放与保护民族经济相协调的外贸政策，制定配套措施，提供充分保障，开展经济外交，引进资金。出口商品主要有蔬菜、水果、金属制品、纺织品、化工产品、玻璃制品和水泥等，主要贸易对象是意大利、美国、法国、沙特阿拉伯、阿联酋、叙利亚和中国。[②]

[①] 人民网："黎巴嫩概况"，http://world.people.com.cn/GB/8212/72474/72475/5043834.html.（采用日期：2019年10月10日）

[②] 对外领事网："黎巴嫩国家概况"，http://cs.mfa.gov.cn/zggmcg/ljmdd/yz_645708/lbn_646888/gqjj_646896/t312280.shtml.（采用日期：2019年10月10日）

二、故事背景

　　黎巴嫩这个位于西亚地区的国家，现在正与邻国叙利亚因边界问题而争执呢！可想而知，两国人民正处在焦躁不安之中。就在此时，传来一个好消息——叙利亚国王大婚在即，他和黎巴嫩国王都有意借此机会停战。但是战争打起来容易，想停止却难，必须有个合情合理的理由，让两国的国王在不失国家威严的情况下达成和平停火协议。恰在此时，四年一度的服装设计大赛如期而至。黎巴嫩国王想借此机会，从国内选出最漂亮的礼服，作为献给叙利亚国王大婚的礼物来缓和两国关系，从而达到停战的目的。消息一放出，西亚各国的服装设计师都跃跃欲试，想要参加这次意义非凡的大赛。主人公拉特克服重重困难，参加了大赛。拉特最终能赢得比赛吗？两国会走向和平吗？

三、王后的礼服

第一章　邻国大喜

　　西发是黎巴嫩内地一个小小的市镇，位于通往首都贝鲁特的道路上。西风带着地中海的水汽将一批又一批人迎到这个小市镇，又把这群赶路的人儿送向四面八方。

　　拉特打了一个长长的哈欠，头巾下黑亮亮的眼睛透过土窗，看着外面来来往往的路人。

　　"最近怎么突然多了这么多人啊？"一胖一瘦两个男人站在离土窗不远的树下高声谈论着。

　　"这不是四年一度的服装设计大赛就要开始了嘛，各国的设计师都一股脑儿地挤到这儿，商家也投机做起了买卖。"瘦子耸了耸肩，说道。

　　"贝鲁特城前段日子因为战争荒凉了不少，这服装设计大赛一举办哟，又热闹起来了！"胖子拿着把扇子，喘着粗气不停地扇来扇去。

　　"可不是嘛，这服装设计大赛虽然是在黎巴嫩举办的，可在不少国家都有不小的影响力。上一届的冠军艾利莎伯，她可是黎巴嫩服装设计大师莱依拉最得意的大弟子。她独创出一套自己的制衣风格，深受西亚各国服装业的喜爱，也影响着黎巴嫩服装风格的走向。她在整个阿拉伯世界可都是鼎鼎有名的！"瘦子眉飞色舞地说道。

"我比较看好艾利莎伯，据说她上次参赛就为皇家设计了一套名为'自然之声'系列的28套皇家礼服，并因此而获得冠军，可威风了！"胖子得意地补充道，言语间好像那礼服是他设计的一样。

"哎，也不好说，服装界人才辈出，我认为不到比赛的最后一刻，真不知这一届的冠军会花落谁家！可能还是她吧！"瘦子说道。

"听说国王对这次的比赛特别重视，说是想借这次比赛选出送给叙利亚国王完婚的礼服，以此来缓和两国关系。所以，不管冠军是谁，那可都是将百姓从水深火热之中拯救出来的英雄啊！"胖子说着说着，激动起来。

而躲在土窗里"偷听"的拉特，此时也开始热血沸腾，她思绪飞转，一个大胆的想法渐渐在脑海中成型……

第二章 萌生想法

"拉特！拉特！"尖利的叫喊声将拉特从幻想中硬生生地拽回现实。

拉特吐吐舌头，心想：又要挨法迪亚奶奶的骂了。

自从父母死于一场战争，拉特就一直与法迪亚奶奶相依为命，但这并不代表两人的关系会有多么亲密。拉特和法迪亚奶奶并没什么血缘关系。在此之前，拉特也只是在裁缝店里见过她，用法迪亚奶奶的话说，拉特是她捡回来的，但只不过是因为自己行动不便，需要一个帮手罢了。因而，法迪亚奶奶对拉特的要求也很严格。

"拉特，你的功课完成了吗？快去写作业，小心我用针扎你！"法迪亚奶奶倚靠在摇椅上眯着眼做针线活，佝偻的身子缩成一团，藏在褪了色的长袍里，脸上满是岁月的刻痕。

"奶奶……我……我想参加服装设计大赛。"拉特小心翼翼地打量着法迪亚奶奶，要知道她可是从来不允许拉特碰针线这种东西的，虽然拉特曾不止一次恳求过。

"你说什么？再说这件事我就用针缝住你的嘴！"

"我就是要参加比赛！"

听见这话，法迪亚奶奶颤抖着停下手头的活，布满沟壑的脸上显现出愤怒的神色。她紧闭双眼，脸上的肌肉因生气而抖动着。

她睁开眼后，已恢复了漠然的神色，沙哑着嗓子说："我管不了你，你爱怎样就怎样吧，这条道路并不好走，你需要有无限的毅力和耐心，切勿被虚荣冲昏头脑，切勿妄想走捷径而获得成功。"

拉特有些惶恐不安，她从来没有见过法迪亚奶奶如此生气，于是连忙应道："奶奶，我一定会坚持下去的，请您相信我吧！"

她第一次这么大胆地表达出自己的想法，心想，如果奶奶能够答应，她就再也不用瞒着奶奶偷偷摸摸地在晚上做衣服了。

拉特突然觉得法迪亚奶奶不那么严厉了，开心地冲过去抱住她，奶奶连忙把手上的针放到一边，原本有些严肃的表情也柔和了许多，她轻声嘟囔着："冒失的傻孩子。"

第三章　梦遇神秘人

拉特高兴地冲进自己的房间，这里是她自己的小世界。房间的东北角摆放着一个架子，架子上陈列着一排排早已有些褪色的瓶瓶罐罐。罐子旁边到处是烧剩的蜡烛和干涸的蜡滴。有一面铜镜摆放在阳台门边的三角架上，草席上摊着散乱的纸张，笔和墨水瓶则随处可见。

但是，她的书桌却干净整齐，上面放着一本包了书皮的历届服装设计获奖作品集和一本很厚很旧的华夏语书。这本服装设计获奖作品集是一位漂亮的阿姨来奶奶这里取衣服时送给奶奶的。

拉特走到书桌旁边，轻轻揭开用白纸遮掩住的制衣图纸，心想终于可以光明正大地做衣服了。拉特坐在书桌前看着图纸，抚摸着昨晚完成了一半的鱼尾裙，准备继续未完成的裁剪、缝纫、熨烫工作……

蜡烛燃尽之时，拉特伸了个懒腰，眉头蹙成一团，自言自语道："不够，我的设计水平还是不够高。"

拉特懊恼地倒在床上："以我现在的能力，根本做不出叙利亚王后想要的礼服。这次参加比赛的机会对我来说来之不易，我也想像艾利莎伯一样成为有名望的服装设计师。如果我能够赢得比赛，就可以解救黎巴嫩和叙利亚的人民，让他们免于争端的荼毒。如果别的国家的设计师赢得比赛，做出的礼服符合叙利亚国王和王后的心意，那么讨厌的争吵将会无休止地继续下去。"

想着想着，拉特睡着了。

"孩子，可爱的孩子，醒醒，醒醒。"拉特恍惚间听到有人在离自己很近的地方呼唤着自己。

"你是谁？"

"亲爱的拉特，听我说，我是个精灵，有人类没有的特殊本领。我知道你想设计出世界上最华美的礼服，你想成为这次比赛的冠军，你想阻止两国继续争吵下去。你的这些梦想我都可以帮你实现。"

"真的吗？"

"你不相信我？那我带你去看些东西。"黑暗中，一个身披黑袍的男人出现在拉特的房中，他摸摸拉特的头，轻轻地说，"醒了吧，可爱的女孩，你做好准备，要相信我可以将你安全地带到任何地方，并且能安全地送你回家。我要带你去世界各地看各种华服。"

拉特半信半疑地点头答应了。

在无尽的黑暗中，拉特感觉自己的身体变轻了。她倏地一下子飞出小小的土窗，穿过庭院的长廊，掠过拱形的屋顶，飘浮在天空中。拉特一点也不惊慌，这像是一场梦，夜风中充满海洋的气息，海浪声就像是谁在喃喃低语。贝鲁特城墙上火炬摇曳，城外军营里的篝火忽明忽暗，仿佛满天的星星坠落凡尘。抬头看天，彗星正勾住夜风的尾巴划过天际。一切都显得那么美！

那个自称精灵的黑袍男人，瞬间将拉特领到一个陌生的地方。拉特先看到一个美丽的姑娘，她身穿一件袖口镶金边的白色衣裙，衣裙分两部分，上半身是短袖紧身小衣，下半身是直筒长裙，整体镶着亮片拼成的繁花图案。姑娘身上还搭着一条同色系镶珠宝的长纱巾。

"尊敬的精灵，这个样式的衣裙我从未见过？"拉特很好奇。

"这是印度新娘的婚纱，也叫沙丽。"

说着话，拉特和精灵又瞬间转移了地方，这次看到的姑娘身穿明黄色短上衣，下配玫红色大宽裙。衣服设计得很别致，斜开衣襟，系带做扣，两肩处贴有圆形绿色绣布。

"这是……"拉特问。

"这是朝鲜新娘的嫁衣，衣服上的传统图案代表两性之合、万福之源。"①

就如之前一样，拉特突然又看到一位穿三件套纯白衣服的姑娘，衣服上面并无图案，但所配的帽子极具特色，纯白色的，很是宽大，基本上能把佩戴者的额头都遮盖住。

"这是……"拉特又问。

"这是日本新娘的和服，又称"白无垢"，白色帽子称为"角隐"，即"隐藏头角"，象征着收敛脾气、追随夫家、不求自我表现。"②

随后，拉特看见一套上身配有腰带的长袖外袍，衣服上还有佩花装饰。其内衣袖外翻在外衣衣袖之上，下穿长裙，短上衣配长裙，使女士的体态看起来更加修长。

"这是哪个国家新娘的嫁衣，尊敬的精灵？"拉特问。

"这是不丹新娘的礼服。"

拉特后来还看见罗马尼亚新娘的礼服——圆领罩衫绣花裹边，上衣袖管款式特别，袖管宽袖口紧，腰间系着华丽的腰带；下装是一里一外两条裹裙。缅甸新娘的礼服则是传统的无领衫，长长的纱巾紧紧裹着窈窕的腰肢。礼服的颜色既艳丽又雅致。而在世界最边缘的地方，那些未知民族新娘的礼服竟然是草裙和动物毛皮制成的。

"拉特，这些礼服对你有启发吗？"悠悠的声音自远方传来，拉特如同梦中醒来一般，久久地不愿相信自己一夜之间竟看遍天下婚服，但她隐隐地觉得还差点什么？但是还差点什么呢？

第四章 决心远行

在经历了奇幻之旅后，拉特做出要去华夏国学艺的决定。

她很小的时候就听说过华夏国这个古老的国家。一些常年奔波在路上的商人有时会路过奶奶的裁缝店，口渴了就到裁缝店要水喝，顺便歇歇脚。他们曾向裁缝店里的客人绘声绘色地讲起过这个繁荣昌盛的国家。

---

① 余戬平："浅议亚洲国家婚礼服饰与文化——以中国、韩国、日本为例"，《艺术教育》2015年第4期，第117—118页。

② 余戬平："浅议亚洲国家婚礼服饰与文化——以中国、韩国、日本为例"，《艺术教育》2015年第4期，第117—118页。

而拉特对这个国家的印象还不仅于此，有一次她翻开法迪亚奶奶那个厚重的香樟木箱子，发现里面有一件精美绝伦的裙子，她到现在仍对那布料如丝般的质感记忆犹新。那布料冰凉柔顺，尤其是上面的刺绣精致繁复。法迪亚奶奶说它叫绣袍，来自一个叫华夏国的神秘国度。她深深地被布料上精湛的刺绣工艺所吸引，虽然看过很多次，但都没有研究出个所以然来。

"华夏国，华夏国。"嘴里念叨着这个神秘国度的名字，拉特的脑海中浮现出那工艺精湛的刺绣。她暗暗下定决心，一定要去华夏国，一定要学会刺绣。拉特相信，未来的叙利亚王后也会像自己一样喜欢上这种工艺的。但是，拉特又开始烦恼了：一是奶奶没有人照顾了，二是通往华夏国的路途很遥远。

"你要去华夏国？"黑袍精灵突然开口了，拉特吃了一惊，但很快就镇定下来，继而小心地凑到黑袍精灵跟前。

"对，你有什么方法能帮助我吗？就像昨晚那样带着我瞬间转移？"拉特急切地恳求道。

黑袍精灵抬起头，满脸不悦地说道："拉特，我带你看了全世界的礼服，你难道还做不出一件漂亮的婚裙来哄那叙利亚王后开心吗？为什么偏偏要不远万里地前往那个华夏国？"

拉特双手紧握成拳头状："是的，我一定要去那个华夏国，那里有我想要学习的设计元素！"

听了拉特的话，黑袍精灵沉默了。

拉特面对这突如其来的安静，有些忐忑不安。

突然，黑袍精灵露出一直藏在袍子里的脸，拉特这才看清楚他的模样。他的样貌与西亚人截然不同——黄色的皮肤，细长的眼睛，脸庞清秀。

"我就是华夏人，一个被诅咒的永远不能回到故土的华夏人。如果你愿意，我可以教你一些简单的刺绣手艺，但如果你执意要去，我也不想阻拦你。"

第五章 初遇师傅

拉特考虑到设计大赛日期临近，决定借助黑袍精灵瞬间转移的能力。

她苦苦哀求奶奶允许她到华夏国学习刺绣，也恳求黑袍精灵帮助自己。看到奶奶最终同意拉特去学习刺绣，黑袍精灵也发话了："好吧，既然你如此执着，我可以帮你。我先给你说明一下：第一，我受到诅咒，不能把你送到华夏国境内，只能把你送到离华夏国边境不远的地方。第二，你心愿达成后，也要帮我做件事。做什么事我现在还没有想好，到时候再说。你看行吗？"拉特高兴地答应了。

黑袍精灵默念几句，拉特不知不觉已经骑在一个商队的一头骆驼上，而且还被装扮成男人的样子。商队已快走出沙漠，可毒辣的太阳依旧炙烤着大地，好像要将所有东西都蒸干似的。拉特骑在骆驼上，身子越发虚弱，她摇摇晃晃的，眼看就要从驼背上跌落。这时，商队里随行的一个华夏商人及时接住了她。

"原来是个女的。"华夏商人一眼看出拉特的伪装。这个西亚女孩昨天夜晚突然降临商队营地，虽然大家都惊讶于她的突然出现，但都没有多问，并决定带着她回长安。

华夏商人扶着拉特从骆驼上下来，给她喂了一点水。水慢慢地流进拉特的嘴里，她慢慢地恢复了精神。

"谢谢您。"拉特用蹩脚的华夏语说道。

"你竟然会说华夏语？"商人惊奇地张大嘴巴。拉特告诉商人，自己有一本华夏语书，是一位懂华夏语的朋友送给她的。这个朋友在华夏国呆了很久，平时在她家帮忙干活，空闲之时会教她华夏语。

"孩子，你为什么会在我们商队里？"商人急切地问道。拉特告诉商人自己懂一点华夏语，想去华夏国看看。

"华夏国路途遥远，不是什么人都能战胜沿途的艰难险阻的，你为什么非要去不可呢？"拉特的话勾起了商人的好奇心。

"先生，当一名杰出的服装设计师是我最大的梦想。我此次去华夏国的目的就是学习华夏国的刺绣，赢得服装设计大赛，并解救我的祖国，使之免于战争。"拉特哽咽着说道。

"好，你跟我们去华夏国吧。"商人听了拉特的话，答应道，"我姓庄名严，从事丝绸生意多年。我的妻子虽然是长安人，但她也是苏绣的传承人。你不如拜她为师，学习刺绣手艺。"

"真的吗？这真是太好了！太感谢您了！"拉特高兴地说道，"这真是应了你们华夏语里那句话，'踏破铁鞋无觅处，得来全不费功夫'。"

第六章 落地长安

驼铃声在耳边回荡，也不知到底走了多少天，商队终于到达了长安。

街道两边酒肆林立，各种各样的小贩沿街叫卖，卖笔墨字画的、卖胭脂水粉的、卖茶水点心的、卖草帽草鞋的……巷子曲曲折折，客商行人摩肩接踵，有坐轿的、骑马的、挑担的。讨价还价声、叫卖声、谈笑声、鸡鸭狗等聒噪的叫声……各种声音交织在一起，热闹非凡。

拉特好奇地注视着穿梭于大街小巷的黑头发、黄皮肤的行人，不禁感叹："我不是在做梦吧？"

"拉特，这就是我的家。"庄严带着拉特左绕右绕，到达一座大宅子前。

拉特站在朱红色的大门前，心里砰砰直跳。

她小心翼翼地跨过门槛，跟在庄严身后打量着周围的环境。

"相公，你回来了。"一位温婉典雅的华夏女人自厅堂内迎出，脸上满是笑意。

"是啊，我回来了。这些日子家中如何？"庄严疲惫的脸上露出些许光彩。

"一切都好，家人身体也都健康，都盼望着你回来呢。"

"那就好，这段时间真是辛苦你了。"庄严伸手抚了抚女人长长的黑发。

"这是……"女人突然发现了猫在庄严背后的小身影。这个双眼深邃、鼻梁挺直、皮肤白皙的小姑娘，让她十分惊讶。

"这是从天而降的小家伙，黎巴嫩人。"庄严把藏在自己身后的拉特往前推了推，"她想来我国学习刺绣，正巧让我给遇上了，这也是缘分，我想不如让她跟着你学吧。"

"嗯，小姑娘，你叫什么名字？"女人低下身看着拉特，温柔地用阿拉伯语问道。

"我……我叫拉特。你会说阿拉伯语？"拉特惊讶于这个华夏国女人竟然能说一口流利的阿拉伯语。

女人看出拉特的惊讶，笑了笑："我的祖父是阿拉伯的商人。华夏国和西亚各国的商贸兴起后，他远赴华夏国经商。因热爱这里的风土人情，他便安居于此，娶妻生子，所以我会说阿拉伯语和华夏语。"

拉特内心涌起一阵温暖，跟这个温柔的女人顿时亲近了不少。

"为什么要到万里之外的华夏国来学习刺绣呢？"

"我热爱服装设计，喜欢刺绣。我要帮助我的国家摆脱困境！"拉特激动地抓住女人的衣袖。

"可爱的孩子，我叫海丝忆。如果你要跟我学艺，就叫我师父吧。"女人握住拉特的手。

第七章　拜师学艺

入乡随俗，拉特行了华夏国的拜师礼，天天欢天喜地地奉茶作揖叫师父。

清晨，红日立于飞檐，鸟儿在枝头叽喳乱叫。拉特端坐于绸布针线前，聚精会神地望着师父。

"拉特，华夏国的刺绣是门慢手艺，要想学好，就要扎扎实实地从头学起，中间的过程可能漫长枯燥，你能坚持下去吗？"

"师父，我要多久才能学好这门手艺？四年一度的服装设计大赛就要开始了！"拉特急切地问道。

"这个要看天赋，但不论天赋高低，都需要常年累月地练习，积累技巧与经验。如果你想在短时间内速成，这是万万不可取的。"海丝忆语重心长地说道。

"师父，您帮帮我，让我赶在比赛前完成作品吧！这是帮助我的国家最好的机会，我不想错过。"拉特苦苦哀求道。

"这……"看着拉特乞求的小脸，海丝忆拒绝的话到了嘴边却难以开口。最后，她叹了口气，说："好吧。我提前给你说过，没有功底做支撑，很难做出好的作品。但是，看在你小小年纪，又有爱国之心的份上，我就帮帮你吧。"

"谢谢师父！"拉特感激地说道。

"既然是大婚时穿的礼服，又是国王的婚礼，不如选一幅花开富贵的图样绣于礼服之上，再结合阿拉伯传统嫁衣的特点裁剪。这样，既能体现富贵之气，又能大放异彩。若夜以继日地赶工，一个月内是可以完成的。"

"太好了，师父！我一定不会偷懒，认真学习。"拉特满口答应。

之后的日日夜夜，拉特在师父的指导下，一双小手不停地在各色各样的丝线中飞舞：勾稿，上绷，勾绷；配线：真丝线、纱线、金线、银线、绒线；齐针、施针、虚实针、乱针、接针、滚针、擞扣针；散套、打点、戳纱、打子、集套、正抢、反抢……①② 经过十几天的专业训练，拉特很快就掌握了刺绣的技巧。

这个小女孩在很短的时间内就掌握了这么多的刺绣技巧，这让海丝忆非常惊讶，天天念叨着却又不知道其中的原因。

暗淡的油灯下，拉特的眼睛一次次地感到酸涩疼痛，不会是要瞎了吧，想到这儿，她咯咯咯地笑了起来。

"嘶……"拉特发出吃痛的声音，原来她一不留神扎到了手。"再也不能胡思乱想了！"拉特掐了掐自己的脸，自言自语着。

当拉特手上布满大大小小的针孔时，丝绸上也落下了最后一针。师父亲手为她的绣品装盒后，说道："恭喜你，拉特！你终于完成了属于自己的作品。"

"这作品离不开师父这些日子的指点和教导，谢谢您！"拉特脸上不禁露出得意的神色。

海丝忆看了看拉特，神情突然变得严肃起来："虽然你在刺绣方面极有天赋，但世上没有什么事是可以一蹴而就的。你的作品虽然出乎我的意料，但是不得不说，它依然存在一些不足之处。我希望你参加完大赛后，无论成绩如何，都能回归初心，踏踏实实地练好刺绣这门手艺。"

拉特面露愧色，重重地点了点头。

第八章　重返故乡

拉特不舍地向师父作了作揖，拜别她和庄严后，踏上了返乡之路。

身揣"花开富贵"，拉特煎熬地坐在骆驼背上，迫不及待地想让法迪亚奶奶、黑袍精灵以及更多的人看到她的作品。

出了华夏国的边城，进入大漠两日后，拉特突然遇见了黑袍精灵。原

---

① 耿纪朋、郑小红："沈寿在中国刺绣史上的地位考略"，《齐齐哈尔师范高等专科大学学报》2014年第4期，第114—115页。

② 郑小红、耿纪朋："苏绣、顾绣的历史与文化的传承"，《剑南文学》2013年第6期，第175页。

来黑袍精灵每隔一段时间就到华夏国边境等着拉特，他担心拉特无法按时参加比赛。两人相遇后，黑袍精灵带着拉特瞬间转移，回到了黎巴嫩。

拉特立刻穿过熙熙攘攘的人群，脚步飞快地奔回家。

"奶奶，奶奶，我回来了！我回来了！"拉特气喘吁吁地钻进土坯屋子，大声叫喊着。

"我还没聋呢，叫这么大声干什么！"熟悉的声音响起，虽然话不好听，但拉特却觉得没有之前那么刺耳了。

"我做到了，我做到了！您看，您看！"说着，拉特掏出一个盒子，展开那套她日夜赶制出的礼服。

奶奶掩饰着自己对拉特的思念，假装不在意地接过袍子，眯起浑浊的眼睛，用满是茧子的手在光滑的丝绸上轻轻抚摸，语气淡然地道："还不错。"

即使是这样，拉特还是高兴得不得了。要知道，法迪亚奶奶可从来没有夸过她一句。

第九章　正式参赛

服装设计大赛如期而至，贝鲁特城人山人海，十分热闹。拉特像一条鱼一般穿梭在人群中，用清亮的声音叫喊着："好心的先生、夫人们，请让一让，我要赶去参加比赛，请让一让……"

礼堂的钟声敲响，服装大赛正式开始。先是宫廷设计师进行基本考核，考核关于服装设计的基本知识。一批又一批参赛者因准备不充分而被淘汰。拉特虽然年龄小，但却一路过关斩将，晋级十强。

"杰出的设计师们，感谢你们能来参加此次大赛。"宫殿之上，黎巴嫩国王威严正坐。拉特没有想到，国王会如此厚爱参赛者，竟然亲自接见包括自己在内的参赛者。"你们是经过层层选拔，从千万名设计师中脱颖而出的佼佼者，服装设计业的明天必将由你们撑起。现在我将宣布最后一项考核内容，谁若是能设计出最华美的嫁衣作为赠予邻国未来王后的礼物，谁就是大赛的胜出者。我想各位的作品应该早已准备完毕，明天一早便交予王室贵族和全城百姓一同评判。评判为期三天，获得票数最多的人，即为大赛优胜者。"

第十章　内心受挫

第二天，天还蒙蒙亮的时候，王宫前就挤满了人。这些人毫无疑问是为评选最佳设计师而来的。人们有序地排起长队，将写有自己名字的陶片放入心仪的作品前的瓦罐中。

"艾利莎伯的作品果然名不虚传，真是太让人震撼了！"

"这个拉特的作品也蛮有特色，听说她只有十八岁，没受过什么服装设计方面的正规教育，是一匹半路杀出的黑马！"

"巴塞尔的作品倒是略逊于上次的比赛了，他四年前的那件作品我到现在还记忆犹新呢。"

大街小巷，茶余饭后，无不是关于这次设计大赛的议论。而此时的拉特却将自己房间的门窗紧闭，忐忑不安地靠坐在床上——她不敢出去，她害怕听到自己失败的消息。

拉特煎熬地度过了漫长的两天。到了第二天夜里，她终于忍受不住了，穿上鞋子，套上大大的长袍，趁着法迪亚奶奶不注意，偷偷地溜了出去。

拉特来到王宫门前，士兵们仍然一动不动地在各个作品旁站岗。拉特凑上前去，观赏着其他设计师的作品。

当她看到艾利莎伯的作品时，情不自禁地屏住了呼吸：完美无缺的绣工，精致得一丝不苟；繁复的花纹绣成的花朵栩栩如生地盛开在洁白的裙摆上，光滑圆润的珍珠点缀于前襟；古代与现代元素的完美结合，使这件礼服充满了矛盾的美感。这件礼服像圣洁的月光，让这黑夜中的一切都黯然失色。

也许自己真的要输了，拉特颓丧地低下头。

"你在难过什么？亲爱的拉特，说出来吧，让我来帮助你。"神秘的黑袍精灵又一次突然出现在拉特面前。

拉特无精打采地摇摇头。

"是不是因为比赛的事情？"黑袍精灵见拉特不说话，进一步询问道。

"我要输了，尽管我不想承认，可是与艾利莎伯相比，我实在是差得太多了。"拉特哭丧着脸说。

"我能帮你拿到冠军。"

"你能?"拉特满是怀疑地问道。

"之前你还没见识到我的厉害吗?我是掌握一切的精灵,没有什么是我做不到的。"黑袍精灵得意地说。

拉特的眼中又渐渐有了神采。

"但是……"黑袍精灵语气一转。

"但是什么?"拉特急切地问道。

"你记得之前答应过我要帮我一个忙吗?现在我需要你的一样东西。"

"什么东西?只要能赢得比赛,什么都值得!"

"我要你的爱。"

"我的爱?"自从父母去世后,拉特对"爱"这个词是如此的陌生,"我不知道,我真的不知道……您给我一晚的时间,让我考虑考虑吧。"

"好的,我亲爱的拉特,希望明早我能听到满意的答案。"说完,黑袍精灵消失在夜色中。

第十一章　最后的选择

拉特也不知道自己是怎么走回家的,她只知道自己的脑袋里一片混乱。

"拉特!你这个不听话的野孩子,你又跑去哪里疯了?我不是明确告诉过你,不要这么晚出去逛的嘛?邻居们会笑话的!"一进门,迎面而来的就是法迪亚奶奶的责骂声。

"以后不会了,奶奶。"拉特无精打采地说道。法迪亚奶奶是不爱自己的吧,即使是不让自己晚上出门,她也是为了面子,而不是担心自己的安危。

"唉,你快去睡觉吧。"出乎拉特的意料,法迪亚奶奶并没有像往常一样继续骂下去。

"好的,晚安,奶奶。"

拉特转身,却没有看到法迪亚奶奶那充满慈爱的目光。

拉特耷拉着脑袋走进自己的房间,关上房门,将自己重重地摔在床上,目光呆滞地望着天花板,彻夜难眠。

星辰渐渐睡去,亮了一个晚上的灯烛渐渐燃尽。朝阳渐渐苏醒,将天边的云朵烧得火红。

拉特此时早已梳洗完毕，静静地坐在床边，等待黑袍精灵的到来。她的心中已有答案。

"我可爱的拉特，不知道你考虑得怎样了？是否已有答案？"黑袍精灵的声音响起。

"我已经想好了。"拉特的声音很平静。

"哦？你准备与我交换了吗？你准备实现你的梦想了吗？"

"不，我不能把我的爱给你，我选择放弃。"拉特坚定地说。

"为什么？"黑袍精灵一脸的不可思议。

"我不能把我的爱给你，我爱我的奶奶，即使她不爱我，即使我们并没有血缘关系，但我依然爱她，依然珍惜这份来之不易的爱，"拉特顿了顿，"而且，我不如别人，即使我获得服装设计的大奖，也赢得不光彩，这不是我想要的！"

"你！"黑袍精灵突然抬高了声音，眼里充满了愤怒。他冲到拉特面前，一把掐住她的脖子："真是不知好歹！我再给你一次考虑的机会！"

"不。"拉特紧闭双眼，艰难地从喉咙里挤出一个字。

这时，拉特觉得掐住自己脖子的手渐渐松开了。她睁开眼，看到黑袍精灵一脸失落地将自己放下。

"好吧，好吧。祝你好运，小姑娘。"说着，黑袍精灵幻化为一缕黑烟，飞出窗外，消失在天际的红光中。

第十二章　爱与希望

终于，大赛的成绩公之于众，不出所料，冠军果然还是艾利莎伯。

屋外，骄阳似火，百姓为即将到来的和平而欢庆；屋内，拉特一个人缩在床角，眼神空洞。

"孩子。""吱呀"一声，拉特的房门被推开，法迪亚奶奶蹒跚着走了进来。

"我可爱的孩子，你要知道，当人出生的时候，就注定人生不是一帆风顺的。我们在这世间不停地奔波，而这些奔波就注定着以后的结局……"法迪亚奶奶的声音不再尖锐。

拉特抬起头看着奶奶，发现她的眼里满是自己从未见过的怜爱。

"这些挫折才是财富，它会助你走向更高的地方，你那么喜欢服装设计，就坚持下去，奶奶以后不阻拦你了。但是你要努力，你的亲人会保佑你的，奶奶也会祝福你的！知道吗？孩子。"

拉特傻了似的愣住了，她觉得整个世界仿佛都变了。这还是法迪亚奶奶吗？她不应该是喘着粗气让自己滚去做家务吗？而不是这样语重心长地安慰和鼓励自己。她好像顿悟了，这或许就是法迪亚奶奶的爱。

拉特觉得好幸福，心情似乎也没有那么难过了，心想：反正有了艾利莎伯的衣服作为礼物，两国的战争也会停止，自己则可以全心全意地学习刺绣和服装设计了。最重要的是，她没有失去爱，她可以保护她的家人，她有关心和爱护她的人，她爱的奶奶也是爱着她的啊！她觉得，不管是谁拯救这个国家都是好的，因为她什么都没有失去，反而领悟了很多……至于那个神秘的黑袍精灵，拉特也是打心眼里感谢他。不管他有多么自私，为了重获自由而强迫自己去爱他，但他最终还是没有逼迫自己。拉特在内心默默祈祷黑袍精灵可以找到真爱，化解身上的诅咒。

可爱的拉特下定决心要重新开始了。对！她要从头学起，要为梦想而努力，她会成功的！她要为自己所爱的人和给予她帮助的人带去幸福。

后来，拉特重返华夏国，一心一意地跟着师父学习刺绣这门手艺。她按照师父的指示，走遍华夏大地，学习了各地刺绣的方法。当她的刺绣技艺远近闻名时，她应邀去了阿拉伯联合酋长国，为该国皇后设计了新装，并在阿拉伯联合酋长国居住了近十年，学习当地的各种新式裁剪制衣技术。

在这些年，她将阿拉伯服装的款式与中国的刺绣技术巧妙地结合起来，创造出自己独一无二的风格，并命名为"永恒的爱"。再后来，拉特参加了巴黎国际服装设计大赛，并在大赛上力压群雄，一举夺冠，成为服装界赫赫有名的领军者。

拉特载誉归国，在自己的故乡成立了服装手工作坊。她每隔几年就会去一次华夏国拜访她的恩师。师父给她讲了很久以前张尔凡在阿巴斯王朝教授刺绣的故事。拉特从中明白了分享和传承的意义，便将刺绣手艺分享给黎巴嫩服装界，掀起新的时尚潮流，赢得民众的一片赞誉。大家欣赏拉特的无私奉献，主动给她投资，将她的作坊扩大。拉特对华夏国和黎巴嫩的贸易往来起到推动作用。她还将两国的自然风貌、风土人情、物产工艺等编辑成册，发放到学校、商户甚至王室，目的是促进两国在服装以外商贸领域的合作与发展。

在开办作坊期间，拉特认识了她的爱人穆罕默德。两人有一个最大的共同之处，那就是热爱华夏国的文化。他们经常一起阅读华夏语书籍，讨论书中的内容，后来日久生情。他们结婚后，穆罕默德开了一所学校，规模不大，但很有特色。他为即将远赴华夏国做生意的黎巴嫩商人专门教授华夏语，有时还会给不了解华夏国的商人一些指导性意见。穆罕默德的学校在当地很有名气。

四、故事分配

黎巴嫩在旅游业、时装和互联网三个领域具有一定的优势，对故事《王后的礼服》的宣传具有推动作用。

（一）旅游业

黎巴嫩成为旅游胜地的主要原因包括东西方文化交融的背景、众多的历史遗迹、开放包容的社会、优越的地理位置、多样的自然地貌、舒适宜人的气候、丰富的自然和人文旅游资源等。因此，虽然受到地区安全形势等因素的影响，但是黎巴嫩的入境游客数量仍然保持稳定增长。黎巴嫩始终是中东地区和欧洲人最向往的旅游目的地之一。多年来，旅游业始终是拉动黎巴嫩经济增长的重要产业之一，是国民经济收入的重要组成部分。黎巴嫩政府重视旅游业对经济的带动作用，将旅游业列为重建计划的重点。将故事《王后的礼服》通过旅游业进行推广，不但赋予故事时代感，更能把故事推广至黎巴嫩各地。

（二）时装

黎巴嫩是中东地区最为西化的国家，深受欧美、法国文化的影响，是中东国家中对女性最为开放宽容的国家。黎巴嫩拥有举世闻名的手工艺技术，并培育出众多顶级的时装设计师。虽然黎巴嫩历经内战，但是黎巴嫩时装设计师潜心将众多设计作品推向巴黎、米兰、伦敦等地的国际时装周，从而扩大了黎巴嫩时装在世界时尚领域的影响力。故事《王后的礼服》中包含关于黎巴嫩时装设计的情节，可使黎巴嫩人民在享受故事的同时，获得民族自豪感，黎巴嫩人民会自发地对故事进行消费。

（三）互联网

自 2010 年至 2015 年，黎巴嫩互联网使用人数约为 124 万人。截至 2017 年，人数超过 300 万人，在阿拉伯国家中排名靠前。同时，黎巴嫩还是中东地区互联网技术产业发展最早的国家，与周边地区相比，其技术力量相对较强。通过黎巴嫩相对完善、高普及率的网络，利用互联网传播快、受众广、信息容量大等优势，将故事《王后的礼物》在互联网进行推广，可使故事因其强大的吸引力而受到读者的喜爱。

五、故事消费

当故事《王后的礼服》分配渠道建立后，可从旅游业、时装和互联网三个领域分别介绍故事消费的策略。

（一）旅游业

在旅游业领域的消费可通过旅游产品、旅游讲解词和旅游文创产品三个策略实现。

1. 旅游产品

依托黎巴嫩当地各大旅游社、旅游行业组织、旅游策划机构和高校的支持，举办以故事《王后的礼服》为主题的旅游线路设计大赛。把故事《王后的礼服》所要表达的内涵与黎巴嫩旅游文化产品、旅游景区设计高度融合，甚至可根据拉特学习刺绣的路程设计开发出不同主题的旅游线路，如研学"拉特"之旅、重走刺绣之路夏令营、黎巴嫩时装之旅等。

2. 旅游讲解词

依托黎巴嫩旅游策划机构和各大高校的支持，根据不同主题的旅游产品线路设计出不同类型的讲解词。例如，针对研学"拉特"之旅线路，讲解词可以以故事《王后的礼服》中关于拉特的简短有趣的小故事为主。将撰写好的讲解词推荐给黎巴嫩当地各大旅行社，由旅行社组织当地导游集中培训。导游生动有趣的讲解，既可以使游客不感到枯燥，又能广泛传播故事，使《王后的礼服》更加深入人心。

3. 旅游文创产品

基于故事《王后的礼服》，与黎巴嫩旅游策划机构、设计公司合作，开发出与故事相关联的旅游文创产品。如，将漫画版的故事《王后的礼服》印制在黎巴嫩旅游地图、交通线路宣传册的背面，免费发放或销售给游客，不仅可拉动当地旅游经济发展，还可进一步宣传故事。

（二）时装

在时装领域的消费通过设计作品、宣传两个策略实现。

1. 设计作品

邀请中黎两国艺术家和时装设计师，以故事《王后的礼服》为蓝本，将其背后蕴含的理念和思想融入时装设计中。例如，围绕故事设计出系列时装礼服，使人们在欣赏时装的同时，感受到故事中蕴含的美感，进一步加深对故事的认知。

2. 宣传

宣传可以是静态的，也可以是动态的。以故事《王后的礼服》为蓝本设计的系列时装作品，如文化衫，是对故事的静态宣传；而在活动中宣传故事《王后的礼服》，属于动态宣传。例如，打扮成故事中的人物形象，参加黎巴嫩举办的贝鲁特国际时装秀，或者参加黎巴嫩旅游景点举办的时装秀，或者参加大型音乐活动的开场秀等。通过各种平台的宣传，可扩大故事《王后的礼服》的影响力。

（三）互联网

在互联网领域的消费通过建立网站、网络宣传、搜索引擎营销、网络留言板和网民互动五个策略实现。

1. 建立网站

运用大数据展开调研，了解受众群体的需求，与黎巴嫩当地网站制作公司合作，建立以故事《王后的礼服》为主体的文化交流网站，并针对不同群体设计个性化的网页。

2. 网络宣传

将故事《王后的礼服》进行改编，制作成网络电影、话剧、皮影戏等网络视频，不定期投放在网站上。同时，利用当地权威或官方新闻门户网站、行业网站、报刊杂志、广播电视台等制作各种形式的插播广告，并在 Facebook、Twitter 等社交媒体发布。网络宣传可使广大互联网用户更加深入地理解故事《王后的礼服》的核心思想和理念。

3. 搜索引擎营销

在网站上，每天及时更新与故事《王后的礼服》相关联的信息，加强搜索引擎营销。重视网站关键词的设置，使故事《王后的礼服》网站在搜索结果界面排名前置，能够使互联网用户第一时间找到故事《王后的礼服》的网站。

4. 网络留言板

在故事《王后的礼服》网站设置交流界面，为读者答疑解惑，避免出现对故事《王后的礼服》和网站不利的言论和评价，并及时反馈读者提出的意见和建议。在作者的授权下，针对性地改进故事《王后的礼服》中不符合网民趣味的地方，让故事内容更加贴合阿拉伯国家的文化，拓展故事的读者群。

5. 网民互动

组织线上或线下活动，让读者参与进来，给读者一种归属感，进一步增强其对故事《王后的礼服》的理解。例如，邀请中黎两国文化学者、留学生和读者举办线上网络读书会，共同探讨故事《王后的礼服》背后的文化内涵，加深两国文化间的交流和理解。

六、中黎合作

故事生产、故事分配、故事消费的最终目的之一是达成合作，两国的合作主要体现在以下几个方面。

（一）时装合作

黎巴嫩时装设计师前卫的设计理念及作品不仅影响着周边地区，还影响着世界时尚文化的发展。可以说，黎巴嫩时装代表着时尚的风向标。黎巴嫩时装、时装设计师和品牌在世界时尚文化圈占有相当重要的地位。黎巴嫩虽然拥有前卫的时尚理念、国际顶级的时装品牌及设计师，但劳动力成本高、国土面积小等因素又限制了黎巴嫩纺织服装业的发展。也就是说，黎巴嫩不适合发展劳动力密集型产业。而中国不仅是世界人口大国，还是世界第二大经济体，同时拥有强大的购买力。中国服饰文化源远流长，各地区、各民族都有独具特色的刺绣，但刺绣题材、技法和应用范围各有差别。这其中，苏绣、湘绣、粤绣、蜀绣四大刺绣为中国刺绣的典型代表。精湛的刺绣技艺和繁复的纹样显示出中国文化深厚的底蕴和多样的民俗风韵，越来越多的中国超模走向国际顶级时装秀舞台。中国与黎巴嫩在时装方面具有各自的优势，具有良好的合作前景。中黎两国在时装方面达成合作协议，有助于黎巴嫩时装品牌进驻中国市场，在中国服装业市场占有一席之地，从而增加黎巴嫩纺织服装业的出口额，给黎巴嫩带来巨大的经济收益。更重要的是，中国和黎巴嫩服装领域的合作，将使更多黎巴嫩民众消费故事《王后的礼服》。

（二）互通语言教育

黎巴嫩历来就有重视教育的传统，教育历史悠久，教育体系健全，拥有各级各类学校达 2700 多所。国民素质高，一部分人会使用多国语言。黎巴嫩拥有丰富的教育资源和阿拉伯语人才。随着中黎两国经贸往来的不断深入，汉语的影响力和中国文化的吸引力在黎巴嫩不断扩大。为宣传中华优秀传统文化及增进世界各国对中国的认识与理解，中国在世界各国建立孔子学院和孔子课堂，位于中东地区的黎巴嫩最先设立孔子学院，为中黎两国的文化理解、民意相通搭建了良好的沟通交流平台。中国提出的"一带一路"倡议受到黎巴嫩政府的高度重视，中黎两国应携手加强两国语言教育方面的合作与投入，尤其应重点培养对中黎两国文化、国情有深入了解的翻译人才。中黎两国语言教育合作形式多样，应鼓励两国企业创办阿拉伯语、汉语教学培训中心，建立远程阿拉伯语、汉语教学中心，共同提高两国语言教育水平，为两国间的经济贸易、政策解读和文化交流等奠定良好的基础。

（三）共享贸易投资

黎巴嫩有先天的地缘优势，连接亚欧非三大洲，自古以来就是商贸之路上的中转地和集散地，对周边国家（地区）的经济发展有很强的带动作用。受地区安全局势等因素的影响，黎巴嫩经济受到重创。自 1990 年后，

第三章　对黎巴嫩传播的话语体系构建

黎巴嫩政府加大对经济的重建计划，主张实行市场经济，营造自由开放的投资环境。为吸引国内外投资，黎巴嫩实施了一系列政策支持，如内资外资享受同等政策，为投资者简化商业注册等申请审批程序，重视对专利、品牌等知识产权的保护。另外，针对不同产业提供不同的优惠投资政策，如对进出口商品范围的限制不到1%等。各项政策的实施，使黎巴嫩投资环境相对宽松。黎巴嫩在多个产业和领域拥有巨大的投资前景，如高附加值加工业基础设施建设等。中国是世界第二大经济体，拥有很多优势产业和优秀企业。如在建筑行业，中国企业承建了很多海外基础设施项目，并高效高质量地完成，获得多国认可。黎巴嫩和中国在贸易投资领域可形成资源互补。如果中黎两国在贸易投资方面达成合作协议，将会促进黎巴嫩高附加值加工业、资本和技术密集型产业的发展，加快基础设施的建设，提升港口的管理服务水平，增加进出口贸易总额等。与此同时，中国企业也可提高自身管理水平，增加开拓海外市场的经验，促进两国经济的共同发展。

第四章　对阿拉伯联合酋长国传播的话语体系构建

一、阿拉伯联合酋长国概况

阿拉伯联合酋长国位于阿拉伯半岛东部，总面积为 83600 平方公里，人口达 945 万。阿联酋政体是贵族共和制，首都是阿布扎比，主要城市有迪拜、沙迦、阿治曼等。阿联酋本地居民为阿拉伯人，国庆节为 12 月 2 日。阿联酋是西亚沙漠地区的产油大国，素有"沙漠中的花朵"之称。

阿联酋属于海洋性气候和热带沙漠气候，全年气温都偏高。受印度洋气候的影响，阿联酋的夏季（4—10 月）酷热潮湿，气温高达 45 摄氏度以上（最热的 7 月可达 50 摄氏度），湿度达 100%，局部沙漠地区有小沙暴。11 月至次年 3 月为冬季，气温不低于 7 摄氏度，是赴阿联酋旅游的最佳季节。[①]

阿联酋一半是海水，一半是火焰。海水是美丽的阿拉伯湾，火焰是炎热荒芜的大沙漠。

课题组设想的中国和阿联酋的合作主要体现在服饰、旅游和粮食以及石油工业四个方面，所以仅对这四个方面进行介绍。

（一）服饰

阿联酋男性民族服饰包括白色大袍、头巾及黑色头圈。而女性的民族服饰除了人们皆知的黑色长袍之外，还有五彩缤纷的居家服和华丽的礼服等。

女性黑袍的设计也是千变万化的，有的采纳了欧洲服饰的西式翻领设计元素，有的汲取了中国唐装的立领造型样式，还有的运用了中国民间剪纸的镂空图案技术。由此可见，阿联酋女性的传统正装正在现代社会悄然

[①] 滁州气象局："迪拜气候"，https://www.czqxj.net.cn/qihou_20186。（采用日期：2020 年 3 月 2 日）

发生着变革。

有条件的阿联酋妇女，有几十件甚至上百件艳丽的礼服，因为她们在待客、参加亲友聚会时都要穿礼服。彩色礼服的样式基本为套头的直筒连衣裙，尽显女性修长的身姿。在色彩方面，可谓五彩缤纷，还特别讲究刺绣工艺。阿联酋女性的服装往往在胸口等处有大面积的刺绣、珠绣、贴绣等，看上去华丽而美观。

（二）旅游

旅游经济已成为迪拜主要的经济收入来源之一。此外，阿布扎比的旅游业也相当发达，年平均增长率达15%—20%。[1] 在一些比较重大的会议和贸易博览会举办期间，宾馆的客房使用率可以达到100%。近年来，阿联酋人均GDP排名世界前十。自21世纪起，阿联酋拓展民航产业，如阿布扎比王室投资的阿提哈德航空与迪拜王室投资的阿联酋航空在短期内得到迅速发展，共拥有数百架民航机，并发展成以阿布扎比、迪拜为核心的全球航空转运网络，市场占有率在中东地区可谓极高。[2]

（三）粮食

由于自然环境恶劣、水资源缺乏和地区安全形势复杂等原因，阿联酋的粮食安全问题始终较为严峻。目前，阿联酋已成为全球最大的谷物进口国之一，粮食依靠进口。尽管据经济学人智库（Economist Intelligence Unit）2018年10月发布的全球粮食安全指数显示，阿联酋粮食安全形势较好，但是阿联酋的粮食生产满足不了民众的需求，粮食自给率低，而且这一比例将进一步提高。

（四）石油产业

在1960年发现石油以前，阿联酋的经济支柱是采珠业，之后转变为石油。整个阿联酋的石油储藏量，阿布扎比就占了90%以上，而迪拜的石

---

[1] 兰馨：" '沙漠中的花朵' 阿联酋经济概况"，《中国贸易报》2017年3月30日，第8版。
[2] 对外领事网："一带一路投资政治风险研究之阿联酋"，http：//www.china.com.cn/opinion/think/2015-06/01/content_35705943.htm。（采用日期：2019年10月15日）

油储藏量相对较少。所以，阿布扎比才是真正的富可敌国。而迪拜的繁华并不是因为石油，十年来，它的 GDP 总值增长 230%[1]，其中石油收入仅占 6%。阿联酋政府在发展石化工业的同时，注重经济模式的多样化发展：重视利用天然气资源，大力发展水泥、铝材、塑料制品、建筑材料、服装、食品加工等工业，重视发展农、牧、渔业。政府还重点发展文教、卫生事业。[2]

二、故事背景

很久以前，阿拉伯帝国处于分裂状态，形成许多小国家。这些各自为政的小国实力相当，所以未爆发大规模的战争。其中，有一个来自王室的阿拔斯家族，他们拥有一统西亚诸国的雄心。为了达到这个目的，阿拔斯家族不断壮大自己的经济、军事、政治力量。同时，阿拔斯家族的后裔还巧妙地进行宣传和鼓动，获得周边地区人民的支持。他们结成联盟，最终在一场巨大的战役中击败了当时力量较为强大的倭马亚王朝，建立了阿拔斯王朝。

阿布·阿拔斯登上王位后，成为阿拔斯王朝的第一任哈里发。他鼓励发展经济与贸易，因而社会稳定，百姓生活安乐。阿布·阿拔斯胸怀大志，誓言要以铁腕统一阿拉伯诸小国，并实行统一的治理，于是开始了不断的军事扩张。他广纳并重用军事人才，不断强化军事力量，先后用武力征服了一些邻近的小国。其他较小的部落因为力量薄弱，加之害怕战争危害到人民，便主动归顺于阿拔斯王朝。

自此，阿布·阿拔斯王朝的势力进一步增强，只有少数阿拉伯国家可以与之抗衡，波斯就是其中之一。但是，为了世界和平，波斯也和其他小国一样，与阿拔斯王朝和平相处，并年年进贡，贡品当中不乏金币和美女。其中，波斯送来的一位名叫拉妮娅的美丽姑娘尤为特别。这位姑娘不但长得宛若天仙、超凡脱俗，还多才多艺、舞姿动人。非常奇特的是，她

---

[1] 凤凰网："阿联酋本月起给予中国公民免签入境待遇"，http：//news.ifeng.com/c/7fbV8xMhzXq。（采用日期：2019 年 10 月 15 日）

[2] 国家信息中心："阿联酋经济形势及中阿经贸融合发展的思路"，http：//www.sic.gov.cn/News/456/8037.htm。（采用日期：2019 年 10 月 15 日）

第四章　对阿拉伯联合酋长国传播的话语体系构建

自小身上就散发着一种清淡的香味，每当夏日起舞时，身边就会有蝴蝶飞绕。

拉妮娅把哈里发侍奉得很好，哈里发对她也宠爱有加，不久便封她为王后。哈里发治国有方、爱民如子，在百姓心目中享有极高的声誉。百姓按期缴纳钱粮赋税，加之辽阔疆土上又有大量的黑金（石脂），因此国库充盈。此时，阿拔斯王朝已经可以与东方华夏国相抗衡了，两个大国之间常常发生摩擦。每当阿拔斯王朝获得胜利后，除了掠夺财物外，还会俘虏一些工匠，因为这些工匠可以传授华夏国精湛的技艺。哈里发始终对王后拉妮娅疼爱有加，在她要过生日时，哈里发下令在全国范围内为拉妮娅王后寻找一套精美的礼服。

三、东方秘术

第一章　哈里发寻礼服

一日，哈里发正在朝堂与大臣议事，宫内一名小侍从忽然匆匆走来跪倒在地，亲吻地面后，说："启禀哈里发，拉妮娅王后今天还是不高兴，因为她在后宫中怎么也找不到一件令她满意的礼服，还请您帮帮她。"

哈里发听后，立即吩咐侍从："快去将国库里所有的丝绸锦缎、华装丽服给王后拿过去。对了，把前些日子巴林皇室进贡来的深海珍珠也送去，那可是罕见的宝物，看看能不能镶嵌在王后的礼服上。"

侍从不敢怠慢，立即派人按哈里发的要求将衣料、礼服和珍珠全部给王后送了过去。谁知王后看完竟然越发生气了，说："巴林皇室进贡来的珍珠倒是非常名贵，镶嵌在礼服上一定很美。但这些礼服做工粗糙，线头外露，一点都不精致。再看这些丝绸，全是陈年旧物，有些更是次品，你们让我如何穿得出去？"

侍从听后，只得惶恐地向哈里发如实禀报。哈里发听后，大失所望，自言自语道："我富甲天下，却不能给自己的王后一件绝美的礼服，还怎么好意思自称'西亚之王'呢？"随后，哈里发立即宣布下朝，急匆匆地赶到后宫，却看到满面泪痕的拉妮娅王后，连忙问道："亲爱的拉妮娅，你这是怎么了？"

拉妮娅王后抽泣着道:"尊敬的哈里发,我下个月的生日宴会还是不要举办了吧,免得让您失了颜面。"

"王后美丽动人、艳压群芳,为世人敬仰爱慕,怎会让我失了颜面呢?"

"我听说黎巴嫩在上个月为叙利亚王后进献了一件华美的礼服,那件礼服由黎巴嫩顶级巨匠设计制作,使用了上等丝绸和神秘的华夏国刺绣。各国使臣都赞不绝口,称其为举世无双的华服。黎巴嫩都能制作出这样的华美礼服,您号称'西亚之王',自己的王后却连一件拿得出手的礼服都没有,这怎么不会让您失了颜面呢?"

"王后不必担心,我必定为你做出举世无双的礼服。"哈里发一边安慰王后,一边下令,"你们这群家伙,还不赶快出宫给王后寻找礼服,要是耽误了王后的生日宴会,我要你们好看!"

侍从们听后,惶恐至极,立刻出宫寻找能工巧匠为王后赶制礼服,谁知忙活了数日,依旧没有结果。

侍从苏贝德只能战战兢兢地向哈里发复命:"尊敬的哈里发,我已经带人查找了数日,可还是不能找到令王后满意的礼服。"

哈里发听后,大怒道:"一群废物,一个财力不雄厚的国家都能制作出华服,我国地大物博、无所不有,你们却不能做出一件令王后满意的礼服!"

苏贝德回答道:"黎巴嫩的哈里发历来重视纺织工匠的培养,所以国内有一大批技艺高超的裁缝,可以设计出不同样式的服饰。而且,他们国库里藏有许多上等丝绸,再加上他们好像掌握了神秘的东方刺绣技术,所以我们难以……"

哈里发不耐烦地打断了苏贝德,说道:"不要多说了,我只要一件令王后满意的礼服,其余的问题你们自己想办法解决,退下吧。"

苏贝德回到家后,接连几日寝食难安却又束手无策,面容憔悴了许多。一名仆人见状,不忍心主人忧心,便前往苏贝德的书房献策。他跪倒在地,亲吻了苏贝德的脚面后说:"尊贵的主人,在我的老家苏哈尔城,有一位名叫穆斯塔法的商人,据说他有全国最华美的丝绸、最漂亮的衣袍,您可以派人前往苏哈尔城看看。"

苏贝德听后,马上给苏哈尔城的执政官瓦尔迪写了一封信,让哈里发的护卫长菲拉斯前往送信。信中命令穆斯塔法立刻前往巴格达城觐见哈里发。

菲拉斯不敢耽搁，马不停蹄地赶往苏哈尔城找到执政官瓦尔迪，把书信呈上。瓦尔迪双手捧过书信，恭恭敬敬地读了一遍后对菲拉斯说道："谨遵吩咐。"之后，他命令手下带着菲拉斯前往穆斯塔法家中。

第二章　阔绰的富商

穆斯塔法是苏哈尔城远近闻名的首富。菲拉斯一路走来，远远便看到穆斯塔法气派华丽的府邸：高低错落的塔尖一眼望不到头，巍峨的穹顶直入云霄，上面画着美轮美奂的异国风光，从府邸传出的熏香更是沁人心脾。

菲拉斯不由得感叹道："第一富商果真名不虚传，这么气派的府邸，就是十个苏哈尔城的总督府也难以比拟啊！"

等菲拉斯一行人来到府邸门前时，早有仆人恭恭敬敬地走上前来，问道："不知几位大人有何贵干？"

菲拉斯说："我是哈里发的护卫长，奉哈里发之命前来召见你的主人。"

仆人听完，恭敬地道："几位大人稍候，待我前去禀报。"

不一会儿，穆斯塔法闻讯急匆匆地赶来。看到菲拉斯一行人站在门外，他急忙弯腰行礼，说："在下不知诸位大人前来，有失远迎，快快里边请。"说着，便将菲拉斯一行人迎进府中。

菲拉斯进入府中，便表明了来意——想请穆斯塔法随他去巴格达觐见尊贵的哈里发。

得知事情的原委，穆斯塔法非常愿意为哈里发效力。天色已晚，穆斯塔法安排菲拉斯一行人住在府上。只见府邸走廊上挂着金线刺绣的缎子帷幕，帷幕所用的缎子全是上等丝绸，上面的刺绣栩栩如生，帷幕上还挂着许多精美的饰品，像是从华夏国传来的。

进入客厅后，众人发现厅里到处用丝绸装饰，一应家具摆设都镶嵌着金银、珍珠、宝石，光彩夺目。地下的波斯地毯的做工同样十分精美，刺绣实为上等佳品。

穆斯塔法请菲拉斯坐下，吩咐摆上筵席。只见桌上铺着的也是名贵丝绸，杯盘碗盏全是镶金瓷器，盛着各式各样令人垂涎欲滴的山珍海味，就连本国不盛产的小麦制作的面食也是种类繁多、琳琅丰盛。

菲拉斯看到这种排场，暗自叹道："宫中都不多见的东西，这里却随处可见，这个穆斯塔法果真名不虚传！"随后，觥筹交错，宾主畅饮，直到深夜。酒足饭饱，众人尽欢而散。穆斯塔法吩咐仆人带客人到家中的浴室沐浴，以解疲乏。进入澡堂，菲拉斯发现澡堂的墙壁镶金嵌银，更有名贵的宝石镶嵌其中。浴池中混着薄荷精油，仆人们尽心侍奉。浴毕，每人都换上了一套做工精美的金线绣的睡袍。

第二天天刚亮，菲拉斯就催促穆斯塔法赶快启程："我们不能再耽搁时间了。"穆斯塔法听完，说道："尊贵的客人，我已准备妥帖，现在就可以动身随您去巴格达觐见尊贵的哈里发。"说罢，穆斯塔法骑上仆人牵来的马。那马金鞍银辔，嵌着珠宝玉石，还挂着一个由金线织成的名叫华夏结的饰品。穆斯塔法英姿勃发地随菲拉斯上路，菲拉斯眼看他如此排场，心里想："他若这样一副打扮去王宫，哈里发肯定会问他是如何致富的。"

他们辞别瓦尔迪，率领仆从离开苏哈尔城，日夜兼程地向巴格达城进发。

第三章　穆斯塔法的奇遇

到了巴格达城，穆斯塔法在菲拉斯的陪同下，进宫去拜见阿拔斯王朝的哈里发。哈里发赐座于穆斯塔法，他入座后便恭敬地对哈里发说道："尊敬的哈里发，作为您忠实的奴仆，我带了礼物，打算敬献给您，以表寸心。"

"好，你呈上来看看吧。"

穆斯塔法得到哈里发的允许，吩咐仆人抬了两个箱子到大殿。打开第一个箱子，哈里发看见里面全部是上等的丝绸。这些丝绸色泽艳丽、织工精湛、绣工上乘，都是他不曾见过的华贵织物。仆人打开第二个箱子，在场的所有人全部惊呼出声，里面是一套精美的礼服。

哈里发命令仆从将那件礼服打开，一件上好的冰蓝色丝绸长袍展现在众人眼前。上面用上等的金丝线绣着华贵的图案，同时镶嵌了许多红宝石，华而不俗，而且装饰着许多精美饰品。袖口是银线编织而成的镂空木槿花镶边，腰上还挂着上等羊脂玉的腰带，奢华典雅至极。

第四章　对阿拉伯联合酋长国传播的话语体系构建

哈里发不禁拍掌惊呼:"世上竟然有如此华美的服饰,太不可思议了!"

"哈里发,"穆斯塔法说,"这件长袍更为神奇的地方是,它可以在晚上发出蓝色光芒,上面的图案也闪着金光。我奉献礼物给您,不存私心或企图。这样的华服,我这种普通商人无法享用,只有您才配享用。"

哈里发听后,说:"我现在有两个问题要问你,你若回答得好,我会赏赐你。"

"请您尽管发问,在下必知无不言、言无不尽。"

"其一,我听说你当年也只是一个普通人,你的父亲是一个修鞋匠,并没有给你留下多少遗产,你是如何在这几年间成为富可敌国的巨贾的?其二,我的王宫中并不缺少金丝银线、珠玉宝石,但宫中没有上等丝绸,也没有人会东方的刺绣秘术,所以难以制作出上等的服饰,你是如何做出这么精致华美的衣物的?"

穆斯塔法听后,连忙说道:"尊敬的哈里发,我是您忠实的奴仆,就是您不发问,我也会向您禀报我发家致富的离奇经历。我年少时真算得上是天下第一懒人。我懒到什么程度呢?我早上睡在树阴下,到了中午就被太阳晒到了,这一晒就晒到了太阳下山。虽说我被晒得汗流浃背、口干舌燥,但也懒得起身挪到阴凉地去。我就在这样的惰性下,浑浑噩噩地度过了十五个春秋。我父亲是一个平凡的人,一生都在为人修鞋,做着下等的差事。先父去世后,因不曾留下遗产,我母亲就在富人家做女佣维持家中生计。我自己一天到晚赖在床上。有一天,母亲到我床前,给我几个银币后说:'儿啊,长者艾博尔要去华夏国做生意,他心地善良,一向怜悯孤苦伶仃的穷人。你快起来,跟我一起去见他,求他带上你。你用这几个银币买些华夏国商品带回来卖,也能赚几个糊口钱。'听到母亲这番话,我不以为意,翻身继续睡觉。母亲生气了,说我要是不起床随她去,她就不会再供我吃喝,让我饿死算了。听到母亲的话,我知道再也没有懒惰下去的可能性,看来母亲已经下定决心要逼我自食其力。久睡导致我浑身乏力,我挣扎着起身。母亲把鞋子拿来,帮我穿上。我说:'您搀着我走吧,我浑身没劲。'她又搀着我慢慢地挪到集市,找到艾博尔老人的家。我们母子二人向老人打招呼:'您好,艾博尔长者。''你们好,你们有什么事?'老人问道。'这是几个银币,劳烦您老人家带我的儿子去华夏国进些货物，借您老人家的福泽，贩卖后也许我们能赚几个钱呢。'母亲说。'这不是懒汉穆斯塔法吗？你这个好吃懒做的家伙。看在你父亲请我吃过几顿饭的份上，我就带你出去长长见识吧。'艾博尔说着，收下了几个银币。我便和母亲道别，和商队顺着丝绸之路一同前往华夏国。"

"难道你在华夏国发了大财？"哈里发问道。

"一言难尽啊！我们顺着丝绸之路来到华夏国边境时，谁知正赶上西沙姆驻地的藩王派加拉赫将军出兵与华夏国交战。我们被士兵们冲散，财物也被洗劫一空，只好顺着原路返回。谁知就在回去的路上发生了一件事，竟然改变了我的一生。"

"哦？发生了什么事？"哈里发兴致勃勃地问。

"尊敬的哈里发，是这样的，我国每次和华夏国打完仗，都会抓一些能工巧匠回来，让他们教授一些技术，而我就遇到了这么一个匠人。"

"什么人啊？"

"我们路过一个村庄的时候，决定歇歇脚。因为那里刚刚经历了战争，所以一个人都没有。我们在那里把身上仅存的一点粮食都给煮了，正准备吃的时候，我看到一个浑身是血的人跑过来要抢我们的吃的，谁知他身体虚弱至极，没走几步就跌倒在地。我们过去查看，却发现他的样貌与我们大不相同，像是一个华夏国人。和我同行的同伴中有人会说汉语，便过去询问他是谁。谁知他竟然是加拉赫将军俘虏的华夏国工匠，趁着监管不严逃了出来。我们见他是逃跑的俘虏，就不想多管闲事了，但又不能看着他饿死，便盛了一碗饭给他。他狼吞虎咽地吃完，便俯身趴在地上向我们磕头，希望我们救他一命。可他是逃跑的俘虏，我们都不敢跟他扯上关系，便纷纷摇头，转身离开了。我当时也想离开，可当我回头再看他一眼的时候，看到了他的眼睛。他的目光那么深邃，使我不禁想起母亲对我朗诵诗歌时的目光。说来也奇怪，当时我的身体仿佛不受大脑支配了，鬼使神差地扶起了他，又把我的那份饭全给他吃了。同伴们看我收留了他，便撇下我离开了。无奈之下，我只好和他在那个村子里等他养好了伤，一路乞讨着回了家。到家后，母亲不但没有责备我带回来个累赘，还夸我善心可嘉呢。就这样，他和我们在苏哈尔城定居了下来。他渐渐地学会了一些阿拉伯语，告诉我们他叫张尔凡，是华夏国的工匠，其余的便不再多言。"

"那他可真是一个神秘的人啊！"

第四章　对阿拉伯联合酋长国传播的话语体系构建

"谁说不是呢，可接下来的事就更神秘了。"

"那你快讲。"哈里发催促道。

"由于我实在是太懒了，又没有一技之长，家里越来越穷了，以至于我那可怜的老母亲去世都没钱安葬。我那段时间日日被人催债，简直走投无路了。张尔凡看我如此忧愁，便对我说道：'你对我有救命之恩，我现在决定报答你。'我笑笑说：'你一个逃跑的俘虏能拿什么来报答我，趁那些债主还没追上门，你快快逃命去吧。'结果，他竟然告诉我他会丝绸纺织、刺绣之术，只要我给他找一间房子，准备一些原料，他就可以织出上等的丝绸。我本来不信他所说的，但又经不住他多次请求，就想着死马当作活马医。我便向长者艾博尔借了一笔钱。艾博尔看在我死去母亲的份儿上，把钱借给了我。我买了织机、染缸、染料、蚕丝等物，又把房子腾了出来供他纺织。谁知他把我从织房里赶了出来，不让我插手。我当时就想：我被这个华夏国人给耍了，一个人怎么能完成丝绸纺织工作呢？我越想越气，竟然气得睡着了。等第二天醒来，尊贵的哈里发啊，您可知道我看到了什么？那间房子里堆满了上等丝绸，比那些商人从华夏国带回来的丝绸不知要好多少倍。看到张尔凡满面倦容的样子，我惊呼道：'这些都是你织出来的？'他只是笑笑，说：'快拿去卖了吧。'尊贵的哈里发啊，您可知道丝绸这种名贵之物是很受富商贵族们追捧的呀！我卖完那些丝绸后，不但还清了债，还过上了好日子。自那以后，张尔凡便每日织一批丝绸让我出售。后来，我发现他还有着高超的刺绣、染印技术，不但可以纺织丝绸，还能制造出精美的波斯地毯和镶满精美配饰的长袍。他织出来的萨杜都是与众不同的呢，那些萨杜白天并没有什么特别之处，晚上却能发出夺目的光彩。很快，我的名声就靠张尔凡的技艺传遍了各处，四方的达官贵人都来找我高价收购帷帐、丝绸、长袍、地毯等物。我的生意越做越大，竟一跃成了苏哈尔城的首富，您说这是不是造化弄人啊？"

"可是你如此大的名声，我为何从未听说过？"

"尊贵的哈里发啊，那张尔凡本是逃跑的俘虏，我又怎么敢把他的事传到巴格达城招摇啊？"

"那你告诉我，张尔凡究竟是如何在短时间内织出那么多精美的丝绸的？"

"啊，这才是最奇怪的地方，他每次纺织的时候，总是支开所有人，只是自己一个人在房间里忙活。所以，没有人知道他是怎么做到的。"

"这就很奇怪了，那么巨大的工作量，一个人绝不可能在一夜之间完成，这里面一定有什么蹊跷。"

"对啊，我也是这么想的，可每次问他都问不出个所以然来。我有几次还因为追问此事差点儿和他翻了脸。"

"还有这么神奇的人，我一定要见一见他，他随你前来了吗？"

"当然了，尊贵的哈里发，我听说您召见我是为了给高贵的王后制作礼服，所以就将他带来了，他正在殿外等候您的召见。"

"快，传他进来。"哈里发对侍从说道。

第四章 神秘的人

侍从连忙将张尔凡引入殿中。只见张尔凡缓缓入内，跪倒在地，亲吻了地面，说道："参见尊贵的阿拔斯哈里发。"

哈里发说道："不必多礼了，起来吧。"

待张尔凡起身后，哈里发才看清楚这个华夏国人的样貌：他面色苍白，颧骨凸起，虽然身材瘦弱，却全无猥琐之相，特别是他那双深邃而锐利的黑眸，炯炯有神，让人感到一股凛然正气。哈里发不由得对这个异乡人产生了好感，他命令侍卫搬了一把椅子让张尔凡坐下，然后问道："你就是来自华夏国的能工巧匠？"

"正是在下。"张尔凡用不太熟练的阿拉伯语答道。

"你的本领我已经听穆斯塔法说了，你可真是一位能人异士啊！不过，你能不能告诉我，你一个人是怎么在一天之内织造出那么多精美的丝绸和华服的？"

只见张尔凡面露难色，吞吞吐吐地说道："尊贵的陛下，我是一个逃亡的俘虏，本来就身负重罪，按理说不应该对您有一丝隐瞒，可是这件事情涉及我家族的一些秘闻，因此我不能将此事告诉任何人，否则我将会大祸临头。"

哈里发见他说得如此情真意切，便笑着说："既然这件事关乎你的身家性命，那我就不再多问了，但是我有一个条件。"

"请您尽管吩咐。"

"你应该也听说了，再过一个月就是王后的生日了。我要为王后举办

第四章　对阿拉伯联合酋长国传播的话语体系构建

一场盛大的生日宴会，因此我要你给王后做一件举世无双的礼服，你需要多久可以完成？"

张尔凡眼睛微闭，缓缓地说道："不多不少，要一个月。"

"我也知道时间有点紧迫，所以你需要什么，尽管向我索要。我可以把宫内国库的钥匙给你，无论是金丝银线还是奇珍异宝，要多少就拿多少，而且我的国库内还藏有巴林皇室进贡的深海珍珠，这种世间罕见的珍宝你也可以使用。"

谁知张尔凡却拒绝了："尊敬的哈里发，不用这么麻烦。您只需要给我提供一间房子，里面备好蚕丝、织机、染缸等器物就好了。"

哈里发听完，愣了一下，说道："这件礼服必须是世上最奢华的礼服，上面的珠宝必须是无价之宝，你却只要蚕丝、染缸这些随处可见的东西，你是在拿我寻开心吗？"

穆斯塔法见哈里发面有愠色，连忙说道："您不要生气，张尔凡一直是这样纺织丝绸的，还请您不要责罚他。"

哈里发听后，半信半疑地对张尔凡说道："那好吧，这么繁重的任务你一个人也难以完成，从今天开始，宫里的所有侍从都可以由你调遣，我也可以去帮你，顺便领略一下你高超的技术。"

张尔凡却严肃地说道："谢谢您的美意，但我不需要任何人帮忙，在我制作礼服期间，任何人都不能靠近那间房子，更不能偷看。否则，就会有灾难降临。"

哈里发见张尔凡说得一本正经，便收起了好奇心，说道："好，一切都听你的，如果你能将这件事情办好，我就赦免你，封你为天下第一纺织工匠。好了，你下去吧，和内侍总管一起去安排吧。"

哈里发吩咐完，张尔凡便俯身行礼，与内侍总管一同退了下去。

接着，哈里发又对穆斯塔法说道："可真是多亏了你啊，我要重赏你。不过我知道你不缺财宝，那我就封你为宫卫骑手队长，在我身边效力吧。"

穆斯塔法一直因出身低微被人看不起而苦恼，如今听到哈里发的赏赐，高兴地跪在地上不停地亲吻哈里发的脚面，并说道："尊贵的哈里发啊，我将竭尽全力为您效劳。"

第五章　出人意料的巨变

　　哈里发命令内侍在寝宫旁边腾出一间房子供张尔凡纺织，并且命人在织房里安装了先进的通信设备——传声筒，以便于张尔凡足不出户就能传达信息。一队侍卫在门口日夜把守，不让任何人靠近织房，就连饭菜都是送到门口由张尔凡自己拿进去的。整个宫里的人都紧张地翘首以待着，希望早日看到张尔凡纺制的绝世礼服。

　　转眼间就到了第三十天，也就是王后生日的前一天，哈里发已经命令大臣布置好了礼堂，洁白的大理石地板上有序地摆放着镶满了宝石的餐桌，每个餐桌上都有一本用金丝线缚住的菜单和一个精致的小藤篮，里面放着薄皮蜜饯果仁酥。桌上的白玉镶金碗碟里虽然还未摆上食物，但却已是熠熠生辉，尽显奢华。各国使臣和各地执政官早已赶到巴格达城，在驿馆里期盼着第二天的盛宴。

　　到了晚上，哈里发便迫不及待地穿上那件冰蓝色礼袍来到后宫，准备向王后介绍第二天宴会的流程，谁知却看到王后独自一人闷闷不乐地叹着气。

　　"我亲爱的拉妮娅王后，明天就是你的生日了，全国人民都将为你欢庆，全天下的女子在你面前都将黯然失色。在这么喜庆的时刻，你为何独自叹息呢？"哈里发焦急地问道。

　　"您倾全国之力为我举办生日宴会，我又怎么会不高兴呢！只是，宴会明天就要开始了，我却依然没有一件合身的礼服，这让我怎么见宾客呢？"

　　"亲爱的拉妮娅，不要着急，张尔凡已经在为你赶制独一无二的礼服了，明天你就可以穿着它出席宴会了。"

　　可王后却说："您为何这么信任那个俘虏，万一他是在信口开河怎么办？您想想，仅凭一个人怎么可能做出举世无双的礼服呢？"

　　"他可能有神奇的法力呢！"哈里发轻声说道。

　　王后仍不相信："您不能太相信这些市井小民，除非……"

　　"除非什么？"哈里发焦急地问道。

　　"除非让我亲眼看到他的法力！"王后斩钉截铁地说道。

　　"这怎么可以？我已经答应张尔凡不去偷看的。"

第四章　对阿拉伯联合酋长国传播的话语体系构建

"我尊贵的哈里发，今天已经是第三十天了，看一看也不会有什么关系的，我只看一眼。况且我今天要是看不到的话，就会茶饭不思、寝食难安，也就无法参加明天的宴会了呀！求您可怜可怜我吧！"王后哀求道。

哈里发本就对拉妮娅王后极尽宠爱，根本招架不住她的苦苦哀求，只能答应了她的请求。两人避开侍卫绕到宫殿的后面，打开了那间房的暗窗向里面看去，果真看到令他们惊奇的一幕。

房间里的张尔凡正在劳作，只见他口中念念有词，从怀中拿出一个精致的瓶子，打开瓶塞，忽然从瓶中飞出几个精灵。她们绕着张尔凡飞了一会儿，拿起织机上的丝绸抛入染缸之中，反复多次，竟然染出许多精美的图案；接着，又出现两个精灵，手拿剪刀和针线对染好的丝绸进行裁剪与缝纫，不一会儿就制成一件华美的长袍；之后，又从远处飞来两个精灵，手里拿着许多奇珍异宝往长袍上镶嵌，那些珠宝就像长在长袍上面一样，浑然天成。然后，张尔凡向前一伸手，竟然变出一根穿着金丝线的针。只见他飞快地在长袍上刺绣，不一会儿，一朵朵娇艳的牡丹便出现在长袍之上，娇艳欲滴，栩栩如生。最后，精灵们撑起长袍，张尔凡伸出双手在长袍上轻轻抚摸，长袍立刻变得光洁绚丽、柔顺飘逸。

两人在窗外都看呆了，窗内的一切却戛然而止，张尔凡突然停下手中的动作，眼睛木木地看着前方，吐出一口鲜血，倒在了地上。还没等哈里发和王后反应过来，房内的精灵们早已化作一团团烟雾钻进了那个瓶子里。紧接着，那件刚刚完工的袍子突然化作一道黑烟冲向了王后，王后被黑烟裹挟其中，等黑烟消散之后，哈里发发现拉妮娅王后竟然变成了一尊石像。

哈里发被眼前的一切吓得面如土色，连忙大喊："来人呐，救命啊，穆斯塔法，快来救驾！"

在远处巡视的穆斯塔法听见哈里发的呼救声，立即带人前来封锁了房间，然后将吓晕了的哈里发和不省人事的张尔凡带了出去，并请来御医为两人诊治。

第六章　张尔凡的回忆

在御医的治疗下，不一会儿，哈里发和张尔凡都悠悠转醒。谁知哈里发醒来后，二话不说便提起宝剑向张尔凡冲了过去，口中还大叫着："你这个恶毒的魔鬼，你还我的拉妮娅王后。"

穆斯塔法被眼前的一幕吓傻了，急忙跪倒在地，死死地拉住哈里发："您不要冲动啊，如今只有张尔凡才知道究竟发生了什么，也就是说，只有他能够救王后啊！"说着，他便高声吟唱起来：

"小心谨慎做事好，
深思熟虑最重要。
不与恶人争是非，
不得报应时未到。"

哈里发在穆斯塔法的劝说下渐渐平息了怒火，他用剑抵住张尔凡，说道："你快告诉我究竟是怎么回事？怎么才能救回我的拉妮娅王后？否则，我杀了你。"

张尔凡叹了口气，缓缓地睁开了眼睛，对哈里发说道："我早就警告过您不要靠近那间屋子，可您为什么不听呢？"

哈里发听后，一时语塞，说道："我私自偷看确实不对，但你究竟是什么怪物？为什么把我的拉妮娅王后变成了石像？"

张尔凡摇了摇头，缓缓地说道："尊贵的哈里发，事情既然到了这一步，我也就不向您隐瞒了。我不是怪物，我来自东方的华夏国。我们家族世世代代都是皇帝御用的纺织工匠，也就是专门为皇帝和贵族做衣物的裁缝。我们家族有一套完整的纺织、刺绣、扎染技术，世世代代相传。因此，我们家族可以说代表着整个华夏国最高的纺织水平。我从小就跟着父亲学习纺织、刺绣、扎染等技术，年纪轻轻就可以做出令人赞不绝口的衣物。在我十八岁那年，父亲对我说：'我亲爱的孩子啊，如今你已经成年了，我们的家族未来将要由你继承，所以我要告诉你一件关于我们家族的大事。'我看父亲说得十分严肃，便小心翼翼地问道：'父亲，什么事情？'父亲答道：'我们家族世代相传着一个青铜宝瓶，里面住着十位纺织精灵。她们善良美丽，拥有十分高超的纺织法力，如果你在日后需要做出精致华美的服装时，可以找她们帮忙。'说着，他便给了我一个精致的青铜瓶子，并且告诉了我召唤精灵的咒语。"

"原来如此，怪不得你可以独自一人做出那么精美的服饰。既然你说那些精灵是纯洁善良的，可她们为什么会把我亲爱的拉妮娅变成石像？"

"这件事情确实与那些精灵无关，却和我的另一段经历有关。当初我得到父亲的宝瓶之后，纺织技术突飞猛进，没多久就名声大噪。有一天，我出门游玩的时候，遇到一个白衣老者，他问我：'年轻人，我非常喜欢纺织与刺绣，你能把你们家族的纺织技艺教给我吗？'我当时年轻气盛、目空一切，便十分粗鲁地回答道：'你这个老头，不要做白日梦了。我们家族的技艺是不可能告诉外人的，而且你们这些普通人怎么配学习华服的制作技艺。"老者非常生气，说道：'真是自私、无知、狂妄的年轻人，你会为你的自私付出代价的。我诅咒你将背井离乡、受尽磨难，而且只能独自一人完成纺织。只要有人看到你的纺织过程，你将身受重伤，你的成果也会化为灰烬，还会使无辜的人变成石像。等到你后悔的那一天，你一定会跪在我的面前忏悔的。说完，他竟然化作一阵白烟不见了。当时的我心高气傲，完全没把诅咒当回事儿。谁知后来我随家族商队去西域做生意时，竟然遇到两国交战，而且稀里糊涂地被当作俘虏抓了起来，吃尽了苦头。直到后来我逃了出来，遇到穆斯塔法，才明白那位老者的诅咒是真的。我开始害怕了，怕波及到无辜的人，也害怕自己受伤，所以不敢让别人看到我纺织的过程。这就是我让你们不要靠近那间房子的原因啊。"

"原来如此，那现在到底应该怎么办？"哈里发问道。

"我国有一句古话叫作解铃还须系铃人，事到如今，只有让我回一趟华夏国，找到那位老人，向他忏悔，向他寻求解决的办法。"

"胡说，华夏国那么远，你一去一回得多长时间啊，那样还能救得了我的拉妮娅吗？"哈里发呵斥道。

"尊贵的哈里发，我并不走平常的路线回去，如今诅咒已经应验，精灵被封印的法力也就解开了，我可以借助精灵返回长安，这样仅仅需要半天的时间，希望您可以相信我。"

"我现在不相信你又能怎样呢？希望你早点找到化解诅咒的方法。"说着，哈里发高声吟道：

"人生自古多劫难，
烦恼惆怅无边际。
我与爱人盟誓言，

白头到老不分离。
可叹命运多考验，
有情人难成眷属。"

待哈里发吟唱完，张尔凡便打开青铜宝瓶，口中念念有词，紧接着，十个精灵从瓶中飞出，手里拿着针线飞快地纺织，不一会儿就织成一床精美的地毯。精灵举起地毯悬在空中，张尔凡纵身跳了上去，向哈里发和穆斯塔法挥了挥手，地毯便飞向了远方。

第七章　重回华夏国

张尔凡坐着飞毯，沿途的美景一闪而过，不到半天时间他就回到了华夏国。他迫不及待地回到家里，却发现偌大的宅子里空无一人，所有的器物都散落在地上，门窗上结满了蛛网，放眼望去，一片荒凉。

张尔凡十分惊讶，在路边找到一位行色匆匆的老人问道："老人家，城内为什么不见往日的繁华？街上行人也稀少，还有这大宅里的人都去了哪里？"老人抬头看了看他，惊讶地说道："年轻人，你不知道吗？他们半年前就去逃难了啊。有人造反了，那些大户人家早就逃跑了，如今皇上都逃了，你也快跑吧！"说完，他便急匆匆地逃跑了。张尔凡走进那座他从小长大的宅子，发现里面的财物早已被搬空，只剩下散落一地的书籍。他仔细一看，发现这些都是祖祖辈辈传下来的记录着纺织、刺绣、扎染等秘术的书籍。张尔凡长长地叹了口气，呢喃道："战争啊，战争……太平盛世、锦绣河山，毁于一旦。"说完，他便把所有的书籍装进一个箱子里，背在了身上。

然后，张尔凡来到他第一次遇到老者的地方，跪倒在地，高声忏悔道："尊贵的老人家，我已经知道错了，所有诅咒我愿一人承担，请你赦免对无辜人的惩罚吧。"

突然，他眼前闪过一道白光，那位老者出现了，笑着说："你果真来了，看来你已经明白了。"

"是的，我明白了。"

"那你说说，你明白了什么？"

"技艺的传承绝非一家一户的事情，因为一旦遇到如战争这样的灾祸，一脉一门的传承也许就会中断,这些技术失传是十分可惜的,只有让更多的人手手相传,它们才能更长久地流传下去。"

"你果然是个聪明的人。"

"那请您告诉我如何化解诅咒。"

"这件事情原本就是因你的狂妄、自私而起,如今你既然已经明白了其中的道理,那么只需要把你们家族的纺织技术教给更多的普通人,诅咒自然就化解了。你这次也因诅咒受伤吐血,如果你想早些恢复,那今后只能用一次青铜宝瓶里的精灵,你愿意吗?"张尔凡看了看那些精灵,重重地点了点头。

老者看着他,轻轻一笑,化作烟雾散去了。

张尔凡看着老者消散的地方,口中喃喃地道:"传承、传承……"突然,远处传来大声的叫喊与哀嚎。紧接着,他听到有人在大叫道:"叛军进城了,快跑啊!"张尔凡环顾四周,见往日兴盛繁华的都城如今已变得风雨飘摇,摇摇头感叹道:"百年秘术如何续?携书纵马向西行。"

说完,他便跃上了飞毯,对精灵们说道:"去巴格达城。"

第八章 远方

后来,巴格达城的居民纷纷对外颂扬着张尔凡:他来自遥远而美丽的华夏国,免费教当地人纺织、刺绣、扎染技术。他翻译了许多关于纺织、刺绣技术的古籍免费送给当地居民,给地毯织上了两国不同风格的自然风光,还给衣服绣上两国人民喜爱的图案,使人们变得更漂亮……

一年后的巴格达街头,几个商人聚在一起聊天:

"你知道吗?高贵美丽的拉妮娅王后苏醒了。"

"是啊,哈里发还要为她补办一场盛大的生日宴会呢。"

"对啊,哈里发还命人为她做了一件举世无双的礼服,据说是由黎巴嫩顶级纺织巨匠设计的,上面镶满了巴林皇室进献的深海珍珠呢。"

"我还听说当时纺织过程中出现了波折,宫里的裁缝都束手无策,是一个神秘的华夏国人带着他的徒弟们解决了难题。"

"对,听说他叫张尔凡,哈里发正在寻找他,要重重赏赐他呢。"

街边的茶摊上,一个中年人听到了他们的对话,轻轻地拉低了帽檐,向远方走去……

四、故事分配

阿联酋在报刊杂志、华文传媒和迪拜世博会三个领域具有一定的优势，对故事《东方秘术》的宣传具有推动作用。

（一）报刊杂志

阿联酋传媒产业依托经济的快速发展，成为中东地区的传媒中心，传媒产业蓬勃发展，新闻舆论报道较为自由。2001年，迪拜崛地而起一座国际媒体城，先进的基础设施及便捷舒适的投资环境，吸引了来自世界各地的知名传媒品牌纷纷入驻，如美国有线电视新闻网（CNN）、英国广播公司（BBC）等。这为阿联酋传媒产业发展注入了新活力，也带动了其他相关产业的发展。阿联酋传媒业中最具优势、最具普及性的传播方式就是报纸，拥有阿语报纸和英语报纸。阿语报纸以阿联酋最具代表性的出版社Al Khaleej为代表。近年来，随着阿联酋新闻媒体的发展，小型报业也开始逐渐抢占市场。除报业发达外，阿联酋各新闻文化单位出版发行的杂志不仅语种丰富，而且类型多样。依托阿联酋便利的传媒渠道，借助报刊杂志覆盖面广、获取信息便利等优势，故事《东方秘术》可顺利传播。

（二）华文传媒

阿联酋经济发展迅速，吸引着世界各地的华人、华侨前往阿联酋进行贸易投资。随着华人华侨在迪拜数量的持续增加，迪拜涌现出一批以阿联酋最早的华文传媒——海湾华人网为代表的华文传媒机构，其服务范围从迪拜辐射阿联酋全国。随着中国与阿联酋交往的不断深入，华文传媒不再局限于网络、报刊，在广播电视平台也有新的发展。阿联酋华侨收购当地电视台，于2006年改名为"阿里巴巴商务卫视"并在8月正式开播，通过卫星转播的覆盖范围预计达4亿人。

阿联酋华文传媒在传播中华文化、服务中国和阿联酋两国人民、企业和商会间的合作方面具有相当的影响力。将故事《东方秘术》在华文传媒平台进行推广，可使故事人物形象生动、角色情感饱满，从而扩大故事的受众面。

(三) 迪拜世博会

阿联酋城市迪拜于 2014 年 11 月 28 日成功申办 2020 年世界博览会。迪拜世博会是中东地区乃至阿拉伯国家的第一个世博会，其意义十分重大。迪拜世博会的主题确定为"沟通思想，创造未来"。世博会是一个国际性的平台，将会呈现各个参展国家的创新理念和前沿的科技成果。届时，将有 190 多个国家汇聚于迪拜，数千万观众参观。在世界性的展览会上宣传故事《东方秘术》，将会有大量的访客接触到本故事，使之快速传播到阿拉伯半岛乃至整个世界。

五、故事消费

故事《东方秘书》分配渠道建立后，从报刊杂志、华文传媒和迪拜世博会三个领域分别介绍故事消费的策略。

(一) 报刊杂志

在报刊杂志领域的消费通过刊登、连载、插图和赠品四个策略实现。

1. 刊登

将故事翻译成阿拉伯语或英语版本，刊登在阿联酋各大报刊杂志上。借助报刊杂志的便捷性和覆盖面广等优势，故事可被阿联酋千家万户所熟知。

2. 连载

将故事进行连载，并在每期故事的最后留下开放式结局，让读者产生无限遐想，更加期待故事的后续发展，从而吸引读者继续阅读。

3. 插图

为了让故事更加具有吸引力，可以在故事中加入插图。读者通过插图可以直观地了解中国和阿拉伯文化的内涵。插图不仅可缓解读者阅读时的疲劳感，还会增强其阅读的兴趣，使读者更快速地了解故事的内容。

4. 赠品

在报刊亭张贴故事的海报进行宣传。制作配有插图的故事系列明信片，免费提供给报刊亭。凡是订阅或者购买刊登故事的报刊、杂志的读者，即可随机获得故事系列明信片一张。订阅或者购买数量较多者，即可获得报刊亭随机赠送的一套故事系列明信片。通过赠品等营销方式，可吸引读者关注故事，阅读故事。

（二）华文传媒

在华文传媒领域的消费通过广告、动画片和竞答三个策略实现。

1. 广告

拍摄以故事为主题的广告。利用广告用时短、信息量大和播放频率高等特点，在阿联酋华文传媒电视台、新闻网站进行滚动播放，为故事《东方秘术》动画版的播出做铺垫，积攒人气。

2. 动画片

以故事《东方秘术》为蓝本，汲取阿拉伯民间绘画风格，配上浅显易懂的语言，制作出老少皆宜的动画片，并在阿联酋华文传媒的电视台和网站进行播放，加大故事的宣传力度。

3. 竞答

故事动画片播放结束时，设置有奖竞答环节。竞答问题的设置，围绕每集动画片的主题内容来展开。将故事所要表达的内涵与竞答问题融为一体，使观众在回答竞答问题时，不断加深对故事的认知。从每期答对问题的观众中抽取若干名幸运观众，赠送其故事书或购买故事书的打折券。有奖竞答的方式，可使更多观众了解故事、认识故事，进而喜爱故事。

（三）迪拜世博会

在迪拜世博会领域的消费通过展厅设计、赠品、编排话剧和制作微电影以及观众互动四个策略实现。

1. 展厅设计

迪拜世博会展览期间，可在中国馆开设故事展厅，将展厅设计与故事《东方秘术》紧密结合起来。展厅的布置以讲述故事的形式进行呈现，按照故事情节的发展分为几个主要的部分，核心部分为中阿合作。

2. 赠品

凡是到故事展厅参观的游客，都会获得一份精美小礼品。小礼品的设计灵感来源于故事。通过赠送小礼品，吸引更多的游客来故事展厅参观。

3. 编排话剧和制作微电影

将故事编排为话剧，如儿童童话剧等，并聘请专业的话剧演员在展厅里演出。演出过程中，还可以邀请参观的游客参与话剧演出，使游客在参演过程中深入理解故事；也可以将故事拍摄制作成微电影，在展厅里循环播放。在展厅设置留言板或电子屏，参观的游客在了解了故事后，可以写下对故事的感想以及对中阿两国未来合作的寄语，或者表达出对中国和阿联酋的祝福等。

4. 观众互动

设计故事体验环节，并融合 VR、AR 技术。凡是到中国馆故事展厅参观的游客，均可体验中国传统织布技艺、品尝中国特色美食、获得精美风景明信片等。

六、中阿合作

故事生产、故事分配、故事消费的最终目的之一是达成合作，两国的合作主要体现在以下几个方面。

（一）携手振兴纺织服装业

阿联酋位于亚、欧、非三大洲交界处，区位优势显著，市场辐射范围非常广阔，是重要的商品集散地。它是世界重要的纺织品和服装加工出口及转运中心，对纺织面料和纺织制品的需求量大。阿联酋拥有优越的区位优势、便捷的港口运输、高效快捷的服务、良好的商业环境及一系列优惠政策等，纺织服装市场前景广阔。伴随着中国经济的快速发展，在工业化和市场的推动下，中国纺织行业、服装产业迅速发展。历经 40 多年的发展，中国在棉纺织、针织服装加工等方面具有优势，在全球纺织业和纺织品服装国际市场占据重要地位。近年来，中国通过纺织科技革新、纺织新材料研发、"互联网+"、电子商务等渠道，不断推动纺织服装产业进行产业链升级，纺织行业创新成果推陈出新。自 1984 年中国和阿联酋建交后，两国双边经贸合作持续加强，双方互为重要的贸易伙伴。为了迎合双方在纺织业方面的需求，中国和阿联酋在纺织业领域深化合作，合作研发纺织品中高端产品、新型纺织面料，并改进纺织机械设备，拓展制衣辅料业务，共同推动两国纺织服装业的发展。

(二) 互通旅游业

依托优越的地理位置、完善的基础设施、发达的酒店业，阿联酋大力发展现代旅游服务业，逐渐成为中东地区最具吸引力的旅游中心之一。其中，迪拜是阿联酋主要的旅游市场。为加大产业关联效应，阿联酋也注重将国际会展业与旅游业进行融合，达到产业带动经济发展的目的。目前，中国出境旅游人数世界排名第一，拥有庞大的旅游消费市场。两国在旅游业已展开积极的合作：2016年11月，阿联酋对中国实行免签政策。2018年1月16日后，中阿双方互免签证。为吸引更多的中国游客前往阿联酋，其还出台了一系列优惠旅游政策，加大旅游营销力度，不断为中国游客提供更为便利、舒适的游览、观光和购物体验。中国不仅要借鉴阿联酋在国际旅游服务方面的好做法，还要继续强化物联网、大数据、云计算等新科技、新技术与旅游产业的融合，加快构建完善的智慧旅游体系。中国在提高自身国际旅游接待水平，提升阿拉伯游客的满意度和舒适度，积累接待阿拉伯游客的经验，完善国内旅游设施等方面大有作为，将有规模地把阿联酋国家的人民吸引到中国来旅游。两国将共享旅游资源，共同开拓旅游市场，互送客源，开创共赢新局面。

(三) 共建粮食产业

阿联酋属于热带沙漠气候，常年高温少雨，降水稀少，蒸发强烈。其境内大部分地区被沙漠所覆盖，淡水资源短缺，再加上可耕地面积少，阿联酋农业生产受限。阿联酋本国粮食生产不足以满足市场需求，粮食大量依赖进口，对外依存度高，尤其是谷物。随着阿联酋本国人口和外来人口的增长，粮食消耗更加严重。粮食安全问题日益成为阿联酋需要解决的重要问题。阿联酋重视农业领域的发展，为确保本国粮食安全，实现自给自足的战略目标，其依托雄厚的资金、发达的交通和科技创新等优势，开展粮食战略储备项目，采取一系列举措增加本国粮食产量，拓宽粮食进口渠道。在国内，发展现代科技农业，进行可持续粮食生产。在国际上，面向全球征集解决粮食安全的创新方案，与多国展开不同层次的合作，探索农业新技术。中国抓住两国在粮食方面深入合作的机遇，在农作物品种培育、盐碱地改良、农业物联网、旱作农业、沙漠地区无土栽培、卫星服务（遥感技术）等方面给予阿联酋支持。中国农产品出口阿联酋，将缓解阿联酋粮食紧缺局面。而中国借助阿联酋优越的地理位置、便捷的港口运输来发展转口贸易，可以将中国农产品销售至中东及相关地区，从而提高中国农产品的出口量。为了增加出口贸易额，中国需要不断提升自身的无土栽培技术、节水材料技术、节水灌溉技术、农业物联网技术等，为两国在粮食产业方面的合作提供优质服务。

第五章　对卡塔尔传播的话语体系构建

一、卡塔尔概况

卡塔尔是亚洲西部的一个阿拉伯国家,位于波斯湾西南海岸的卡塔尔半岛上,与沙特阿拉伯和阿拉伯联合酋长国相邻,北面隔波斯湾与科威特和伊拉克遥遥相望,属热带沙漠气候,炎热干燥。

多哈是卡塔尔首都,为全国第一大城市与政治、经济、文化和交通中心,是波斯湾著名的港口之一。多哈位于卡塔尔半岛东海岸的中部,夏季炎热潮湿,冬季气候凉爽,人口约占全国总人口的60%,是卡塔尔人口最集中的地区。多哈原为渔港与采珠船的集中港。第二次世界大战后,多哈因本国石油业的发展而繁荣,并建有深水港、海水淡化厂、塑料制品厂、钢铁厂、电站与国际机场,在郊区还建有七座大型体育场。[1]

课题组设想的中国和卡塔尔的合作主要体现在海水珍珠养殖产业、教育与文化及基础设施建设等三个方面,因此仅对这三个方面进行介绍。

(一) 海水珍珠养殖产业

在油田未被发现之前,采珠业是卡塔尔人民重要的收入来源。卡塔尔的采珠业在20世纪以前兴盛发达,是政府大力扶持的产业之一。采珠工作需要团队合作,一个熟练的潜水员可以在25米深的水下工作。他会用乌龟壳夹住自己的鼻孔,用蜂蜡堵住耳朵,将一根绳子拴在腰间,踏着岩石下降到理想的深度。当潜水员要上升时,就会用力拉绳子,搬运工会立即将他拉出水面。潜水员会将牡蛎从海床中挖出,装进绑在胸前的篮子并带到水面上。在此之后,牡蛎被撬开,珍珠被船长拿走并卖给珍珠贸易商。

潜水工作船是一个联系紧密的工作环境区。船长通常可以是船上的任

---

[1] 周童:"行走多哈",《世界文化》2012年第4期,第36—38页。

何人，即领航员、副手以及潜水员。船上的搬运工、服务人员和年轻学徒共同辅助船长。而歌手则是船上的核心人物，用歌声鼓舞所有的人。当一班船员在进行采珠工作时，另一班船员就唱歌鼓舞士气。

采集珍珠是高利润的行当，直到20世纪30年代日本引入了人工养殖珍珠技术，卡塔尔采珠业才走向衰落，采珠船队很快成为历史。

在现代，随着人工养殖珍珠技术的普及与成熟，卡塔尔也开始在珍珠养殖场中培育黑珍珠。尽管如此，质量上乘的天然珍珠仍然是收藏大家手中的无价珍宝。

（二）教育与文化

卡塔尔政府重视发展教育事业，实行免费教育，为成绩优异的学生提供留学深造的机会，并发给奖学金。1977年建成的卡塔尔大学是一所配有现代化设备的综合性大学，也是卡唯一一所高等学府，下设八个学院。[①]

卡塔尔一直怀抱着大国梦，积极投身于文化的建设和推广工作中，建立了颇具影响力的体育中心和媒体中心。其于2006年成功举办多哈亚运会，成为西亚地区唯一举办过亚运会的国家。卡塔尔还建了诸多博物馆，博物馆管理局主席由玛娅萨公主担任。在她的推动下，2008年伊斯兰艺术博物馆开馆、2010年阿拉伯艺术博物馆开馆、2014年卡塔尔国立博物馆开馆。此外，政府还设立了多个文化中心，培育和发展卡塔尔的文化艺术产业，提高国民的文化艺术修养。

（三）基础设施建设

卡塔尔现有公路7790公里，其中干线总长度1580公里，已经基本覆盖全国各地，但没有铁路。卡塔尔航空业较为发达，是海湾地区最大的航空中转站之一，目前已经与中国多个城市开通了直达航线。卡塔尔水运也较为发达，主要港口有多哈港、拉斯拉凡港和梅赛义德港等。[②]

2019年1月31日，中国和卡塔尔共同签署了《中华人民共和国政府

[①] 人民网：" 卡塔尔国家概况"，http：//cpc.people.com.cn/GB/67481/94137/124217/7377164.html。（采用日期：2019年11月15日）

[②] 商务部："商务参赞访谈"，http：//interview.mofcom.gov.cn/detail/201605/1545.html。（采用日期：2019年11月15日）

与卡塔尔国政府关于加强基础设施领域合作的协议》。该协议是"一带一路"倡议落地卡塔尔的重要成果,将促使双方在基础设施设计、施工运营管理等方面拓宽合作领域,提升合作水平。①

二、故事背景

在波斯湾沿岸,有一个三面临海的地域——卡塔尔。卡塔尔各部落之间连年征战,后来一位勇敢聪慧的国王统一了该地,结束了战乱。当地居民开始沿着海岸线定居,以捕鱼、采珠和养珠为生。后来,统一卡塔尔的国王得了一种怪病,药师说需要大量好品质的珍珠才能治病,于是卡塔尔的采珠人便将采集和养殖的珍珠上交给医师制药,以医治国王的疾病,可是转眼半年过去了,国王的身体仍不见起色,采珠人的生活也日益艰难。

三、珍珠粉

第一章 遇见人鱼

自从国王生病以来,宫中的药师们就夜以继日地研究医治国王的药方。历经数天,各位药师终于得出结论,那就是需要大量上好品质的珍珠做药引才有机会医治好国王。国王得知这一消息后,治病心切,就命大臣们在全国各地搜集上好的珍珠进献宫中,以供药师们研制。

自从这一命令发出后,全国采珠人都开始为采珠而忙碌,短时间内大家还能拿出些上等珍珠,可长此以往,采珠越来越难,上好的珍珠更是越来越少。每当采珠人交不够珍珠时,总会遭到侍卫们的惩罚,有时还会牵连家人和朋友。在这种高压之下,采珠人的生活过得越发艰难。

清晨,太阳初上,金光披撒在波光粼粼的海面上,美如画作。忽然,远处传来的几声吆喝,打破了这份宁静。

"爸爸,你说我们今天出海能采到好珍珠献给国王吗?"一个稚嫩的声

---

① 新华网:"中华人民共和国和卡塔尔国关于建立战略伙伴关系的联合声明",http://www.xinhuanet.com/politics/2014-11/03/c_1113098280.htm.(采用日期:2019年11月15日)

音响起。听见孩子的询问，船上一个皮肤黝黑的男子轻轻抚摸着她的头说道："海娜，只要你牢记我说的话，今日我们一定能采到珍珠。"海娜连忙点点头："爸爸说的话我都记住啦。爸爸瞧着吧，今日我一定能帮爸爸采到上等珍珠献给国王。"听了海娜的话，海娜爸爸心中又欣慰又苦涩。

"爸爸，爸爸。"海娜拉拉父亲的衣袖，轻轻呼唤道。

海娜爸爸收回思绪，低头问道："怎么了？"

"法鲁格叔叔今日还来采珠吗？"海娜仰头问道。

"他不来了，木娜妹妹生病了，法鲁格叔叔今日要在家中看顾她。"爸爸耐心地向海娜解释。

海娜点点头，斗志昂扬："那我们今日一定要多采些，法鲁格叔叔才可以安心照顾木娜妹妹，等木娜妹妹好了，我们就可以继续来海边玩耍了。"

爸爸轻轻抚摸着海娜的脑袋，笑道："我们海娜真是个善良的孩子，法鲁格叔叔和木娜妹妹听了这话一定会很感激你。"听了父亲的夸奖，海娜顿时羞红了脸。

"海娜，我路上叮嘱你的那些采珠事宜，你都记全了吗？"海娜爸爸边往身上系着绳子边问道。

"我都记住啦，采珠人入海前一定要把腰间的绳子系紧，带好小筐，采珠时若遇到危险不能逞强，保护自己要紧。采珠人在海下时，若拉动一下绳子代表安好，两下代表捡到珠贝，三下就代表采珠人遇到了紧急情况，船上的人就要立即拉动绳子帮助采珠人浮上海面。"海娜一字不落地大声说道。

爸爸欣慰地拍拍海娜的肩膀，骄傲地说道："我们海娜长大了，今天有海娜的帮助，我一定能采一箩筐珠贝回来。"

海娜使劲点点头，大声说道："爸爸，你下海一定要当心，我在这等你回来。"

"好。"海娜爸爸说完，就跳进海中，海面上荡起几圈波纹后，终于归于平静。

自爸爸入海的那一刻起，海娜心中的担忧就未停止过，她紧紧攥着手里的那根线，生怕错过一点消息。忽然，海娜身后响起一阵水花声，她立刻扭头看去，只见一条金色的鱼尾闪过眼前，带起几点水珠落在她的手上。

　　海娜立刻将绳子系在手腕上，站起身来四处张望："是谁在那？"海娜刚说完，船左侧就响起一个有些虚弱的声音："我在这。"海娜顺着声音看过去，就见一个披着黑色长发的俊俏少女半浮在水中。海娜有些疑惑地往四周看了看，问道："你也是采珠人吗？我怎么看不见你的船？"那个浮在水中的少女没说话，只是潜进海里轻轻在海娜船边转了几圈，露出一条金色的鱼尾。

　　"你是美人鱼！"海娜惊讶地叫道。那少女又钻出水面，轻声说道："嘘，小声些，别让别人发现。"木娜点点头，紧接着说道："原来书上写的那些故事是真的，这世界上真的有美人鱼。"海娜说完，又假在船边小心翼翼地问道："美人鱼姐姐，我下次能带木娜来看你吗？"美人鱼轻轻点点头，停顿几秒后又轻轻摇头。

　　海娜疑惑地问道："美人鱼姐姐，你怎么了，是有什么心事吗？"美人鱼低声说道："我受了很严重的伤，这次来就是想见你最后一面。"美人鱼说完，伸出手轻轻搭在海娜的手上。一瞬间，海娜的脑海里飞快地涌出许多画面。原来，有一次，她和木娜在海边玩耍，发现了一条在海滩上昏迷的美人鱼。两人唤醒美人鱼，并帮助她回归了大海。这些画面一幕幕地迅速闪过海娜的脑海。

　　"我想起来了，是你，我见过你。"海娜瞪大眼睛说道。"对不起，我害怕你们说出美人鱼的秘密，所以私自抹去了你们的回忆。"美人鱼愧疚地说道。"我知道，你是为了保护自己，你放心，以前和今日的事我不会告诉别人。"听了海娜的话，美人鱼感动极了："谢谢你，海娜，谢谢你愿意帮我保守秘密。"

　　"可是，你能不能告诉我你究竟怎么了？万一我能帮你呢。"海娜缓缓地说道。

　　"实不相瞒，我们美人鱼最要紧的器官除了心脏就是鱼尾。可是，现在我的鱼尾受了伤，一天比一天严重，我担心过不了多久我就会死掉。"美人鱼有些悲伤地说道。

　　"我知道，我知道有什么办法能救你。"海娜说道。美人鱼眼中瞬间亮起希望的光："你有什么办法？"

　　"我这里有种神奇的药，说不定能治好你，美人鱼姐姐。你将鱼尾露出水面来。"海娜在袋子里翻找着什么。

美人鱼将信将疑地转过身，将鱼尾靠在船边上，忽然一两滴温热的水滴在美人鱼鱼尾的受伤处。渐渐地，美人鱼感觉鱼尾上的疼痛开始消失，伤口一点点愈合……

忽然，水面上"哗啦"一声，钻出个人影来。

"海娜。"

海娜转身看去，看见她的爸爸浑身湿漉，手里提着个小筐，微笑地看着她。海娜连忙侧眼瞟过船边，看见那里空无一人，才放下心来。她伸出手接过爸爸手中的小筐，拉动绳子带着爸爸上船。

"瞧，今日运气好，捡了不少珠贝，我们海娜今日可以饱饱地吃一顿了。"海娜爸爸高兴地说道。

"太好了。"海娜欢呼着。

"走，我们回家。"

小船又摇荡在水面上，海娜扭头看一眼身后那片海，那条金色的鱼尾融进了那片蔚蓝的海里……

第二章 人鱼的秘密

傍晚，海面上金光跳跃，海边一个娇小的身影来回转动着，仿佛在寻找什么。

"海娜。"一个轻柔的声音传来，海娜顺着声音看过去，看见早上那条美人鱼游动在浅海里，微笑着向她招手。海娜脸上露出笑容，飞快地跑过去，欢快地说："我就知道，你肯定生活在这一片海域。"

"你看懂了我的意思。"美人鱼说道。海娜点点头："因为我看见你鱼尾的方向一直朝着我和木娜上次送你入海的方向。我猜你是想告诉我下次见面的地方。抱歉，让你等了这么久。"

"不，是我该道歉才对，你治好了我的伤，我却没来得及向你说一声谢谢。"美人鱼垂下头说道。海娜挠挠头："那现在我们就算是朋友啦。"听了海娜的话，美人鱼眼里染上了笑意："当然，以后你就是我最好的朋友。"美人鱼说完，又接着问道："对了，海娜，我想问问你用了什么神奇的药水，竟能一下子治好我鱼尾上的伤。"海娜咳嗽了一声，摸摸脑袋说道："是，是奶奶留给我的药，以后你若是再受了什么伤，尽管来找我就好了。"美人鱼点点头没再追问，而是轻声说道："海娜，谢谢你今天又一次救了我，为了报答你，我想送给你一个礼物，你把手伸出来。"海娜乖乖地摊开手掌。

"是珍珠，我从来没见过这么漂亮的珍珠。"海娜惊喜地喊道，"人鱼姐姐，你是从哪捡到这么多漂亮的珍珠？"

"是我的眼泪。"美人鱼缓缓地说道。海娜一时间有些不知所措："那，那这些珍珠，你会不会…"看见海娜张皇的样子，美人鱼笑着说道："别担心，这些是我以前积攒下来的，只要每日不过量，是不会伤害到我的。"海娜长舒一口气："那就好，不过这些珍珠太贵重了，我不能如数收下。"海娜说完，拿起两颗小珍珠："我只拿两颗就好，一颗送给木娜，一颗留给自己。美人鱼姐姐，等木娜病好了，我能带木娜来见你吗？"

美人鱼笑着点点头。

"太好了。"海娜拍手欢呼道。

"早点回去吧，路上慢些，等你下次来了，只要朝大海喊两声你的名字，我就会来找你们的。"美人鱼说道。

海娜点点头，挥手送别美人鱼。

夜晚，海面上，点点星光闪动。

第二天早上天一亮，海娜就迫不及待地带着那颗珍珠去找木娜。

"木娜，木娜。"

木娜正孤身一人躺在床上，转过头透过窗子看见海娜站在窗外蹦蹦跳跳的样子，连忙下床打开门迎接她。

"你今天怎么样？好些了吗？"门一打开，海娜就迫不及待地问道。木娜一边关门一边道："我今天好多了，快进来。"海娜见屋中只有木娜一人，疑惑地问道："法鲁格叔叔呢？他也去交珍珠了吗？"

"嗯，今日是侍卫亲自验收，爸爸只好去一趟。"木娜回答道。

走进木娜的房间，海娜赶紧拿出那个装有珍珠的盒子递给木娜："快打开看看。"

"海娜，你的手腕怎么了？"木娜一边接过盒子，一边问道。

"没什么。"海娜拉了拉袖子道，"可能是干活时被木头划伤了，不说这个了，你先打开盒子看看，这是我特意为你准备的礼物。"

木娜笑着点点头，一打开盒子就惊喜地叫出声，"哇，好漂亮的珍珠，你从哪捡到这么漂亮的珍珠？"

"你答应不把我们今天说的话告诉别人，我就告诉你。"海娜说道。

"好，我答应你，绝不告诉别人。"木娜诚恳地说道。

"这是一个好朋友送给我的，说起来，这个朋友你也见过，只不过现在我还不能告诉你她是谁，等你病好了，我亲自带你去见她。看见你，她一定会很高兴。"

木娜听着海娜的话，越发糊涂了："朋友，那，那个朋友也像我们的爸爸一样是采珠人吗？"海娜摇摇头，一脸神秘地说："不，她啊，和我们都不一样。"屋内的嬉笑声还在继续，屋外的天却好像变了脸似的，不一会儿就黑云蔽日了……

有了海娜的陪伴，木娜的病很快得以痊愈。这一天，云高风清，海娜特意错开采珠人的时间，等海滩上的人群散去后，才带着木娜来到海边。

"海娜，海娜。"

听见海娜站在海边高声呼喊自己的名字，木娜一脸疑惑地问道："海娜，你不是说带我来见那个朋友，她在哪里？你为什么又自己喊自己？"

"一会你就知道了。"海娜刚说完，海面上就推过来一层层波浪，海娜拉住木娜的手激动地说道："她听见我的声音了，跟我来。"

过了一会儿，浅海面上浮出个人影。当木娜看见美人鱼时，不可思议地捂住了嘴，一时竟不知该说些什么。

"你好，木娜。"美人鱼主动问候道。

"她，她居然还会说话。"听见木娜的话，海娜和美人鱼纷纷笑了起来。海娜对木娜说道："木娜，把你的手给美人鱼姐姐，一会你就知道是怎么回事了。"木娜按照海娜说的话小心翼翼地把手搭在美人鱼的手上，一瞬间木娜的脑海里便闪过之前海娜看见过的那些场景。

"原来海娜说的没错，我们之前真的见过。我想起来了，你就是那条沙滩上的美人鱼。"木娜惊喜地说道，"可是，我为什么直到今天才恢复了关于你的记忆呢？"

海娜见美人鱼有些愧疚地低下了头，连忙向木娜耐心地解释了一遍记忆消失的原因。听完海娜的解释，木娜才恍然大悟："原来是这样。"

"对不起，是我的错，你们真心帮助我，我却刻意隐瞒你们。"美人鱼歉疚地说道。

"我们可是朋友,朋友不就是要在危难的时候互相帮助的吗?"木娜和海娜齐声说道,大家都开心地笑了。

"谢谢你们。"美人鱼流下感动的泪水,"如果有一天你们需要我的帮助,我一定会竭尽全力帮助你们的。"

美人鱼刚说完,她的泪水就一滴滴落在地上,化作一颗颗璀璨夺目的珍珠。木娜看见这一幕,比之前看见美人鱼还要惊讶。她伸手捡起一颗珍珠迎着光看过去,阳光下那颗珍珠发出耀眼的光芒,木娜不由得感慨道:"太神奇了,这一颗比平日里爸爸采的那些珍珠不知要好多少倍。"海娜笑着拍拍木娜的手,说道:"你个小财迷。"听见木娜和海娜的对话,一旁的美人鱼也不由得展露笑颜。

一阵海风吹过,带起几点细碎的光波……

美好的时光总是飞快的,转眼就到了太阳落山的时候,木娜和海娜恋恋不舍地告别美人鱼,离开了海边。

"爸爸,我回来了。"海娜敲着屋门高声喊道。许久,房门才"吱呀"一声打开,露出海娜爸爸略显疲劳的脸:"海娜回来了,进来吧。"海娜听着父亲有气无力的声音,担忧地问道:"爸爸,你怎么了?是身体不舒服吗?"海娜正说着,法鲁格叔叔从屋内走出来,海娜连忙问好:"法鲁格叔叔,您好!"

"你好啊,海娜,木娜呢?"法鲁格叔叔亲切地回应道。

"木娜回家了。"法鲁格叔叔点点头,转身对海娜爸爸低声说了几句话,又冲海娜挥了挥手,离开了海娜家。

晚饭的时候,海娜看着爸爸心不在焉的样子,不由担心地问道:"爸爸,法鲁格叔叔和你说了什么?是我们的珍珠不够下次交验的了吗?"爸爸摇摇头,扯出个无力的笑,又摸摸海娜的头轻声安慰道:"别担心,孩子,离交珍珠还有几天,明日我再出海采些珠贝,一定能补上差的数目。"

"明天我和您一起去。"

"不用了,你法鲁格叔叔会帮我的,你就乖乖待在家里等我回来。"爸爸叮嘱道。海娜还想说些什么,可看着爸爸忧虑的脸庞,终究什么也没说。

风平浪静地过了几天,转眼又到了采珠人交珍珠的时候。小道上,采珠人排着长长的队伍,每个人手上都紧紧地抱着一个小筐,生怕碰丢一两颗珍珠。

趁侍卫不注意，海娜拉着木娜穿过采珠人的队伍，偷偷藏身在一块大石头后面。两人等了许久，终于看见自己父亲的身影。

片刻后，海娜见爸爸平安地通过检收，长长地舒了一口气。

"不合格。"听见侍卫的话，木娜的心一下子悬了起来，她带着哭腔问海娜："怎么办，海娜，一定是爸爸采的珍珠不够，他们会不会惩罚爸爸？"

"别担心，每个采珠人有两次机会，只要法鲁格叔叔下次把这次欠的珍珠补上就好。"海娜拍拍木娜的肩膀，低声安慰道。

木娜擦干眼泪点点头，又看向站在查收台前局促不安的父亲。查收珍珠的侍卫看了法鲁格几眼，从台下翻出个记录本仔细核对了一番，写画了几笔，便挥挥手让法鲁格离开了。

木娜见父亲没有受到惩罚，才放下心来。回家的路上，两个小伙伴仿佛都有心事一般，沉默不语。一直临近海娜的家门口，木娜才拉住海娜的衣袖，低低出声道："海娜，我真的很害怕，爸爸如果下次再采不够珍珠怎么办？"

"会有办法的，木娜，一定会有办法的。"海娜安抚道。

"可是，药师们不是说有了珍珠就可以救国王，这些天那些侍卫已经收走了这么多珍珠，可为什么国王的病还是不见起色呢？海娜，我真的很怀念国王没生病的那些日子，那时候我们生活得多么幸福啊。"木娜说着，流下了悲伤的泪水。

听了木娜的话，海娜心中也不禁有些伤感。木娜又愧疚地说道："我真的很想帮帮爸爸，如果我能帮爸爸采到好珍珠，他或许就不用这么辛苦了。"一瞬间，海娜的眼前也闪过父亲日渐消瘦的身影。

美人鱼，如果美人鱼肯帮助她们，或许爸爸和法鲁格叔叔就不用每日这么辛劳了。这个想法刚一闪现在海娜的脑海中，她就立马摇头否决了。不行，她不能这么做，如果其他人知道了美人鱼和她眼泪的秘密，一定会大肆捕捞她的。

"海娜，你怎么了？"

"没什么。"海娜拉回思绪，看向远处，语气坚定地说道，"再等等吧，国王的病一定会好起来的，我们也一定能回到从前。"

"嗯，一切都会好起来的。"

第三章　海上风波

晚上，海娜躺在床上辗转反侧，不得入眠。她的窗边忽然响起几声断断续续的敲击声。海娜翻身下床，推开窗子，却看见邻居家的小男孩站在窗外。

"盖德里，这么晚了你来找我有什么事吗？"海娜小声问道。

"不是我找你，是一个姐姐让我告诉你她受伤了，需要你的帮助。"盖德里踮起脚轻声说道。

海娜心中一跳，顿时紧张起来："姐姐？你是在哪里遇见她的？"盖德里看看周围，小声说道："我是下午捡贝壳的时候在浅海边遇见的。"

"我知道了，谢谢你，盖德里。你今天看见的，一定不要告诉别人。"海娜伸出手摸摸盖德里的脑袋。

"我知道了。"盖德里说完，就一溜儿烟地跑远了。海娜关窗之际抬头看了一眼远处的天空，浓得仿佛要滴下墨来似的。

夜晚的海滩显得愈加静谧，海娜拉紧身上的衣服，脚步走得深深浅浅的。

"海娜，海娜。"

不久，远处传来海波被推开的声音，那个声音越来越近，直至停在海娜的身前。

"海娜，这么晚了，你找我有什么事吗？"

"美人鱼姐姐，你受了什么伤？要不要紧？"

海娜和美人鱼的声音同时响起在寂静的海滩上，短暂的沉默过后，海娜皱起眉头道："美人鱼姐姐，不是你叫我来的吗？"美人鱼摇摇头："我是听见你的声音才出现的，还有，你刚问我受伤是什么意思？"海娜还没来得及向美人鱼解释，她身后的海滩上就出现点点火光，那些火光慢慢地靠近浅海边，逐渐连成一片。

"美人鱼姐姐快走，他们一定是发现你了。"海娜焦急地催促道。

"那你怎么办？"美人鱼摆动着鱼尾不安地问道。

"你放心，他们不会伤害我的，你快走。"海娜一边说着，一边转头看向那奔跑过来的人群。

第五章　对卡塔尔传播的话语体系构建

"海娜，你一定要保重，我等你。"美人鱼说完最后一句话，摆动着金色的鱼尾消失在海边。

"海娜，人鱼呢？"一个率先跑过来的男人问道。

"卡西姆叔叔，您说什么呢？什么人鱼？那不是只有书上才有的吗？"卡西姆大喊道："我看见她了，我那天傍晚亲眼看见美人鱼在你和木娜面前落的泪变成了珍珠。"卡西姆说完，从盒子里拿出一颗珍珠举过头顶，大声向众人说道："大家看，这就是美人鱼落泪变成的那颗珍珠，是我那天在沙滩上捡到的。这珍珠晶莹剔透，品质上佳，一颗就能抵过我们平日里辛劳一天所采的那些珍珠。我们只要找到那条美人鱼，以后就再也不用每日为采珠而奔波担心了。"听了卡西姆的话，众人面上皆喜色上涌，只有海娜一人像被泼了一桶冰水一般，浑身颤抖。

海娜看了一眼依旧风平浪静的海面，心中却已掀起滔天巨浪。她一步步后退，打算远离浅海，不，不能让他们伤害美人鱼。可惜，海娜还没有跑出几步，就被卡西姆一把抓住了。

卡西姆蹲下身对海娜说道："海娜，你一定也很想帮你爸爸吧，既然现在有这么好的机会，你为什么不试试呢？孩子，你放心，我们只是需要她的眼泪，绝不会伤害她。"

海娜红着眼眶说道："是，我心疼爸爸，也很想帮他，可如果爸爸知道这些珍珠是以伤害别人为代价换来的，他一定不希望我这么做。"海娜说完，垂下头又道："她是我的朋友，我不能利用她。"卡西姆叹了口气："既然你不肯呼喊美人鱼，那我们只好带着你去找她。"卡西姆说完，挥了挥手，他身后立马窜出几个拿着大渔网和绳索的男人。

"不，你们不能伤害她。"海娜失声尖叫道。

"放开我的孩子。"海娜听见爸爸的声音，眼泪瞬间冲出眼眶，她拼命从扯着她的那两个男人手中挣扎而出，高声呼喊道："爸爸救我。"那两个男人或许是看见海娜爸爸盛怒的样子，心中慌乱，手上一松，就由着海娜挣扎开来。海娜跌倒在浅海边，手被沙滩上的贝壳划出一道口子，血顺着冰凉的海水被卷入大海。

"你们这是做什么？"海娜的爸爸高声质问道。

"我们只是想请海娜帮个小忙。"卡西姆说道。

海娜的爸爸扶起海娜，看着她手上的伤，心疼不已："走，孩子，我们回家。"

"等等，海娜的朋友还没来，她不能走。"卡西姆挡在海娜的面前，着急地说道。

"既然是海娜的朋友，若海娜不愿意向我们介绍她的朋友，我们就该尊重孩子的意愿。"海娜爸爸高声说道。

"如果美人鱼不出来，我们的珍珠要交到什么时候才是个头。"

众人正在争吵之际，海面上忽然卷起一排浪花，越来越高，直冲海滩而来。

"快跑，快跑啊，大海发怒了。"一个声音响起，一语惊醒众人，大家纷纷丢了火把拼命地向远处跑去。

"海娜，海娜，快跑啊。"耳边是父亲急切的呼喊，海娜却像听不见一样，一动不动地看着那滔天波浪中的金色鱼尾，直至海浪席卷过沙滩……

第四章 梦中惊起

清晨，第一缕阳光扫过天际，慢慢滑落在海边的一座小屋上。海风吹过，带起小屋内一股药香。

海娜在一阵痛楚中睁开眼，听见耳边传来一个惊喜的声音："孩子！你终于醒了！"海娜顺着声音看过去，就见一个黄皮肤、笑容可掬的女子正看着自己。

"你是谁？我这是在哪儿？"海娜嘶哑着声音问道。

"我叫阿雅，这里是我家，昨天早上我和我的丈夫出门时看见你躺在岸边昏迷不醒，身上还带着伤，便将你带回来为你医治。孩子，你叫什么？"阿雅细心地解释道。

海娜轻轻点点头，声音细若游丝："我叫海娜，谢谢你们救了我，看你们的样子是外邦人。"

"是，我和我的丈夫来自遥远的华夏国，我的丈夫是一名往来于华夏和西亚之间的商人，也是一名大夫，我们经商时途经卡塔尔，被这里的风光所吸引，所以决定暂留几月。"阿雅缓缓地说道，又轻声问海娜，"孩子，你可还记得之前发生了什么事？"

海娜皱起眉头细想了许久，可脑海中还是一片空白，她沮丧地摇摇头道："我只记得最后海浪向我扑过来时，好像有一个人拉住了我的手，但

第五章　对卡塔尔传播的话语体系构建

那之后我就什么也想不起来了。""没关系，或许你是因受伤而记不得当时的事情了，那你可还记得你家的方向和家中人。"见海娜点了点头，阿雅露出个笑容，柔声说道："记得就好，你现在身上有伤不方便走动，等你伤好了，我们就送你回家。"

"谢谢你们。"海娜感激地说道。

阿雅摸摸海娜的头，温柔地说道："别担心，我丈夫医术高超，你很快就会痊愈的。"阿雅说着，站起身扶起海娜，顺手给她披了件衣服，又走到屋门口喊道："怀仁，这孩子醒了。"

隔着木门响起一个清朗的男声："孩子，你终于醒了。"

海娜抬头看去，只见一个面容俊朗、身形高大的男子阔步走进来："你好，我是崔怀仁，你叫我崔叔叔就好。"海娜微微欠身道："崔叔叔好，我是海娜，谢谢你们救了我。"

崔怀仁挥挥手笑道："不要紧，你醒了就好。阿雅，既然孩子醒了，我就把准备好的东西拿进来了。"阿雅点点头，转身冲海娜柔声说道："海娜，一会上药时可能会有些疼，你暂且忍忍。"

"好。"海娜乖巧地点点头。

片刻后，阿雅看着海娜额头上沁出的汗珠，心疼地说道："如果疼，你就喊出来，我很快就好，你再忍忍。"海娜咬紧牙关点点头，腿上的疼痛已经让她无法说话。

一刻钟后，阿雅终于放下手中的药膏，找来一块薄布虚掩在海娜的腿上，又擦掉她额上的汗珠："这药见效很快，只要悉心看顾，不出七八天你定会痊愈，忙活了这么久，你也累了，快躺下歇息吧，等饭好了我叫你。"海娜点点头，不久就陷入一片混沌中。

太阳高升，海娜才缓缓地睁开眼睛。

"孩子，你醒了，正好我为你熬了些汤，趁热喝吧。"阿雅一边扶起海娜，一边说道。经过一番休整又吃过午饭，海娜的精神恢复了不少，就连腿上伤口处的疼痛也减轻了不少。

于是，海娜好奇地问道："阿雅婶婶，我见您早上给我上药时，那药白如牛乳，细看却又散布着极细小的光点，药效又这般神奇，它究竟是用什么做的？"阿雅笑着说道："这个，你就要问你怀仁叔叔了。怀仁，进来吧，海娜有些问题想问你。"阿雅刚说完，崔怀仁就推门而入，他看见海娜气色好了不少，欣慰极了，"孩子，你有什么问题尽管问吧。"海娜点点头问道："怀仁叔叔，我想问问您，早上您拿来的药膏究竟是用什么做的，药效竟这般神奇？"

崔怀仁细心地解释道："昨日我和阿雅遇见昏迷的你时，你手中紧紧绑着一小袋稀世珍珠，我便取其中一颗采用特殊技法将它磨成粉末，和着药材，加以海水制成药膏，为你治疗伤口。对了，这是剩下的珍珠。"海娜看见崔怀仁手中的珍珠，忙伸手接过。阿雅看着海娜只盯着那些珍珠默不作声，便柔声问道："孩子，你还记得你是从哪里得到这些珍珠的吗？"海娜摇摇头道："我不记得了。"

海娜说完，看着手里的珍珠半晌，仿佛想起什么似的，猛地抬起头急切地说道："可是有一件事我很清楚，我这次落海一定和这件事有关。"

"不着急，你慢慢和我们说。"阿雅和崔怀仁安慰道。

"半年前，我国的国王得了一种怪病，出现四肢倦怠乏力、不思饮食、面色萎黄、味觉寡淡等症状。药师多次为国王诊治，发现他的病是忧思所致，于是就对国王说用珍珠可以医治他的病。国王听后，便下令所有采珠人上贡最好的珍珠为他治病。可是，国王久病不愈，导致珍珠用量大增。因此，所有采珠人不得不为进献珍珠而每日不停歇地辛劳采集，每隔半月总会有人因采珠而意外丧命。"海娜说着，不禁留下悲伤的泪水。

阿雅听完海娜的话，心疼不已，转头对崔怀仁说道："怀仁，你有没有什么办法？"听见阿雅的话，海娜抬起头，眼里充满希望："怀仁叔叔，你是用珍珠治好我的伤的。你一定有办法帮我们医治好国王，让我们不用再为贡珠而担忧，请你帮帮我们吧。"

第五章　东方医术

经过一段时间的治疗，海娜痊愈了。崔怀仁在海娜的再三央求下，答应了她的请求，两人踏上了回海娜家的路。

小道上，大风吹乱了海娜家乡村民的头发和衣服，大家在风中瑟瑟发抖。侍卫队长从装着珍珠的木桶中抓起一把珍珠，问道："就这么点儿？"

"就这么多……"打头的那个高个子男人战战兢兢地答道。

侍卫队长看到自己手指上粘着一颗细如米粒的珍珠，不屑地说道："这叫珍珠？还没有米粒大！"他冷冷地环视着周围的人们，大喝道："你们这些偷懒的家伙！"

打头的那个男人佝偻着身子答话："最近天气不稳，海上不平静，我们日夜下海，一点一滴才攒了这么些……"侍卫队长飞起一脚，把木桶踹翻了，珠子"哗啦"散了一地。侍卫队长喊道："把这些人都带走。"

暮光下，海娜小小的身影跑过来，拦阻在一个男人和侍卫之间，村民们这才看清楚冲过来的孩子是海娜。她黝黑的面孔上写满了倔强，只听她大喊道："不要带走我爸爸！"

"海娜，是我的孩子海娜回来了。"爸爸看见海娜，几欲落泪。

"来人，把这个捣乱的孩子带下去。"侍卫大声喊道。

听见侍卫的话，爸爸转身推了海娜一把："孩子，快跑！去找你舅舅，不要再回来了，快走！"海娜却一动也不动，自顾自地解下手中的小袋子，掏出几颗珍珠，举给那侍卫看："你看，这不是珍珠吗？"那些惊慌的人都好像被那耀眼的光华夺走了魂魄，忽然忘却了自己原先在做着什么。在暮晚天色里，那几颗珍珠越发熠熠生辉，竟在地面上投下海娜单薄的影子。

从震惊中醒过神来的侍卫们尽显贪婪本色，一窝蜂地去争抢海娜手里的珍珠。

"这些珍珠是要为国王治病的贡珠，我还有能力为国王治病。"见状，崔怀仁用一口流利的阿拉伯语说道。听了崔怀仁的话，侍卫们慢慢停下疯抢的举动。于是，崔怀仁和海娜被想邀功的侍卫带到了皇宫，生病的国王听闻有来自华夏国的人可以医治自己的病，便应允了。崔怀仁先详细询问了之前为国王治疗的药师。

经过一个多小时的交谈，崔怀仁对国王说道："想必之前的药师用的药方是我国商人带来的。我虽不从医，但我家世代行医，名医辈出，我自小也熟读医书，知道有十几本医药典籍详细记述了珍珠粉的药用功能及美容作用。我觉得药师对您病情的描述十分贴切，只是他对药方的理解有误，入药之法不得门道，使得方子的疗效大打折扣。我国药师看病讲究的是对症下药，一要对症，二要切症引方，前者为其根本，后者相辅相成。这样，病人用药后才能有效。"

国王得知自己久病不治竟是因为药师医术不精，勃然大怒，下令要杀了药师。崔怀仁连忙劝说："您的病症是因为郁结于心，不宜生气，否则不利于病情的好转。药师已经尽力医治您的病，只不过药方是从我国传入,他并不精通,只能生搬硬套地使用,药师也很为难。"

国王听取了崔怀仁的谏言,没有杀药师,但还是有疑问:"依你的说法,药师的药方也不是完全不对,且药方内含大量医治我病症的珍珠粉,那为什么我还越来越虚弱了?"

崔怀仁对久病缠身的国王说道:"入药的珍珠非常有讲究,贵国虽然用珍珠入药,但却对入药的珍珠品质和方法把握不够,所以才会延误您的病情。您放心,我对您的病已经了解颇多,不出一月,您定会好起来的。"

一个多月过去了,在崔怀仁的精心治疗下,国王果真痊愈了。崔怀仁医治好国王后,国王大加赞赏了他,并对自己过去半年无力管理国家,导致人民生活水深火热而深感内疚。于是,国王下令免除采珠人一年的敬贡,并严厉惩处了那些借机敛财的大臣。在国王的悉心管理下,卡塔尔的人们又恢复了安定的生活。

国王痊愈后,海娜迫不及待地回到家,与爸爸、木娜和法鲁格叔叔分享了这个好消息。至于海娜落海的真相究竟是什么?或许就像海娜爸爸所记得的那样,是他们父女二人采珠时发生了意外吧。

崔怀仁给国王治好病后,又在卡塔尔待了几个月时间,考察了卡塔尔的风土人情和经济状况。他回华夏国前再次觐见了国王,表明了他的真实身份。原来崔怀仁不单是一名有着高超医术的商人,还是华夏国皇家卫队的队长,奉命常年护送商队往返于华夏国到西亚的商路上。所以,崔怀仁能说一口流利的阿拉伯语。崔怀仁建议国王与华夏国互通商贸,共同盈利。国王同意了,并给华夏国皇帝手书了通关协议。拿上协议后,崔怀仁就踏上了回华夏国的路。崔怀仁返回华夏国后,将自己在卡塔尔的收获禀奏给皇上。后来,两国通关往来十分频繁。同时,国王推崇国民学习汉语和华夏国工匠的技艺,卡塔尔全国一片繁荣景象。而海娜留在了自己的家乡,她的汉语也是这个时候学会的。

许多年过去了,在海娜和崔怀仁的共同促进下,卡塔尔建立了与华夏国的友好邦交。很多来自华夏国的商人、匠人、医者和学者到卡塔尔交流学习。两国的能工巧匠一同修建了许多代表两国友谊的建筑、民宅和道路。两国的学者一同创办了语言学校,教授阿拉伯语和汉语,翻译两国的著作,让更多的人了解两国的文化。华夏国的养珠人还和卡塔尔的采珠人共同交流养蚌采珠经验,培育出金黄色、绿色和黑色的珍珠。这些稀有品种的珍珠很快受到各国贵族的喜爱，人们逐渐忘却了获取珍珠的悲惨经历。商路在频繁的贸易往来中书写着两国的历史。

四、故事分配

卡塔尔在航空公司、网络直播平台及社交媒体、教育三个领域具有一定的优势，对故事《珍珠粉》的宣传具有推动作用。

（一）航空公司

受国土面积的限制，卡塔尔境内无铁路，国内各大城市主要采用公路连接。但是，卡塔尔依托富庶的经济、高水平的科技和独到的战略眼光，使本国民用航空业迅速崛起。卡塔尔拥有赫赫有名的卡塔尔航空公司。该公司成立于1993年，经过20年的努力，已成为世界三大航空联盟之一"寰宇一家"的成员。卡塔尔航空服务因高质量的服务水平和高标准的服务理念，连续获得"全球最佳商务舱"称号。卡塔尔航空公司总部位于世界十佳机场之一的哈马德国际机场，公司拥有众多型号的客机，国际航线达170多条，遍及世界多个国家及地区。目前卡塔尔已开通多哈至中国北京、上海、广州等共七条航线，2017年服务旅客近4000万人次。卡塔尔航空公司不仅在服务水平、人性化服务方面居世界一流水平，在海外市场、市场营销等业务拓展能力方面也日益精进。卡塔尔航空公司运用VR虚拟现实技术以及Facebook、Twitter和LinkedIn等社交媒体的传播效应，打造适合不同客户群体需求的航线产品。该公司还通过包机等形式举办各项体验活动，持续不断地吸引着来自本国、其他阿拉伯国家和世界各地的旅客选择卡塔尔航空。将故事《珍珠粉》与卡塔尔航空公司进行深度融合，利用卡塔尔航空公司在卡塔尔本国、本地区及全球范围内的影响力，促使卡塔尔人民及世界人民更加深入地理解故事的内涵，并引起共鸣。

（二）网络直播平台及社交媒体

卡塔尔拥有两家电信运营商，2017年手机注册用户共429万人，有线宽带注册用户62.6万人。为使卡塔尔用户享受更加高速、快捷的网络服务，卡塔尔电信公司不断采用新科技、新技术变革本国数据传输方式，极大地提高了首都多哈及周边城镇的网络传输速度，互联网和移动电话覆盖率还在不断增长。卡塔尔与中国就5G技术已达成协议，逐步试验推广5G网络服务，卡塔尔Ooredoo和Vodafone Qatar两家电信公司分别于2018年5月、8月开通5G网络。卡塔尔不仅在网络信息服务技术方面快速发展，其社交平台也已覆盖全国。依托互联网技术的革新与发展，卡塔尔人民可以通过网络直播平台及Facebook、Twitter和LinkedIn等社交媒体平台获得信息。基于已有条件，在网络直播平台及社交媒体平台传播故事《珍珠粉》，可使故事深入人心，引起卡塔尔人民的关注，扩大受众面。

（三）教育

卡塔尔政府非常重视本国教育，国民享受免费教育，从小学、中学到高等教育等教育制度较为完善。卡塔尔的综合性大学——卡塔尔大学拥有七个学院和若干科研中心，教学设备先进、设施完备。卡塔尔政府每年选派优秀学生前往欧美、阿拉伯等国家进行公派留学。与此同时，为提高院校教育水平，培养国际化人才，卡塔尔政府还建立高等教育园区——多哈大学城，吸引世界名校纷纷入驻开办分校。借助卡塔尔政府对教育的重视及政策的大力扶持，可与卡塔尔教育部门合作，将故事《珍珠粉》融入学校教育中。这样，不仅可让卡塔尔的年轻一代增强对中国的认识，也可使卡塔尔的青少年成为未来搭建两国友谊的"桥梁"。

五、故事消费

故事《珍珠粉》分配渠道建立后，从航空公司、网络直播平台及社交媒体、教育三个领域分别介绍故事消费的策略。

（一）航空公司

在航空公司领域的消费通过设计商品、广告宣传、市场营销和销售四个策略实现。

1. 设计商品

依照故事《珍珠粉》开发出能够展现卡塔尔珍珠文化的不同系列文创商品及中高端珍珠系列产品，引起卡塔尔人民对故事的共鸣，使故事深入人心。针对适龄儿童：开发出《珍珠粉》系列故事书和漫画书、《珍珠粉》3D 书籍、珍珠网络挑战游戏、珍珠纸质游戏、珍珠系列小饰品；"针对男士：设计出情人节礼物，即珍珠系列首饰、手链等；针对女士：开发出卡塔尔珍珠面膜、珍珠美白胶囊、珍珠保健品等。

2. 广告宣传

在哈马德机场、客机机体外部及机舱内饰等显著区域，深入挖掘故事《珍珠粉》的文化内涵，制作成各种形式、不同语种的视频广告、网络和单机小游戏或平面广告，并在机内坐垫、靠枕、座舱罩、机载刊物、机载视频或电子刊物等处投放故事广告，使卡塔尔人民在航行过程中浏览或观看故事，吸引他们的注意力，增强对故事的兴趣。

3. 市场营销

体育营销手段：卡塔尔航空公司可以签署协议成为各项国际顶尖体育赛事的赞助商，如 2022 年世界杯等，也可以赞助全球知名足球、篮球巨星。根据故事《珍珠粉》设计新颖的体验活动，将知名体育明星参与体验活动的过程制作成视频广告，宣传故事《珍珠粉》，以最大程度扩大故事的影响力；卡塔尔航空会员使用搭乘总里程积分兑换故事《珍珠粉》的纪念品，每个纪念品都拥有故事的创意文案，使卡塔尔人民可通过纪念品了解故事，增加故事的普及度；针对卡塔尔航空公司 VIP 客户开发卡塔尔珍珠文化深度旅游包机，设计相应旅游线路，不仅可让客户体验卡塔尔文化，还能接触更多潜在用户，扩大故事的影响力。

4. 销售

机舱销售：通过前期大量宣传后，将卡塔尔珍珠文化的不同系列文创商品及中高端珍珠系列产品在机舱内进行展示并销售；官网商城销售：将各项产品上传至卡塔尔航空公司官网商城，会员使用搭乘总里程积分即可兑换所需商品，从而使故事通过各种商品或产品的应用得到进一步宣传。

（二）网络直播平台及社交媒体

在网络直播平台及社交媒体领域的消费通过制作广告、投放宣传两个策略实现。

1. 制作广告

以故事《珍珠粉》为蓝本，与卡塔尔当地知名广告公司合作，运用大数据分析展开调研，了解受众群体需求。针对不同群体，不仅在广告形象、广告牌设计等方面要时尚、具有特色，还要凸显卡塔尔的珍珠文化，使故事广告更加本土化、亲民化，广告类型更加多样化，如户外广告、互联网网页广告、短视频广告等。将故事《珍珠粉》制作成色彩感强的矢量图片或简洁有力的宣传短视频。将图片应用于手机登录界面、主题界面和应用皮肤等，可将短视频植入视频 App、游戏 App、网络购物 App 等各类软件登录界面的视频广告，让人们在使用手机及应用软件时了解故事，扩大故事的传播范围，进一步宣传故事。

2. 投放宣传

(1) 网络直播平台：利用网络直播平台可与观众实时互动、真实感强等优势，邀请阿拉伯国家著名的影视演员及优秀的电视剧编导，基于故事《珍珠粉》共同编排网络剧，通过轻松幽默的直播短剧让人们接触到《珍珠粉》，并随着剧情的推进，让观众在潜移默化中理解故事的内涵。举办直播专题故事活动，邀请卡塔尔当地著名主播讲述故事《珍珠粉》，并与观众进行互动，使卡塔尔观众在参与直播的过程中了解故事，认识中国文化，增强对故事的认同感。(2) 社交媒体：在 Facebook、Twitter 或 Instagram 等社交媒体开设故事的账号。每天将阿拉伯语、英语和汉语等多语种版本的故事短文以连载的形式分时段、分批次地进行推送，使故事《珍珠粉》不断刷屏。故事的软文文字编辑、图片选择等要紧紧围绕卡塔尔文化。与 Facebook、Twitter 或 Instagram 合作，以故事《珍珠粉》为创作蓝本，制作出故事系列网络皮肤、表情包或者聊天工具里的表情包，对每个表情进行艺术加工并附文字说明，使其成为人们日常聊天中喜闻乐见的小表情，增加故事《珍珠粉》的趣味性，提高故事的浏览量。同时，登录 Facebook 进入有关故事《珍珠粉》的小游戏程序，随着游戏的不断推进，加深读者对故事的了解。通过每月游戏排行榜积分进行排名，对排名靠前的网友，免费邮寄具有卡塔尔文化象征的珍珠系列小礼物作为奖励。通过以上消费策略，可达到宣传故事的目的，提升卡塔尔人民对故事的兴趣。

(三) 教育

在教育领域的消费通过教材、实训课程、名校文化讲座和夏令营四个策略实现。

1. 教材

与卡塔尔教育部门合作，将故事《珍珠粉》最精彩的部分选入小学、预备学校的教材，以方便学生们阅读，将中卡两国友谊的种子根植于青少年内心。

2. 实训课程

卡塔尔的大学设有选修课和课外实践活动，可以故事《珍珠粉》作为开课内容引起学生的兴趣，并把卡塔尔经济发展史、采珠文化、珍珠的深加工等相关研究内容引入大学课堂。通过课堂讲述、现场教学等方式传达给学生们卡塔尔的珍珠文化，更能激发学生们强烈的爱国情感，不仅丰富了教学内容，还扩大了故事的受众面。

3. 名校文化讲座

卡塔尔大学城引进的一些著名的欧美高校已经开设与中国和中国文化有关的课程，并委托卡塔尔教育部门邀请研究中国文化的著名教授做大型公开讲座，讲解中国历史和文化，让卡塔尔的大学生对中国有更清晰、更立体的认识，这样有助于卡塔尔大学生进一步了解中国，让中国以更亲切的形象走进他们的心中。在讲座的最后，可介绍并推荐故事《珍珠粉》。

4. 夏令营

由中国和卡塔尔教育部门合作，在两国政府的支持下，以故事《珍珠粉》为主题，举办中卡两国少年、青年或学者互访活动，通过夏令营、学术交流会、学者互访等形式，使两国少年、青年和学者深入了解两国的珍珠文化、珍珠产业发展现状，分别参观中国珍珠深加工工厂、卡塔尔国家博物馆，试用珍珠深加工系列产品等。通过不同形式的参观学习，可使故事《珍珠粉》真正触动两国的少年、青年及学者，为两国加深友谊奠定基础。

六、中卡合作

故事生产、故事分配、故事消费的最终目的之一是达成合作，两国的合作主要体现在以下几个方面。

（一）共享珍珠产业成果

卡塔尔拥有悠久的海水珍珠采集历史，采珠文化已深深融入卡塔尔人民的血液中。天然的海水珍珠由于历史的原因以及人为过度捕捞，已消失殆尽。在开发石油前，采珠业一直是卡塔尔经济发展的支柱产业。中国自古就是世界上采集珍珠、使用珍珠最早的国家之一。中国古代人民在采集、人工养殖、使用珍珠的过程中，发现珍珠具有很高的药用价值和养生美容功效，中国众多医药学典籍中就记载了珍珠的药用价值、加工方法和美容功效，为中国的珍珠深加工奠定了丰富的理论基础。20世纪80年代中期，中国淡水养殖珍珠产量虽然位居世界第一，却拥有相当低的产值。中国不断创新珍珠养殖技术，制定严格的养殖珍珠分级国家标准，整合珍珠产业，经过几十年发展，在珍珠深加工技术和产品等方面取得突破，拥有现代化的珍珠深加工生产工厂、多项技术专利、先进的设备及生产工艺，并生产出珍珠相关药品、美容品和保健品。若两国在珍珠产业方面达成合作意向，卡塔尔政府及企业可以对中国淡水珍珠养殖业和珍珠深加工业进行投资。借助卡塔尔优越的区位优势、深厚的珍珠文化底蕴，可为中国淡水珍珠及其深加工产品提供多种销售渠道，将给两国带来巨大商机。依托中卡两国采购平台、跨境电商贸易平台，将中国的珍珠进行转口贸易，并针对高端客户进行合作，面向欧美、非洲和海湾地区共同开拓珍珠市场，实现两国珍珠产业的双赢。

（二）齐抓语言教育

卡塔尔教育制度完善，国民享受免费教育，卡塔尔大学是卡塔尔的综合性大学。为深化教育体制改革，卡塔尔还建立了全球知名的国际教育城——多哈大学城，吸引世界知名大学入驻开设分校，形成多领域、多学科、跨专业、跨行业的教育资源融合，不仅提升了卡塔尔的办学质量，还完善了教育衔接。此外，还搭建企业与高校合作的桥梁，为卡塔尔经济发展源源不断地输送人才。卡塔尔政府不仅重视教育的国际化，还注重多元文化之间的交流与对话，在文化交流方面视野宽广，如中国学者薛庆国于2017年获得卡塔尔国颁发的翻译奖。卡塔尔政府提出的"2030年国家愿景"规划与中国提出的"一带一路"倡议实质内涵相同，中国与卡塔尔已建立战略合作伙伴关系。随着中卡两国合作的不断加强，语言教育在推动两国政治、经济、文化等领域的合作中发挥着不可替代的作用。如果中卡两国在语言教育方面达成合作，将会推动两国培养语言翻译人才，更好地促进中卡两国在经贸、文化领域的合作，加深两国人民的相互了解。

（三）互助基础设施

卡塔尔投资环境良好，社会稳定，市场化程度较高。政府为谋求经济转型，鼓励经济多元化发展，颁布各项政策和优惠措施吸引外商进行贸易投资。卡塔尔还实施"2030年国家愿景"规划，其中就包括为举办2022年世界杯建设的世界杯场馆和相关配套设施。卡塔尔利用在中东地区举办首个世界杯赛事的契机，通过场馆及相关设施建设，带动卡塔尔城区改造、地铁、轻轨、建筑、交通等其他领域的发展。卡塔尔和中国已签署货币互换协议，同时卡塔尔也成立了人民币清算中心。中国建筑企业凭借领先的装备制造技术，承担了多项海外基础设施项目的建设，由此积累了丰富的海外建设经验。通过高效高质地完成工程项目，中国建筑企业的能力也获得多国认可。中卡两国政府已签署加强基础设施建设的协议。随着中卡两国在基础设施领域合作的不断推进，依托卡塔尔良好的投资环境、优惠的贸易投资政策、便捷的金融市场，将会有越来越多的中国建筑企业进入卡塔尔市场，加快推进卡塔尔城市化发展，带动卡塔尔交通业、酒店业、餐饮业等的发展。

第六章　对沙特阿拉伯传播的话语体系构建

一、沙特阿拉伯概况

沙特的首都是利雅得，全国约有3077万人口。国土面积为225万平方公里，位于阿拉伯半岛。其东濒波斯湾，西临红海，同约旦、伊拉克、科威特、阿联酋、阿曼、也门等国接壤，海岸线长2448公里。地势西高东低，除西南高原和北方地区属亚热带地中海气候外，其他地区均属热带沙漠气候。夏季炎热干燥，最高气温可达50℃以上，冬季气候温和。年平均降雨量不超过200毫米，沙漠约占全国面积的一半。[①]

课题组设想的中国和沙特的合作主要体现在农业、能源和劳务合作这三个方面，因此仅对这三个方面进行介绍。

（一）农业

沙特绝大部分地区属亚热带沙漠气候，70%的面积为半干旱荒地或低级草场，永久性草地约37850平方千米，占土地面积的1.9%。森林覆盖率很低，林地面积只占到全部土地面积的1.4%。耕地集中分布在降雨量较充沛的西南部地区。由于大部分地区降水稀少，沙特农业的发展受到极大限制，39%的土地只能用作低密度的放牧。政府十分重视农业，斥巨资投入输水管道、水坝等农业基础设施建设，全国有1000多公里的管道灌溉网。管道和水坝等基础设施建设好以后，用淡化海水解决农业用水。沙特采用现代科学技术发展农业生产及养殖业，对农产品给予优惠补贴。目前，沙特的主要农产品有小麦、玉米、椰枣、柑橘、葡萄、石榴等。沙特的谷物自给率比较低，只有20%左右，依靠大量进口才能满足国内需求。

[①] 中国领事服务网："沙特阿拉伯"，http://cs.mfa.gov.cn/zggmcg/ljmdd/yz_645708/stalb_647384/。（采用日期：2019年11月15日）

据《中华 H530 轿车沙特市场营销策略研究》[①] 显示：沙特是世界上最大的大麦进口国，年均进口约 600 万吨。水果自给率达到 60%。畜牧业主要有绵羊、山羊、骆驼等。沙特所需农产品的进口来源分为四大类：活畜及冷冻牛羊肉、冷冻鸡肉，主要进口国为澳大利亚、新西兰、索马里、土耳其、中国；成品或半成品食品，如奶制品、奶酪、饼干、干冷冻食品等主要来自欧盟国家；蔬菜、水果因地利之便，主要来自周边的中东国家；杂粮豆、大米等主要来自印度、泰国、菲律宾、中国、美国。[②]

（二）能源

沙特油气资源丰富，原油探明储量达 362 亿吨，占世界储量的 16%，居世界第二位。天然气储量达 8.2 万亿立方英尺，居世界第六位，还有金、铜、铁、锡、铝、锌、磷酸盐等矿藏，但水资源匮乏。[③]

沙特在可再生能源方面没有任何竞争优势，但是当地对能源的需求将在 2030 年增加三倍，所以沙特政府已经开始重视可再生能源的利用和开发。2016 年沙特能源部下设可再生能源工程办公室，致力于可再生能源的研究和规划，这也契合了沙特"2030 愿景"的战略需求。

沙特虽然没有建立核电站，但是在阿齐兹科技大学建立了专门的核电研究中心，应对未来能源枯竭的问题。

（三）劳务合作

沙特提出的"2030 愿景"与中国的"一带一路"倡议高度契合，其对技术人才和汉语人才的需求存在巨大的缺口，需要从中国引进大量的技术人才，满足国内在石油化工、汽车、铁路等多个领域的需求。2019 年，穆罕默德·本·萨勒曼王储提出在沙特全国中小学及大学开展汉语教学的计划，双方的劳务合作前景广阔。

[①] 张宇：《中华 H530 轿车沙特市场营销策略研究》，东北大学学位论文，2012 年。
[②] 中国领事服务网："沙特阿拉伯"，http：//cs.mfa.gov.cn/zggmcg/ljmdd/yz_645708/stalb_647384/。（采用日期：2019 年 11 月 15 日）
[③] 中国领事服务网："沙特阿拉伯"，http：//cs.mfa.gov.cn/zggmcg/ljmdd/yz_645708/stalb_647384/。（采用日期：2019 年 11 月 15 日）

二、故事背景

沙漠里的植物围着湖泊蔓延生长，参天的大树屹立在黄沙之中。这一奇特的景色是大自然的杰作。大自然创造了这美丽富饶的绿洲花园，也创造了这个美丽的国度——沙特。

在这个古老而梦幻的国度里，水是那么的蓝、那么的清，像充满灵气的镜子，能照出善良、正义的影子，也能折射出邪念、丑陋的影子。当第一缕阳光投向这片大地的时候，所有的生命都因自然的馈赠而显得生机勃勃。这是一片富饶的绿洲，水土肥沃，绿草如茵，树影婆娑。在这个国度里，每一个子民都过着幸福的生活，人们谨记祖训，与自然和谐相处。沙特在国王的治理之下井然有序地发展着。但是，随着国家的发展壮大，子民在利益的驱使下，开始淡忘祖训，疯狂地挖掘本国的资源石脂，用来换取财富。就这样，日复一日，年复一年，绿洲因胡乱挖掘而日益减少，土地逐渐荒芜。这一切的发生正中魔鬼——马哈茂德的下怀。他诅咒沙特国王和臣民们因贪婪而受到惩罚，沙特会变成一个死气沉沉的沙漠王国，人民将吃不饱肚子。这是一个可怕的诅咒，这个诅咒会成为现实吗？

三、王子奇遇记

第一章 离魂术

相传很久以前，沙特阿拉伯这个国家地域并不广阔，但是资源丰富，盛产石脂（石油），景色怡人，有"空中花园"之美誉。由于物产丰富，百姓安居乐业，国王每天都过着悠闲自在的生活。他冬季在王宫料理国事，夏季在绿洲修建的避暑夏宫游玩。

这一年夏天，国王再次带着自己的都尉大人——马哈茂德去夏宫避暑。一天，马哈茂德正陪着国王在皇家园林散步，突然两只漂亮的小鸟围着国王玩耍起来。国王非常高兴，童心大发，逗弄着小鸟。

然而，远处的卫兵并不知情，以为小鸟在攻击国王，就射死了一只。还好马哈茂德及时阻止，另一只小鸟没有被射杀。活着的小鸟非常伤心，

第六章　对沙特阿拉伯传播的话语体系构建

为同伴哀鸣不止。而国王也很伤心、自责。

"如果能够使它们重新获得欢乐，我愿意尽一切努力。"国王伤心地对马哈茂德说。

"鸟兽的痛苦使您这样悲伤和自责，您真是心地善良的好国王。"马哈茂德说，"如果您愿意的话，可以使树上的另一只小鸟得到一时的欢乐。"

"真的吗？怎么能使它得到一时的欢乐呢？"国王问。

"您不是会离魂术吗？您的灵魂不是可以离开自己的身体，依附到其他生物的身体里吗？"马哈茂德说，"您可以灵魂出窍，依附到这只死去的鸟儿的身体里，让它复活，去和另一只鸟儿团聚，让它们欢乐。这样，您既可以感受到自由飞翔的乐趣，也能体会到帮助小鸟的欢乐，不是吗？活着的小鸟不再悲伤后，你可以悄然离开，再使用离魂术回到您自己的身体里。"

"你这个主意太好了。"国王说，"只要让活着的鸟儿重新露出笑容，不一味地沉浸在痛苦之中，哪怕是再短的时间，我也心满意足了。它们快乐，我也感到快乐。好吧，在我还魂回来之前，我的身体就由你带到冰库里放好，并且照看好。"

说完，国王就使出离魂术，使自己的灵魂钻进那只死去的小鸟的身体里。

已死的小鸟马上起死回生，飞到自己同伴的身边。其实马哈茂德也懂得离魂术，而且他并没有把国王的身体送到冰窖里保管，因为他脑海中浮现出一个想法："真是天降福气，给我一个轻而易举当国王的机会，我也能去体验体验当国王的乐趣。"然后，他便使用离魂术钻进国王的身体。

马哈茂德觉得自己特别幸运，这么容易就做了国王。原本他只是想体验一番当国王的滋味，但他低估了人的欲望，当他享受到国王的待遇和权力后，就想在这个身体里永远呆下去，成为真正的国王。

马哈茂德当国王的决心一定，便把自己的身体放到堆砌的树枝上，点燃熊熊烈火，将其化为灰烬，不留后路和把柄。做完善后事宜，马哈茂德一刻也不愿意呆在夏宫，带着皇家卫队返回了王宫。

首相波迪看到国王比原定计划提前一个月回宫，大吃了一惊。因为他熟知国王是个严守时间安排的人，而且马哈茂德并没有随国王一同返回。波迪再三追问国王马哈茂德为什么没有随行，国王每次回答得都前言不搭后语。这使波迪产生了疑心，他想弄清楚原因。

假国王以为自己模仿得滴水不漏，可是心思缜密的波迪还是留意到假国王的一些不同之处，比如国王以前思考问题时摸鼻子的小动作和焦躁时撕纸的坏习惯不见了。他越仔细观察现在的国王，就越觉得可疑，这里面一定有鬼。

波迪把自己观察到的一点一滴都铭记于心，并告诉自己的亲信照看好这位假国王，并监视他的一举一动。与此同时，波迪又秘密派人到夏宫了解国王避暑时的情况。

再说国王在小鸟身体里呆了一段时间后，他已满足了小鸟的快乐，自己也体验了自由飞翔的快乐，现在他想回到自己的身体里了。

然而，当他兴奋地飞回夏宫的冰窖时，却发现自己的身体"离奇"地不见了，他心慌极了。与此同时，他发现马哈茂德和随行夏宫的卫队也不见了，顿时方寸大乱，不知该如何是好。

国王想一探究竟，就在夏宫里飞来飞去，查找线索。最后，国王在一处偏僻的地方发现一堆灰烬，并翻找到一些没烧干净的碎片。国王发现这些碎片是马哈茂德衣物上的装饰，更加迷惑了："难道马哈茂德被人杀了。"

国王着急地往王宫飞去，想弄清楚发生了什么事。屋漏偏逢连夜雨，国王被一个猎人捉到，转手又被卖到一个商人手里。

商人买到这只鸟儿，高兴得合不拢嘴，不仅是因为这只鸟儿漂亮聪明，最重要的是因为它会说话。小鸟总是对商人说："我是国王，我命令你放了我。"但是商人并不把小鸟的话当真，以为小鸟是在跟他逗乐，小鸟只能等待机会逃走。

有一天，商人梦见一位名叫迪玛的舞后在表演，便把梦中奇幻的场景告诉了好友们。后来，这事传到迪玛本人的耳朵里。

舞后迪玛非常生气——竟然有人免费欣赏到她的舞姿。她不甘心地找到商人索要一百个银币，商人拒绝了她的无理要求，迪玛把商人告上了法庭。

商人听说迪玛将此事告上法庭，急得束手无策。此时，国王变身的鸟儿为商人进言献策，让他放心，说自己会为商人在法庭上辩护。小鸟让商人在出庭那天只带一百个银币，剩下的事由它来解决。

在法庭上，舞后迪玛傲慢地要求商人必须赔偿。鸟儿让商人把银币放在有阳光照射的桌子上，迪玛一看见银币，就上前去拿。

"等等。"鸟儿说，"你因一个梦起诉商人，那么所有的事都发生在梦境中，而不是在现实生活中。所以，这是虚幻的感受。按照这样的道理，你所要求的一百个银币也只能是虚幻的，那么请你拿走阳光下银币投射的影子。"

法官同意了小鸟的辩诉。迪玛败给了一只小鸟，头也不回地跑掉了。鸟儿为主人打赢官司的事很快就传到波迪的府邸，他立刻去拜访商人。鸟儿见到波迪，马上飞到他的肩膀上悄声告诉他："我是国王，你是波迪，你的夫人是我的表妹——阿伊莎。"波迪听到这些话，很确定这只小鸟就是国王。波迪花重金从商人手里买回了这只鸟儿，并使用计策使国王的灵魂成功地回到他的身体。国王非常惊喜，同时也很感谢为人正直且有勇有谋的波迪。

而贪婪的马哈茂德的灵魂无处安置，只得游荡在人间。然而，他并没有认识到自己的错误，邪念和怨恨使他成为魔鬼。他在暗中观察沙特这个国度的发展，等待出现管理漏洞，好搅乱这个国家。

第二章 诅咒

当第一缕阳光通过阿拉伯海湾的海面映射到沙特的土地上，这片被自然祝福的土地苏醒了。土地之上是一片富饶的绿洲。那里土地肥沃，绿草如茵，飞禽走兽穿游其间。一直以来，沙特在国王的治理之下井然有序地向前发展，国人谨记祖训，狩猎留崽，伐木植树。沙特的人民千百年来遵循着以物易物的方式，进行商贸往来。绿洲的人们因交换天然资源——石脂（石油）而很快富有起来。

为了推动国家快速发展，沙特国王下令大量开采石脂，用于换取人民和国家所需。沙特的邻国卡塔尔，因位临大海，其国民世代以采珠为生。沙特虽地大物博，却独缺珍珠这一宝。因此，沙特国民每年都会用大量的石脂来交换珍珠。就这样日复一日，年复一年，因为到处挖找石脂，土地上的植被遭到破坏，绿洲逐渐减少，土地日益荒芜，小动物们被迫逃离家园。沙特王国的飞禽走兽、鸟语花香渐渐消失殆尽，变成一个干燥炎热的沙漠之国，但国王和国民却没意识到问题的严重性。

终于，在一个月黑风高的晚上，马哈茂德化身的魔鬼找到国王，对他说："你这个自私的人，为了自己的利益不惜牺牲你国土上的资源，破坏了环境。虽然短期内你们还可以变卖已有的资源，但长此以往，总有一天你们会因自己的贪婪而走向生命的终点，而这都是你治国无方酿下的苦果。现在，为了惩罚你，我要给你下一个诅咒——你的土地将永远不能长出粮食，你的国民会因饥饿而死亡。要想解除诅咒，除非有一位明君继承王位，给人民带来希望。"

说完，满是怒气的魔鬼就"嗖"的一下消失了，只留下国王一个人呆呆地站在原地。他霎时间感觉周围的一切都凝固了，顿时思绪万千，不知所措……

第三章 暗流

随着时间之轴的转动，这个梦幻般的王国被诅咒的"乌云"所笼罩。来自魔鬼的诅咒应验了，农民发现自己地里的麦子如同被施了魔法一般，一夜之间被抽取了所有的精华，耷拉着脑袋，毫无生气，原来肥沃的土壤也开始沙化龟裂。

体察民情的大臣把所见所闻一律上报给国王，国王这才意识到问题的严重性，立即召集大臣开会商议对策，并向大臣们征求意见，看看有什么锦囊妙计可以解除诅咒。事关民生大事，大臣们纷纷建言献策，有的主张开放水闸，有的主张向土地灌输营养液，还有的主张请法师驱魔，一时间众说纷纭。国王也无法做出决定，他眺望着远方的田地，脸上浮现出忧伤的神情，悔恨、懊恼、愤怒瞬间涌上他的心头。

日子一天一天过去了，能拯救全国田地里庄稼的方法都用遍了，庄稼还是陆续枯萎死亡，国王只能任由事态朝着更坏的方向发展而无力回天。他每天唉声叹气地在宫廷之中踱步，有道是患得患失最易伤身，他的身体也越变越差。这一天，国王强打起精神微服出宫，想去田间查看并安抚百姓。

他来到乡间的一处麦地，正要上前查看，就听见两位农民正在议论，一位农民说："哎呀，这日子没法过了，虽说是来自魔鬼的惩罚，但是治国无方的是国王，为什么要把罪过降临到我们的头上。""是呀，这地里长不出粮食，这可怎么办？"另一位农民接话道。"听说，就是因

第六章　对沙特阿拉伯传播的话语体系构建

为国王急功近利、生活奢靡、贪图享乐，一味地开采石脂，破坏了环境，才遭到了诅咒。"第一个农民小声说："贪欲误国，贪欲误国啊！好怀念过去那些青山绿水的日子。""唉，都怪国王太贪心了。"一旁的农民低头叹了口气。

国王一听这话，再也没有心情体察民情，立马打道回宫了。回去以后，国王越发自责自弃，整天闭门不出，抑郁成疾，久治不愈，没过多久便离开了人世。

老国王去世后，当务之急就是推选出新国王，沙特虽然规定立长子为王，可是去世的老国王妻子众多，自然子女也多，所以这王位最后会落到谁的头上还真是不好说。老国王有三个成年王子。大王子亚伯拉罕虽然外形生得高大英俊，但生性风流，是个有名的花花公子。他虽然胸无大志，可是由于年长几岁，又有几个忠心的参谋辅佐，几年下来也积攒了不少势力，对于这次王位争夺战，他可是信心满满。二王子阿丹天资聪颖，可惜掉进了钱眼里，对金钱有着无尽的欲望，自认为世界上没有什么事情是用钱办不到的。他收买了一些大臣为己所用，虽不及大王子一般呼风唤雨，却也在宫廷之中形成一股不小的势力。关于此次夺位，他也做了准备，表面上与大王子以兄弟之礼相待，暗地里却用钱收买大王子的党羽，妄图与其分庭抗礼。三王子穆合塔尔虽然刚成年，却有着一颗善良的心。他谦和待人、为人正直却不会感情用事。因此，虽然他的势力是三个王子中最弱的，却有很多人主动加入他的麾下，为他出谋划策。

王位争夺战向来是最凶险的，表面上风平浪静的宫廷之内，实则暗潮涌动。老国王刚死，宫里宫外的一切事务暂由大王子打理，有了这么一个代理职权，大王子更是处处刁难二王子。两人在朝廷之上针锋相对，彼此之间的敌对情势愈演愈烈，都想将对方除之而后快。两人整天想着如何搞权谋斗争，而三王子年少单纯，两个兄长并不把他放在眼里，觉得他根本不会对他们二人构成威胁。

二王子的麾下有一位谋士叫艾敏，他看出二王子与大王子的争斗一时之间难分胜负，长此消耗下去，反倒会两败俱伤，说不定到头来还便宜了三王子。于是，艾敏对二王子说："殿下，现在您和大王子日渐失和于对方，明争暗斗一刻也没有停止，长此下去，恐怕都难以取胜。有句话说得好，'鹬蚌相争，渔翁得利'，您和大王子争斗，最后谁会获利呢？"二王子听了，转了转眼珠，马上悟出了其中的道理，说道："那按照你的意思是……"艾敏凑上前去，俯身在二王子耳边低语了几句，二王子眼里射出一道凶光，意味深长地点了点头。

第四章　阴谋

秋天的小精灵唱着欢快的歌，迈着轻快的步伐，带着对丰年的祝福，为沙特送来吉祥与祝福。这一天，大王子昭告全国庆丰收，举国上下一片欢腾。大王子也在王宫举办宴会，宴请各位皇亲国戚。宴会上，大王子与其他王子饮酒作乐。酒过三巡，宾客都有几分微醺，二王子眼看时机到了，就对大王子说："兄长，今天我身体不适，可否先走一步，退下歇息。"大王子本就十分不愿与二王子同席而坐，装出一副十分和睦的样子，于是二话没说就答应了。二王子退席后，大王子又与众人谈笑了一会儿，吃罢宴席，众人才尽兴归家，大王子也起身回宫内的寝殿。

大王子和随从们缓缓地走在回寝殿的路上，一路上很是开心，哪里想到危险正在悄悄地靠近。路边的房檐之上，黑衣刺客们正缓缓地靠近大王子他们，刺客们手上握着匕首，趁着夜黑风高，一跃而下，从侧面包围了大王子和众随从。

"有刺客！"随从们大叫起来，并迅速将大王子围在中间。没想到刺客突然放箭，其中一支箭差点射到大王子。大王子平日里不过是个养尊处优的人，哪里见过这样的阵势，吓得缩着脑袋，躲了起来。随从们拔刀护住大王子，与刺客们厮杀起来，一时间场面大乱，两方人马交织在一起，在火把之下映衬出的红色血腥而残酷。然而令人疑惑的是，这一队刺客人数虽然挺多，但没有一个是高手，根本不能与大王子的随从相拼。不一会儿，这队刺客就全部倒在地上。

被吓破胆的大王子这时才找前来护卫的卫队长兴师问罪："你这个废物，怎么才赶来救我？要是本王出了什么意外，你担得起吗？"卫队长吓得跪在地上，说："大王子息怒，刚才确实是属下失职，可是有一事属下觉得蹊跷。""有话快说！""属下以为，夜间行刺，把握性大，必定要派精锐刺客行动，可是这一队人马武艺平平，怕是其中有什么别的安排。""哼，好一个有心机的……老二，要杀便杀，还搞什么虚头巴脑的东西，简直懦夫一个！""大王子，方才属下搜查刺客衣物之时，发现他们并不是二王子的人，他们身上全都挂着三王子府上的腰牌。""老三？他哪来的胆子，真是无法无天了，一个小屁孩也敢来和本王叫板？"

第二天，大王子府内，谋士尔以撒和大王子正襟危坐，直直地盯着桌上那支箭。"这箭一看就是手工制造，铁做的箭头能看得出打磨的痕迹，笔直的箭杆连着羽毛做成的箭尾，偌大的王宫之中，谁不知道只有三王子喜欢舞刀弄枪、钻研武艺。这箭，毋庸置疑是来自三王子的。""但那样是不是太明显了，这么说，你认为是老二假扮成老三的人马来行刺我？"大王子开了口，一副不解的模样，"如果是二王子要行刺我，那为什么不下手狠一点，昨天晚上大家都放松了警惕，正是刺杀的好时机啊！""二王子生性警惕，是不会做出这么出格的事的，因为刺杀大王子反倒会失去民心。我觉得二王子可能是在提醒我们，您和二王子争夺王位会两败俱伤，最后得到王位的说不定会是三王子，正所谓'鹬蚌相争，渔翁得利'。我们不如趁此机会干掉三王子。""你的意思是我们把他……"大王子用手做了一个砍头的姿势，"唉，兄弟如手足，我们也不需要做得这么绝。他平时还是挺敬重我这个大哥的，况且他还年幼，成不了气候。我们只需把他流放到偏远的国家，在王位争夺战中不对我构成威胁就可以了。"

闻此，尔以撒心生一计，对大王子说道："我听说在遥远的东方，有一个神秘的国度，那里的人都会魔法，能够在荒漠之中种出食物，而且那里野兽凶猛、民风彪悍，老三从小在宫里长大，哪里见过这样的世面，就让他在那里自生自灭吧！"

第二天，在议事大殿上，大王子率先发话了："昨天宫宴散后，就在这宫墙之内发生了一起惨案，居然有人想要行刺我！在宫墙之内，外面的人是不大可能进来的，要动手，必定是王宫里的人。他们的胆子也太大了，都说世风日下、道德沦丧，没想到这王宫之中竟也有这样的败类，胆敢以下犯上！"他一边说着，一边背着手踱着步，在三王子的身边转来转去，大臣们的目光全部汇集到三王子身上。

"老三，你说说，昨天宴席之后，你去了哪里？""王兄，我吃完宴席，就回我自己的府邸了，再没有去别的地方。"大王子直视着三王子，厉声喝道："哼，你确实在府内，但是你的人马却早已跑到了府外。"三王子吓了一大跳，他万万没想到这件事居然会被栽赃到自己的头上。他快步走到大王子跟前，为自己叫屈："大哥，你在说什么？我怎么不明白啊。"

大王子逼近三王子，面目狰狞地说："还敢装蒜，来人呐，带刺客！"

议事大殿之上，齐刷刷地跑出两排士兵，拖着几具尸体。"好啊你，老三，今天我就要让你当面说清楚！"众目睽睽之下，几具尸体被除去了黑色外衣，露出三王子府上的腰牌。三王子委屈地说："这，这，我不知情啊，大哥，我是被冤枉的。""好，就算你说这几个人不是你府上的，那么这个呢？"大王子说完，便从属下手里接过那支差点要了他命的箭。昨夜它是凶器，现在它是最有利的证据——是让三王子成为众矢之的的有力证据。"全王宫谁不知道你喜欢造弓箭，这支能置人于死地的武器除了你还有谁能做出来，你还想狡辩。"大王子步步紧逼地说道。三王子看看地上的几具尸体，看看那支箭，又看看大臣们露出的震惊、憎恶的表情，他明白了，原来这一切都是一场安排好了的阴谋，准备置他于死地。他无力地摇摇头，无可奈何地跪下了。大王子眼看计谋得逞，大声说道："事到如今，你只有两个选择：第一，以罪论处，下大狱；第二，剥夺身份，流放东方。你自己选吧。"三王子霎时间万念俱灰，脱掉身上的华服，只身一人走出了大殿。三王子的内心五味杂陈——唉，这不公平的命运，为何如此捉弄人，为什么善良而无心机的人会遭受不公，而玩弄权术的人却能受人拥戴。唉，站在大殿上的群臣没有一个出来为我辩解，大家都选择沉默不语。面对眼前的种种，我该怎么办？我该如何走接下来的路啊？"

第五章 奇遇

三王子就这样被迫踏上了远走他乡的征途，他也不知道接下来等待他的会是什么。三王子带着不甘和满腔的委屈走出了城门，望着眼前一望无垠的大漠，他不禁拧了拧双眉，不知道自己该去往何处，但是心中的信念告诉他："我一定要活下去，绝不能让国家毁在只会勾心斗角的两个哥哥手中。"

想到这里，他迈开坚定的步伐向前走去，虽然现在他还不知道自己该去向哪里。白天，他头顶着火辣辣的太阳，汗水从他英俊的脸颊滑落在炙热的沙地上，瞬间蒸发，他的衣服也充满汗臭味，而鞋子早已在日夜兼程的行走中磨穿了。

三王子就这样凭借心中的信念不知走了多少个日夜，他又饿又困，已经没有力气再走下去，终于在不知不觉中晕倒在荒芜的沙漠中。不知过了

第六章　对沙特阿拉伯传播的话语体系构建

多久,他才慢慢地恢复意识,手里紧紧地抓着一把沙子,近乎绝望地趴在那里默默地问自己:"难道就这样倒下去了吗?真的要这样永远沉睡大漠吗?"严重的体力透支却使他再一次意识模糊,然而就在即将沉睡过去的那一刻,他隐隐约约地听到似海风吹动海水翻滚的声音。他艰难地睁眼向前方望去,发现沙丘后面是一片深蓝色的大海,他似乎找到了重生的希望。三王子艰难地朝着大海的方向爬去,直到他再次没有了力气,眼看着那片深蓝色的大海在视线中渐渐模糊、渐渐黑暗——他终于还是沉睡过去了,他太累了,好好休息一下吧!他梦见自己就这样躺在离海不远的沙滩上,远处不知是什么东西越来越近,轮廓也越来越清晰。是的,那是一艘帆船,高高挂起迎风飘扬的帆,有着巨大的船身,那是一艘商船,但这只是梦呀!

原来这不是梦,船上的舵手目视前方,专心地掌舵,突然发现远处的岸上有一个黑点,是什么呢?舵手不敢贸然改变航向,就向自己的船长报告了这一发现,并在征得船长同意的情况下向岸边驶去。当船靠岸时,从船上走下来一个衣着简朴、慈眉善目的中年男子。他一步一步地向着那个黑点靠近,突然那男子加快了步伐,因为他发现那个黑点是个人。这个人还有气息,他赶忙招呼船上的伙计过来帮忙,把三王子抬上了船——当然,他们并不知道这个昏迷的人竟是一国的王子。中年男子让人给王子喂了一些水,王子几乎干裂的嘴唇慢慢湿润了。他微微睁开眼睛看着眼前的一切,一张张陌生的面孔出现在他眼前。"能给我点吃的吗?我太饿了。"船上的人你看看我,我看看你,一个个露出迷茫的表情,显然不知道他在说什么。

这时,从围观的人群后传来一个浑厚有力的声音:"当然有啊。"说话的是船长,也就是救他的那个中年男子,也是这艘船上唯一一个懂阿拉伯语的人。他因为经常和阿拉伯人做生意,所以懂阿拉伯语。"只是船上没有太多吃的,只有一些大麦,只能给你做点粥先填饱肚子了。""没关系的,这已经很不错了,非常感谢!"一顿饭后,三王子的身体状况稍有好转,便与船长热情地攀谈起来。"小伙子,你叫什么名字?"船长问。"哦,我叫穆合塔尔。""你家在哪儿?接下来有什么打算?要不我把你送回去?"船长关切地问道。"回去?我已经没有家了。"说着,三王子不禁看向远处的天空,"您有如此大的商船,我想您的人手一定不够,就让我留在您身边帮您做事吧,权当是报答您的救命之恩。况且,现在我已是无家可归了。"三王子一脸哀求地看着船长,对于一个国家的王子来说,这是他第一次求人吧!船长有点疑惑地看着眼前这个白白净净的年轻人:"就你这样的身体,能干得了这么粗重的活吗?"三王子赶忙表态:"可以的,我可以尽力的,请您相信我。"船长微微笑了笑,默不作声,其实对他来说有没有这个劳力倒不重要,他只是欣赏这个年轻人的执着。于是,他决定带这个年轻人回自己的家。在海上航行了一月有余,终于到了船长的国家,走进船长家的那一刻,三王子有些惊呆了。那是一片一望无际的农场,一些谷物交错种植着。一阵风吹来,麦浪随风翻滚,比大海的波涛还要壮观。此情此景是在沙特看不到的。

"小玉,快出来,有客人来了。"船长呼喊着。"谁啊?"一个声音从屋子里传出来,随即从古朴的华夏国风格的小院中走出一位漂亮的妙龄少女。她见到三王子,便说:"你好,我叫小玉。"和大多数华夏国女性不一样的是,小玉并不是那种腼腆的女子,而且她竟然也会说阿拉伯语。三王子呆在那里,目不转睛地看着眼前这个美丽的女孩,一时间竟然忘了回应。"嗨,小伙子,我女儿给你打招呼呢。"三王子这才回过神来:"哦哦,我叫穆合塔尔,不好意思。""都别站着了,进去说吧。"船长招呼三王子。小玉为大家准备了美味的晚餐,他们边吃边聊。"这是你们家的农场吗?""嗯嗯,是啊,我们种植各种谷物。"小玉接过三王子的话头。"大多数的谷物我都不认识。""没关系的,我会慢慢帮你认识它们的。""嗯嗯,好的。"三王子微笑地看着小玉,两人你一言我一语,聊得甚是开心,甚至遗忘了坐在旁边的船长。不过看着女儿如此开心,露出久违的笑容,船长心里也特别高兴。自从妻子去世后,他已很久没有看到女儿这么开心地和一个人聊天了。晚饭过后,在船上摇晃了一个多月的人们,个个累得不行了,各自休息了。

三王子并没有像其他人那般快速地进入梦乡,而是躺在床上思索着:我们的国家因过度开采,美丽的绿洲变成沙漠,农产品匮乏,人民常因粮食紧缺而吃不饱肚子,而这里有这么丰裕的粮食,要是带到我的国家,那该有多好!即使身处异乡,三王子心中也无时无刻不心系着百姓。想着想着,三王子不知不觉地进入了梦乡……

"咚咚……"门外传来了敲门声。"嗨,穆合塔尔,起床了没?该吃

第六章 对沙特阿拉伯传播的话语体系构建

早饭了。"三王子睡眼朦胧地推开门,再次被眼前这个美丽的女孩吸引住了,长长的黑发自然地披在两肩,蓝白相间的衣裙使她看起来清丽可人。三王子看得入迷了,小玉在他眼前轻轻挥挥手:"你怎么了?去吃饭吧,待会儿我带你去田间看看,你不是不认识谷物吗?我教你。""哦哦,好的。我洗把脸马上就来。"三王子兴奋地说。

早餐就这样在甜蜜的时光中结束了。小玉放下碗,对船长说:"爸爸,我和穆合塔尔去田野里看看。"船长高兴地说:"好的,那你们早去早回啊!"三王子露出一排整齐的牙齿,用极具磁性的声音说:"好的,我们早去早回。"说着,他便和小玉向田间跑去……

"这是什么?"三王子带着疑惑的表情问小玉。"这是水稻,就是我们吃的米饭啊,你不知道吗?"小玉反问道。"不知道,我只见过它做熟后的样子,还没见过它在地里的样子,为什么要把它们放在水里呢?"小玉直截了当地回答:"因为它喜欢有水的环境……""那这个又是什么呢?""这个是大麦,与水稻不同,它不喜欢水多的环境,适合生长在干旱的地方。""哦哦,我知道了。"三王子谦虚而又认真地听着小玉的讲解。突然,茂密的草丛中窜出一条毒蛇,一口咬在小玉的腿上,小玉"啊"的一声摔倒在地。三王子毫不畏惧地将蛇捉住,扔出去十几米远,然后跑回小玉的跟前:"小玉,你怎么样了?"小玉满脸痛苦地说:"这蛇有毒!"看着小玉腿上被蛇咬过的伤口还在流着血,三王子意识到必须先把毒液吸出来,便毫不犹豫地用嘴把毒液给吸了出来,又从身上撕下一根长条布,简单地包扎了伤口。

"来,我背你回去吧!"三王子顾不上获得小玉的同意,背起她走在回家的路上。小玉静静地趴在王子的背上,想着眼前这个浓眉大眼、鼻梁高挺的帅气男人,顿时感觉不到伤口的痛了。回到家后,船长急忙问道:"这是怎么回事?怎么背着小玉回家?"三王子愧疚地说:"对不起,请您责罚我吧,是我没有保护好小玉。""不,爸爸,是他救了我。"小玉急忙解释。三王子将事情的原委说了,船长检查了小玉的伤口,说道:"处理得及时,已无大碍,大家都放心吧。"

春去秋来,又到了收获的季节,农场里一片繁忙。看大家都忙着收割粮食,三王子也闲不住,要来帮忙。"你能干得了这些粗活吗?"小玉问道。"可以的,我可以的。"三王子虽然嘴上说可以,但是没干多久手上就磨起豌豆大小的水泡。"一看你就没干过农活。"船长微笑着说。听了这话，三王子不好意思了，下意识地摸了摸自己的脖子，却突然发现自己的项链不见了，那可是证明他王室身份的信物。三王子不想他人知道自己的身份，只得自己悄悄地翻找。这时，小玉从兜里拿出一条项链递给自己的父亲："爸爸，爸爸，你看我捡到什么了？""这不是沙特王室族徽做的项链吗？你在哪里捡到的？"船长看着小玉，惊讶地问道。"这是我刚在麦地里捡到的……"三王子看到小玉手里的徽章项链，知道自己的身份再也掩饰不下去了，便坦然地表明了自己的身份，并向船长和小玉讲述了自己辛酸的经历。

小玉为三王子的遭遇流泪，她万万没想到眼前这个自己喜欢的人竟然是一国的王子，当然船长也没有料到。"小玉，不要哭了，我现在很好，因为我遇到了你和你父亲。小玉，我可以向你表白吗？我喜欢你。"三王子说着，眼睛偷偷看向船长。"穆合塔尔，如果你真心喜欢我女儿，我愿意将她许配给你，但你要保证以后不论贫穷富贵，都要让她幸福。"三王子立刻点头答应。不久后，船长为他们举办了婚礼，并对穆合塔尔说："孩子，既然你已经是我的女婿，你要做什么就去做吧，你做什么，我都会支持你的。""谢谢您的支持，我想回到我的国家做一个好国王，让我的人民过上幸福的生活，他们现在过着连肚子都吃不饱的日子。"说着，三王子流下了两行热泪。"我愿意带着我农场的粮食救济你的子民。"船长安慰道。

第六章　归来

又到了一个阳光明媚的日子，这一天不同于以往的任何一天，因为三王子要带着他美丽的妻子回沙特，他站在码头望着海面，眼中流露出一丝忧虑与不安，他也不知道回国后等待自己的将会是什么。小玉走了过来，从背后抱住了他："相信我，没事的，一切都会好起来的，不管遇到什么困难，我都会在你身边，和你一起面对。"三王子转过身，看着他的妻子，轻轻地抚摸着她的脸颊，一句话都没有说，眼前这个人早已让他心里安慰许多了。"时间到了。"他望向天空，大喊，"起航！"大船缓缓驶出码头，三王子踏上了回国的征途。

"亲爱的，醒醒，我们到了！"小玉轻抚着三王子的头喊着。三王子迷

第六章　对沙特阿拉伯传播的话语体系构建

迷糊糊地睁开眼睛，看了看他的妻子，历经一个多月的航行，他们终于到了沙特的港口城市——吉达。三王子连衣服都没换，就来到甲板上。他就这样望着眼前这个即将停靠的国度，对于他来说，这里既熟悉又陌生，还有他深深的回忆。

他们下船之后，要先找到容身之处，因为他们暂时还不能回到王城，所以三王子决定带着他从华夏国招募来的农民和工匠前往乡下。当他们经过城门时，看到许多人围在城墙边看一张告示。三王子也走上前去，只见告示上写着：一个月后，在星月广场举行王位加冕仪式，王位由王长子亚伯拉罕继承，请各位公民准时到星月广场参加加冕仪式。人们议论纷纷，有人说："三王子怎么不跟大王子竞争王位，把王位交给大王子，我们的日子不是更苦了吗？"又有人说："听说三王子要谋杀大王子，被逐出国了。"一个高个子叹口气说："三王子可是很善良的，怎么会做这样的事呢？"高个子旁边一个皮肤黝黑的男子说："人心莫测，为了权力谁都会变的。"众人展开了激烈的争论。

听了这些话，三王子低着头从人群中走了出来。这时，他的妻子走过来，挽着他的胳膊，安慰着他。三王子进城以后，感到非常惊讶，昔日繁华的港口城市，已不再是一番熙熙攘攘的景象了，百姓的生活非常艰苦。三王子看到路边躺着一个奄奄一息的中年男子，连忙上前去给他喂了点水："喂，你怎么了？""年轻人，你有所不知啊，我实在是饿得不行了，自从老国王去世后，我们的日子过得一天比一天苦，连口饱饭都吃不上，家里的老婆和孩子还等着我带点粮食回去呢，可我自己已无力气，请帮帮我们吧！"他啜泣着。三王子眼睛里涌出泪水，他非常心疼这些百姓，没想到他的忍让，并没有让事态朝着好的方向发展。此情此景让他改变了之前幼稚的想法，他必须为了他的子民、为了沙特国，重整旗鼓，不能让这个国家毁在自己王兄的手里，也不能让自己的子民一直饱受诅咒的煎熬，这也更加坚定了他夺回王权的决心。他给了这个人一些粮食，又让人送他回家。离王位加冕只有一个月的时间了。在这段时间里，他得赶紧想出办法来解决粮食短缺问题。于是，三王子在当地找了一间大库房，将他从华夏国得到的粮食全部运进了仓库。

三王子和小玉每天带着粮食进城去救济人们。他们规定，凡是领取粮食的人吃饱饭后，其中一部分必须跟随华夏国的农民开垦荒地，种植耐旱的农作物；另一部分则配合华夏国匠人挖窖储存雨水。后来，当地智者和华夏国匠人共同研究出风车式滤水器，将海水引流到净水池，通过蒸发、采集水蒸气等一系列工序，最终得到可饮用、可灌溉的淡水。日子一天天过去了，人们的生活得到一些改善，大家都非常感谢这个发放粮食的年轻人。直到有一天，三王子和随从又去城里发放粮食，突然有一个人要和三王子借一步说话。三王子刚跟着他走进路旁的一条巷子，那人便跪了下来："王子殿下！""快快请起。"三王子赶忙搀起了他，感到十分意外——下跪之人正是波迪，老国王最信任的大臣。他曾经救过老国王，现如今又决定忠诚于三王子，因为三王子才是真正为人民着想的君王。波迪将王宫里的情况告知三王子："您被迫流放后，二王子被大王子杀了，大王子掌管了皇权。他挥金如土，大量开采石脂，把变卖石脂的钱财都用在奢侈的生活上，不管百姓死活。现在唯一的办法就是，请殿下您尽快回到皇宫掌权。过几天就是王位加冕仪式，这是您夺取王位的最佳时机，所以恳求殿下，为了人民，为了国家，您一定要参加这个加冕仪式。"三王子皱着眉头，他一想到人民正处在水深火热之中，下定了决心："放心吧，我一定会去的。"

王位加冕这一天很快到了，星月广场上人山人海，人们都在等待着仪式的开始。随着号角的吹响，大王子坐着马车来到广场中央，他缓缓地走下马车，走上礼台，挥了挥手，说："欢迎大家来参加加冕仪式！"可是，百姓的脸上却流露出不满与憎恶的表情。就在人们议论纷纷的时候，大王子宣布加冕仪式正式开始，一位礼仪官捧着王冠走到大王子面前，大王子正要伸手接过王冠时，人群中传出一个响亮的声音："我不同意你当国王！"人们都惊讶地看着这个说话者，只见他接着说道："大家有没有想过，你们现在的生活为什么有些起色了？为什么会有人白白给你们粮食？这个人就是我们善良的三王子，是他在帮助大家，他就在那里。"

大家把目光投向说话者手指的一个角落，三王子就站在那里。人们突然明白，原来救济他们的人是三王子，便欢呼着一致推选三王子当国王，而大王子却在人们的谩骂声中灰头灰脸地离开了礼台。自此，三王子登上国王的宝座，并将他的妻子——小玉封为王后。此后，新任沙特国王和华夏国合作，引进华夏的荒漠植草技术、粮食种植技术、水利工程技术等。沙特国也将珍贵的石脂卖给华夏国，华夏国则用石脂来制造火药。解决了人民的生活问题，人民更加爱戴这位新国王——穆合塔尔。来自魔鬼的诅咒也因明君继位和粮食问题得到解决而不攻自破。从此，人们过上了幸福安定的生活，沙特这个曾被庇护的国度也慢慢地恢复了昔日的光彩。

四、故事分配

沙特在互联网、广播电台和电视台、电影三个领域具有一定的优势，对故事《王子奇遇记》的宣传具有推动作用。

（一）互联网

沙特非常重视信息领域的发展，互联网用户保持增长态势，通过智能手机的使用，加速了互联网的普及。目前，依托快捷便利的互联网，使用多种网络社交媒体，如Facebook、Twitter等获取信息、释放压力的沙特人越来越多。依托沙特较为发达的互联网，将故事《王子奇遇记》进行传播，可逐步扩大故事的受众面。

（二）广播电台和电视台

沙特22个广播电台使用中波、短波等频率面向全国进行直播，并且沙特还拥有4个电视台。通过上百个信号中转站，电视网基本覆盖沙特全国。广播电台、电视台是沙特人民获取信息最普遍的方式。利用广播电台、电视台多层次、全覆盖等综合优势，可使故事《王子奇遇记》迅速传播至全国。

（三）电影

沙特是严格遵守伊斯兰教义的君主制国家。为丰富人民的业余生活，促进本国文化产业发展，创造更多的就业岗位，带动经济多元化发展，沙特解除电影禁令，逐步开放本土电影市场。阿拉伯电影因其独特的文化魅力，成为世界影坛不可缺少的一部分。沙特在本国建了大量的电影院和放映厅。沙特巨大的票房市场，吸引着来自世界各国的电影院运营商、电影投资公司前往投资。将故事《王子奇遇记》拍摄成电影，用阿拉伯人的视角诠释故事内涵，更容易使沙特人民理解故事。

五、故事消费

故事《王子奇遇记》分配渠道建立后，从互联网、广播电台和电视台、电影三个领域分别介绍故事消费的策略。

（一）互联网

在互联网领域的消费通过制作广告、小游戏、宣传和读者互动四个策略实现。

1. 制作广告

与沙特当地广告咨询公司合作，以故事《王子奇遇记》为蓝本，从阿拉伯人的视角与审美情趣出发，细分广告受众群体需求，结合音乐、舞蹈、歌剧等艺术，设计出不同类型、各种版本的广告。

2. 小游戏

与沙特当地专业的游戏开发商合作，以故事《王子奇遇记》为蓝本，设计出各种网络小游戏，如《王子奇遇记》变装、《王子奇遇记》角色扮演、《王子奇遇记》探险等小游戏。

3. 宣传

在沙特权威或官方新闻门户网站、行业网站、口碑良好的社交媒体上发布视频广告、平面广告，进行网络宣传。例如，每天将阿拉伯语、英语版的故事《王子奇遇记》以连载的形式分时段在社交媒体进行推送，同时加入中沙两国古代友好互访历史小常识等，以加深读者对故事的印象。或者委托沙特当地游戏运营商，在网络上免费投放故事《王子奇遇记》的网页小游戏，随着游戏进度的不断推进，玩家可潜移默化地理解故事的内涵，从而扩大读者覆盖面。

4. 读者互动

组织故事《王子奇遇记》线上有奖竞答活动，凡是阅读过故事的读者都可以参与。以故事《王子奇遇记》为中心设置问答题，题中加入中沙两国文化小常识、两国互访交流和合作等时政知识，使读者增强对故事的理解，进一步加深对两国文化的理解。

第六章　对沙特阿拉伯传播的话语体系构建

（二）广播电台和电视台

在广播电台和电视台领域的消费通过制作节目、互动两个策略实现。

1. 制作节目

（1）电视台：与沙特知名电视台合作，打造以故事《王子奇遇记》为主题的大型沙漠探险闯关类节目。参赛选手全部为成年人，可以携带宠物进行比赛。故事章节内容与每期闯关节目同步，并融入比赛场景设计中，可使参赛选手在探险体验、闯关过程中逐渐进入故事情境，从而不断了解故事的内容。（2）广播电台：与沙特广播电台合作，将故事制作成音频文件。每期故事音频文件播放后，邀请参加当期闯关类节目录制的参赛选手，围绕本期闯关主题讲述参赛过程、闯关体验或感想等。也可以针对故事内容进行讨论，通过选手们激烈的讨论，提高故事的热度和收听率。

2. 互动

在直播闯关节目或播放广播节目时，开通网上留言、热线电话等场外互动方式，使观众、听众能够参与节目的录制、帮助参赛选手闯关、进行故事话题讨论等。观众、听众在与参赛选手互动的过程中，会对故事产生好奇心，逐步加深对故事的认识。伴随着节目的热播，故事会逐渐被沙特人民所了解。

（三）电影

在电影领域的消费通过拍摄、宣传和促销三个策略实现。

1. 拍摄

中沙两国合作将故事《王子奇遇记》改编拍摄为电影，邀请两国著名导演、编剧、电影明星以及在阿拉伯地区较为知名的中国或华裔演员参与制作，拍摄出融阿拉伯文化和中国文化于一体的电影。

2. 宣传

中沙两国同时举办电影首映式，通过播放片场花絮、明星宣传助力、现场观众互动等方式，引起两国人民的关注，为电影的上映做好铺垫。

3. 促销

与中沙两国影院达成协议，举办看电影抽大奖、购票优惠、亲子套餐等优惠活动，凡是带领儿童观看电影的观众，均可享受电影票打折的优惠，观影结束后还可以获得以故事《王子奇遇记》为主题制作的3D书签等小礼品。通过各种促销方式，在不断提升电影上座率的同时，也可使故事《王子奇遇记》得到更广泛的传播。

六、中沙合作

故事生产、故事分配、故事消费的最终目的之一是达成合作，两国的合作主要体现在以下几个方面。

（一）互助农业

沙特全国基本被沙漠、荒漠所覆盖，气候干旱，降水稀少，没有河流补给，加之大面积种植粮食作物，沙特正面临地下水枯竭的局面。为减少地下水的使用，保障国内粮食需求，沙特政府改变粮食政策，决定进口粮食。大米是沙特的主食，沙特人对大米的消费不断增加，且一直依赖进口。为加强粮食安全治理，沙特采取不同的措施，如从海外购置土地进行农业种植、投资海外农业公司等。沙特自身拥有发展节水农业的优势条件，如雄厚的资金、先进的淡化海水技术、丰富的太阳能资源等。沙特还进一步实施一系列优惠、补助政策，引进先进的农业技术、展开农业科研、培养专业人才等，促进本国有机节水农业的发展。同时，沙特还大力发展农畜产品存储业。沙特加强经济城及相关配套设施建设，将经济城与优越的港口区位优势进行结合，以此提高粮食等产品的进出口流通效率，对大麦、玉米、大米等进口基本消费品实行免税。

中国自古就是农业大国，粮食基本实现自给自足。2018年，中国稻米出口量创历年新高，中国在国际粮食贸易中的影响力逐步增大。随着现代农业技术的发展，中国在农作物品种培育方面不断打破固有思维，创造了众多农业科技奇迹，如对"沙漠水稻""海水稻"的研究，成果喜人。中国杂交水稻技术处于世界领先水平，向世界多个国家进行推广并试种，增产效益显著。而且，中国还在节水农业方面不断进行科研探索，节水灌溉装备与技术快速发展。如果中国和沙特依托沙特优越的地理位置、在农业方面实施的一系列优惠政策、发展节水农业积累的经验、较为发达的港口交通网络等优势，在农业方面进行合作，那么两国在海外农业种植、农

第六章 对沙特阿拉伯传播的话语体系构建

作物品种培育、海水淡化技术、无土栽培研究、太阳能节水灌溉技术、沙漠地区无土栽培技术、农畜产品冷链技术研究、粮食转口和转运贸易等方面将有广阔的合作前景。两国在农业领域开展合作的空间大、基础好。

（二）携手能源合作

沙特蕴藏着丰富的油气资源，石油储量居世界首位，是世界重要的石油生产国。石油产业是沙特的支柱性产业，是财政收入、外贸收入的重要来源，也是国民经济的重要组成部分。受国际形势影响，石油价格出现大幅度波动，严重影响沙特的经济发展。沙特电力依赖本国石油资源，为减少对油气资源的过度依赖，改变能源结构，实现经济的可持续发展，沙特进行经济体制改革，提出"2030年愿景"。为鼓励发展可再生能源，如太阳能、风能资源等，沙特制定招商引资的优惠政策，放宽对投资领域的限制。在可再生能源开发方面，沙特拥有极大的优势，如太阳能资源最为丰富、光伏产业潜力巨大。中国是能源消费大国，对油气资源需求量大。同时，中国也非常重视可再生能源的开发，认识到太阳能发电在未来能源领域举足轻重的地位。中国加大对太阳能发电技术、设备、光伏产业等方面的研究，不断为世界能源发展提供新思路。例如，开展空间太阳能发电站、水上漂浮式光伏发电、水光互补并网光伏发电、5G技术应用于光伏云网、光伏能源智能化等方面的研究，均取得极大进展。中国太阳能装机量规模居世界第一，太阳能电池板、多晶硅、电池组件、硅锭硅片等，在全球均占有市场份额。全玻璃真空集热管产业、真空管型器件、短期蓄热系统等的研究具备世界领先水平。中国与沙特两国关系持续升温，已经建立全面战略伙伴关系，双方在多项领域达成合作协议，合作前景广阔。如果中沙两国在能源领域达成深入合作，将会减缓中国能源短缺现象，并借助沙特先进的石油炼化技术提高中国石油炼化等领域的技术，促进沙特能源转型，加快沙特在太阳能、风能等可再生能源方面的研究、开发和利用，促进沙特在光伏产业设施、机件等方面的发展。两国合作，将共同推进两国在能源领域全方位、多层次的发展。

（三）劳务合作

沙特油气资源丰富，本国劳动力短缺。沙特不断完善法律法规，以保障外国劳工在沙特的合法权益。通过各种政策的实施，吸引外国劳工、各类技术技能人才来沙特就业。随着沙特经济体制的改革以及"2030年愿景"的颁布，沙特将致力于经济的多元化发展，大力发展非石油经济，加大对基础设施、物流业、电力、服务行业等多个领域的建设，沙特劳务市场未来潜力巨大。2014年中国开始成为沙特劳务合作国，向沙特派遣的各类劳务人员数量快速增长。沙特的"2030年愿景"与中国提出的"一带一路"倡议有着相似的内涵。两国已建立全面战略伙伴关系，随着中国与沙特在基础设施等领域不断达成合作协议，越来越多的中资企业进驻沙特市场，双边劳务合作步伐加快。中国拥有充足的、较高水平的劳动力。如果中国和沙特在劳务合作方面进行深入合作，中国剩余劳动力将输出沙特，不仅可为沙特"2020国家转型计划"以及"2030年愿景"目标助力，还能缓解中国国内就业压力，同时增进两国人民之间的了解，加强两国间技术交流和人才培养。如，沙特在石化科技、海水淡化技术方面处于世界领先水平，两国展开劳务合作，将有助于培养中国的石化科技和海水淡化专业人才。在通信技术方面，中国华为公司已在沙特展开多项合作。为加快沙特通信行业数字化转型，华为开拓多个领域培训，如未来领导者实习生计划、"STEP——促进沙特人才计划"等培训课程，为沙特通信技术培养ICT人才。两国在劳务领域加强合作，将会加快两国经济的共同发展。

第七章　对巴林传播的话语体系构建

一、巴林概况

巴林王国简称巴林，在阿拉伯语中的意思是"两海之间"。巴林的气候温和宜人，享有"波斯湾明珠"的美誉。巴林王国位于亚洲西部，中东地区东部，北临卡塔尔，西临沙特阿拉伯，是一个位于波斯湾西南部的岛国。全国属热带沙漠气候，终年干旱少雨。其曾先后被阿拉伯帝国、奥斯曼帝国和英国所统治，于1971年8月15日宣布独立。1933年因发现石油，巴林成为海湾地区最早开采石油的国家之一，并逐渐成为中东地区的国际金融中心。

巴林的国家领土由三十多个不同大小的岛屿组成，其中最大的岛屿是巴林岛。海拔由沿海向内地逐渐升高，最高点海拔不超过150米。巴林总人口超过150万，外籍人员约占55%。[1] 其中，外籍人员主要来自南亚次大陆、东南亚、海湾国家为主的阿拉伯国家。国教为伊斯兰教，绝大多数民众信仰什叶派。官方语言为阿拉伯语，通用英语。

巴林首都麦纳麦位于巴林岛，是王国第一大城市，面积约为30平方公里，位于巴林岛东北角，人口约26万。[2] 麦纳麦既是巴林的政治、经济、交通、贸易和文化中心，又是中东地区重要的金融城市、港口及国际贸易中转站。

课题组设想的中国和巴林的合作主要体现在旅游业、制造业和运输业三个方面，因此仅对这三个方面进行介绍。

---

[1] 外交部："巴林王国国家概况"，https://www.fmprc.gov.cn/web/gjhdq_676201/gj_676203/yz_676205/1206_676356/1206x0_676358/。（采用日期：2019年6月6日）

[2] 外交部："巴林王国国家概况"，https://www.fmprc.gov.cn/web/gjhdq_676201/gj_676203/yz_676205/1206_676356/1206x0_676358/。（采用日期：2019年12月22日）

（一）旅游业

巴林致力于发展旅游业，并将其作为未来经济发展和经济多元化的支柱产业。从2011年到2012年，巴林旅游业产值增长了8.5%，2012年旅游业占GDP的4.9%。巴林拥有丰富的文化遗产，以及众多的博物馆和历史景点。首都麦纳麦在2012年被联合国教科文组织评为"阿拉伯文化之都"，2013年被阿拉伯旅游组织评为"阿拉伯旅游之都"。

巴林在旅馆、商场、餐馆、交通设施等方面进行了大规模建设。在交通方面，法赫德国王大桥是巴林和沙特阿拉伯王国之间重要的交通要道，并起到关键性作用。法赫德国王大桥建于20世纪80年代中叶，通过该座大桥往来于巴林和沙特两国的总人数已超过1亿。每年通过法赫德国王大桥到巴林的人数超过1000万。

（二）制造业

巴林制造业占GDP总额的15%—20%。巴林制造业出口的大宗产品为基础原料，如铝制品、化工产品等。同时，巴林的非石油领域制造业产品占出口产品的20%。

（三）运输业

运输业也一直是巴林除石油以外的支柱产业。自古以来，巴林就是中东非常重要的中转站和水源补给地。巴林的陆路交通以公路相连，公路总长约4274公里，[①] 其王国全境无铁路。巴林王国和沙特阿拉伯之间的海峡由法赫德国王大桥连接。海运方面，萨勒曼深水港和哈利法·本·萨勒曼港为主要港口，是两个国际化的港口，设施配备完备，萨勒曼深水港可停泊五万吨级以上的轮船，它们是巴林陆海运输的重要途径。巴林港口主要集中于巴林岛，随着经济的不断发展，巴林岛港口的开发空间逐渐趋于饱和，使巴林运输业发展受限，巴林亟待对其他岛屿进行开发。巴林航运业的核心是造船业，由于受劳动力、技术等因素的影响，发展缓慢，巴林航

---

① 外交部："巴林王国国家概况"，https://www.fmprc.gov.cn/web/gjhdq_676201/gj_676203/yz_676205/1206_676356/1206x0_676358/。（采用日期：2019年12月22日）

第七章　对巴林传播的话语体系构建

运业不得不依赖外国航运集团，使得本国航运业利润大幅度缩水。同时，航空方面，巴林政府积极推行空港建设，其航空运输业在中东乃至世界范围都处于世界顶尖水平。巴林也是连接东西方和亚欧之间的空中交通枢纽，配有多个机场。

二、故事背景

巴林位于波斯湾沿岸地区，是一个国土面积小、人口稀少的国家。巴林人以海上贸易和海运为生，足迹遍布全世界。巴林发达的海上运输业带动了各国贸易的发展，这些商人称自己为行商，而在遥远的东方之国，巴林行商瓦勒格凭借着自身的努力，成为富甲一方的大商人。他为人诚信、处事公正、乐于助人，成为巴林行商眼中英明的裁决者和领导者。他虽身处异乡，但无时无刻不在关心着巴林的发展。

突然有一天，瓦勒格平静的生活被一封黑色的信件打破了，信中描述巴林正被波斯军队入侵。瓦勒格和好友穆赫泰尔及哈利德商量之后，三人决定变卖所有财产筹集资金，雇用专业的航海船队回到巴林，拯救自己的家人乃至濒临危亡的巴林国。

三、星月彼岸

第一章　密信

在遥远的东方，有一个强大而又富饶的国家——华夏国，那里的国王被称为皇帝。这一代的皇帝政治清明、爱护子民。他下令开放国内口岸，鼓励与外邦通商。一时之间，该国广聚四海来客，空前繁荣。这种对外开放政策，使华夏国的政治、经济和文化都得到快速发展。

皇帝为了方便外商的生活，下令在每一个城市设立独立的区域供他们居住和生活。巴林的商人大多群居于华夏国南方的一座城市，他们成立了自己的商会，称自己为行商。他们推选瓦勒格先生为商会会长，因为瓦勒格先生已经在这个东方帝国经商十余年了。

瓦勒格先生年过四十，体格健硕，看起来像个三十岁的年轻人，岁月在他身上留下的唯一痕迹就是那颜色发灰的头发。他是个富有的行商，也是一个虔诚、善良的穆斯林。他每年都会拿出收入的一部分捐给穷人。他每天都很快乐，没有什么事情会影响他的心情。对他而言，钱袋里的钱只要够全家人吃喝就是幸福的。

这天，瓦勒格刚从午觉中醒来，正准备收起毯子，邻居哈利德急匆匆地跑进他家，手里攥着一个纯黑色的信封。哈利德直奔瓦勒格的卧室，匆忙之中竟然忘记在进屋前脱去自己的鞋子。

"瓦勒格先生！你看看这个！你快看看这个！"

哈利德高声叫喊着，瓦勒格收好毯子之后，稳步走到哈利德的身边，刚想批评他冒失，眼睛却被他手中的黑色信封给吸引住了，脸上浮现出恐惧的神情。他有点不敢相信自己的眼睛，十年来，黑信还是第一次出现。瓦勒格问道："亲爱的哈利德，这东西你是从哪里得到的？"

"今天中午，有一艘商船到达港口，当时我正在港口和一个印度商人谈买卖。商船上下来一个人，对方一见到我，就问我是否认识瓦勒格先生。我说认识，他二话不说就把这个黑色信封给了我，还说这封信对于您的价值胜过千金。"

哈利德一五一十地讲述了中午发生的事。瓦勒格连忙接过哈利德手中的信，信上只写了一句简短的话语："马蹄已经踏过了大海，不安的驼铃在海风中飘荡。"

瓦勒格脸色难看地将信揉成一团，紧紧攥在手中，眉头紧锁地思索一阵之后，拍了拍哈利德的肩膀，神情严肃地问道："哈利德兄弟，请诚实地回答我，这封信你是否给别人看过？"

哈利德摇着脑袋，发誓道："我发誓！这信上的内容不仅别人没有看过，连我自己也没有看过一眼。"

"兄弟，咱们在这异国他乡做了十年邻居，一直不分彼此，我从不怀疑你的诚实。"瓦勒格稍稍地缓了一口气，说道，"这件事情，我们得去和穆赫泰尔先生说一声，得花点时间和他聊聊。穆赫泰尔先生是个大智者，我想我们的问题在他那里可以很好地解决。"

"到底是什么事情，需要智者出面解决，瓦勒格？"

哈利德看着瓦勒格大步向门口走去，很疑惑地跟上了他的脚步。瓦勒格穿上外出时的袍子，转过身对哈利德解释道："我们的国家，我们的巴林岛，有月亮海湾和许多珊瑚礁作为天然保护屏障，可这次它们可能抵挡不住外族的入侵了。唉！这样的预感我早就有了。前段时间每次和从巴林岛来的商人们见面，他们脸上都带着难以掩藏的愁云和阴郁。我从他们口中听到的消息也不再那么美好。想想吧！在我们的国家，居民可以不用纳税，贫困者可以得到国家的补助。我们的国王是那么的圣明公断。而这美好的生活，竟然就要结束了。我现在还记着，有首诗歌这样描绘着我们那美丽的故乡。"

瓦勒格紧紧捏着黑色的信封，面向西方，似乎那蔚蓝色天空的尽头就是自己的故乡。他眉头紧锁，眼神肃穆地低声吟唱道：

"巴林！巴林！位于漫漫黄沙与蓝色大海之间。
风从西方而来，星月的光芒照耀并庇佑的岛屿。
如同闪亮的明珠一般，在蔚蓝深邃的大海中闪烁。
噢，令人骄傲的土地！白色圣洁的清真寺！朴实的王宫与和蔼的国王！
巴林！巴林！和平而安宁的星月之岛。
西风和煦依旧，和平祥和永久！"

"听完你的话，我突然感觉身上有万斤重担。瓦勒格先生，真难以置信，这封黑色的信件竟然传递了如此重要的消息，它对我们来说有着重大的意义。"意识到事态的严重性，哈利德的脸色也变得不好了。

"是啊，我的兄弟。这不是普通的信件，而是当时我离开祖国时，和国内的商会、国外的行商们定下的暗号，我们称它为黑信。一旦遇到重大事务，我们就用这种黑色信封装信传递消息。现在，我们不能再在这里耽误时间了。事态紧急，我们马上去找穆赫泰尔商量对策吧。"

瓦勒格随即锁上了家门，和哈利德一起前往穆赫泰尔的家。穆赫泰尔先生是个非常有智慧的人，也是一个行商。据说他并不是巴林岛的原住民，而是从黄沙大陆移民来的游者。有人说他是那里的富商，也有人说他是智慧宫诸学者的学生，他那无比丰富的知识来自于代代相传的古籍。更有人说他是黄沙荒漠里面积最大的国家的王子，因为国家发生变故，才在东方落脚，随后在巴林开拓了自己的商业版图。他十分聪明却为人不奸诈，心中充满了正义感。周围的人遇到难以解决的问题时，都会去穆赫泰尔先生的家里和他聊聊，请他答疑解惑。

瓦勒格和哈利德来到穆赫泰尔先生家时，他正在记录着最近的收入和支出。看到瓦勒格和哈利德一脸愁容地走进来，他连忙停下手中的工作，给两人端上热腾腾的绿茶，并耐心地听两人诉说今天的遭遇和心中的忧虑。多智的穆赫泰尔听完两人的叙述，眉头也不禁皱了起来。他捋了捋浓密的络腮胡子，忧虑地说道："这真是一个令人担忧的消息。这段时间我也在打听巴林岛的消息，事情正如这封信中所说的那样，巴林岛之外的诸国已经无法容忍自己周围出现我们这么一个美丽富饶的国家。上个月有一个从麦纳麦来的行商告诉我，波斯集结了上万人的部队，随时准备乘船渡过海峡，我们那月亮一般的海湾现在也不能抵挡外敌。如果不做点什么，巴林的历史可能马上就会被改写了。"

"但是朗朗乾坤，奸邪恶诈，无处遁藏。巴林经历过多少磨难？不都挺过来了吗？国运绝对不可能就这样结束的。"哈利德喝了口茶，反驳道。

"哈利德说得很对。净土必治，领海必守；国律法纪，恪守至亡。那些人想入侵我们的祖国不是一天两天了，再惧怕下去也不是办法，咱们总不能呆在这里什么都不做吧！我们的父母、亲人和朋友都还在那里呢。"瓦勒格也喝了口茶，对哈利德的说法表示赞同。

"肯定不能什么都不做！东方虽好，但毕竟不是我们的家乡。我们这些人也不可能像乌龟一样一直缩在壳子里。躲一两年或许没有什么问题，倘若真的开战，打个十几年，难不成我们要背井离乡十几年吗？这不现实！"瓦勒格继续说道。

穆赫泰尔从身后的书堆里掏出一张图纸，递给两个人看。

"这是我画的航海图，现在到巴林的路线不是很太平，但是我必须回去了，我的母亲和父亲还在那里。如果情况过于紧急，我得把他们接过来。我昨天已经订好两艘帆船，分别是"乾阳"号和"金沙滩"号。船长是长期在大洋里航行的航海王，很多行商都雇佣他的船队去远航。不知二位是否有和我一同回去的想法？"

"有何不可？我倒是很赞同。这个船长在哪里？我们什么时候可以出发？"瓦勒格说完，将杯中的茶一饮而尽。

穆赫泰尔呵呵地笑着，眼光扫向一旁的哈利德。哈利德点了点头说

第七章　对巴林传播的话语体系构建

道："毫无疑问，我们必须回去一趟。我的父母还在故乡等着我呢，我的家在那里，怎么可以在这里坐以待毙，直到无家可归？"

"你们两个能这么想，我就觉得给你们看这幅图不算是浪费时间。我们会在两天后出发，途经南海，接着在印度停留片刻，做些基本的补给，再在途经印度洋的一座小岛上补充水源，绕过巴林外的礁石滩，最后到达巴林。我和那个船长说好两天后的早上在港口集合。时间虽然仓促些，但是希望两位能够抓紧时间，不要带上过多的财物，挑一些日用品就可以了。"

"我准备起来不是问题，毕竟我的家产不算多，主要是瓦勒格先生和穆赫泰尔先生，你们的财物那么多，交给谁管理呢？"哈利德有些担心地问道。

"将所有的货物存入仓库，多余的金银换成这里的纸质凭证，这里的人管那个叫'交子'，日后我们回来，可以凭借那些'交子'兑换现金。"瓦勒格向哈利德解释道，穆赫泰尔也在一旁点头表示赞同。

"我一直不怎么相信那些'交子'。说句实话，除了在这个国家，谁还听说过用纸张抵押银子的？"哈利德摇了摇脑袋表示不理解。

"在这个国家我们经历的奇怪事还算少吗？黑色的粉末和黄色的粉末混合能爆炸，把树叶和杂草炖成一锅就能治病。还有那些烹调方式，我们在其他地方可从来没有见过。另外，这里还到处能种出好茶。总的来说，在这片土地上我们经历的已经够多的了，得到的也够多的了。人太贪心，时运就会不济。现在，伙计们，巴林危矣，我们共同保卫她。希望我们可以早日回到故乡！"瓦勒格继续说道。

穆赫泰尔又给两人添上茶水，他们举起杯子一饮而尽，真诚地祝福彼此。

"巴林危矣，共赴国难。流血护国，不退不休。"

第二章　渡鸦船长

在这炎炎夏日，蝉鸣阵阵，一切景象都欣欣向荣。

然而，瓦勒格和哈利德并没有心情去欣赏这美丽的景色，海港的繁华与喧闹让他们的心情有些莫名的烦躁。约定的时间马上就要到了，可是穆赫泰尔还没有出现。两人不时地向着港口的入口处望去，心中除了焦急还是焦急。

　　在过去的两天里，瓦勒格变卖了自己珍藏的字画、器物，又把自己所存的'交子'换成大量的银两。或许是因为归家心切，又或许是因为不放心他人，他亲自跑遍集市，购买了大量的粮食、药品以及应急物资。

　　而哈利德先生更是直接卖掉了自己的商铺，把钱财换成物资。在这片东方的土地上，他没有留下一文钱。

　　太阳已经高高升起，海风也变得有点燥热。就在这时，哈利德和瓦勒格远远地望见了穆赫泰尔，两人一直提着的心总算是落地了，他们快步迎了上去，高兴地说道："您好，亲爱的穆赫泰尔，请问那位航海王和他的船在哪里？"

　　"亲爱的朋友们，我理解你们归家的心情和想为祖国献出自己一切的愿望。至于那位神秘的航海王，已经在船上恭候我们多时了。"

　　哈利德和瓦勒格的目光顺着穆赫泰尔手指的方向看去，瞬间被两只巨兽一般的庞然大物牢牢吸引住了，只见两艘比普通船只大四倍的白帆巨轮正从港口外的诸多船只中脱颖而出，向港口驶来。在两艘巨轮的侧面，各印有金漆涂饰的"乾阳"和"金沙滩"字样。

　　"嗨，伙计们，做好和我一起征服海洋的准备了吗？"一个身披披风、头发蓬乱、五十岁左右的男人站在船的甲板上，在烈日下挥舞着双手，向他们大声地打着招呼。一只黑色的海鸥乖乖地站在他的肩膀上，静静地凝视着这异常繁忙的港口。周边船只上的水手纷纷停下手上的活计，呆呆地望着这两艘庞然大物。港口上不少老水手正在窃窃私语，眼神恭敬地看着船上那个看起来有点耍宝的人。

　　穆赫泰尔很高兴地笑着，朝巨轮挥舞着手臂，并热情地向哈利德和瓦勒格介绍道："这位就是大名鼎鼎的渡鸦船长。这两艘船就是我之前和你们说过的'乾阳'号和'金沙滩'号。还有一艘小艇'界尺'号，它放置在'乾阳'号的船舱之中。"

　　哈利德和瓦勒格惊讶地看着这两艘巨轮慢慢地靠岸停泊，情不自禁地感慨道："这真的是人类所能制造出来的物件吗？我们在这条商路上走了这么多趟，何曾见过如此巨大的船只？哪怕是历史上赫赫有名的波斯舰队里，也没有比这两艘船更大的船啊！"

　　"在这个国家，我们见到的惊奇的事情还少吗？我的朋友们。"穆赫泰

第七章　对巴林传播的话语体系构建

尔呵呵地笑着，领着两人向大船的方向走去。

船长招呼水手们放下旋梯，巨大的木梯缓缓落下，他们一行人走上"乾阳"号。他们上船后，发现船上并没有很多水手。渡鸦船长挂着一根锈迹斑斑的铁制拐杖，从甲板上走过来。他很和善地笑着，向瓦勒格一行三人点了点头。

"几位好！看来这次航行除了我的老相识穆赫泰尔先生之外，还有新朋友。不用向我自我介绍了，你们的朋友穆赫泰尔已经向我介绍过你们。即使他不跟我介绍你们，我也能猜出你们的身份，因为凡是从这片大海上经过的人，我大多了解。自我介绍下，我的名字有很多，阿拉伯人管我叫巴哈鲁尔，意思是大海。印度人管我叫吉内多，意思是自由。岛国人和高丽人叫我界木，意思是世界之树。不过我在大海上有个通用的名号，那就是渡鸦。"

"您的名号想必和您的经历一样丰富，很高兴认识您，渡鸦船长。您如此博闻多识，想必我们这次旅行的目的，您也猜出大半了吧？"瓦勒格试探地问道。

"那是自然，这个时节敢走巴林那条海路的人肯定是有急事。我们这次去的路上只怕是凶多吉少、凶险无数。不过这在我眼中根本就不是事，这片大海中还没有我不能渡的海，没有我的船无法抵御的海浪。相信我，朋友，在这片大海上，没有哪个船队能够胜过我的船队。"

"我看你船上的水手并不是很多。"一旁的哈利德有点怀疑地看着信心十足的渡鸦船长。渡鸦笑了笑，解释道："这个季节正是海上风暴频发的时候，雇佣船大多不敢接活了。可是，你们行商的步伐并不会因危机而停下。因此，我的船队接了很多生意，其他的船只都已派出，只能派出压箱底的三艘船只和尚未出海的老水手们来接你们这单生意了，还望你们能够理解。"

"渡鸦，还请您原谅他们方才的无礼。他们对于这片大海的了解可能还不及您的千分之一，想必他们没有听说过一首传唱已久的关于您航海的歌曲。"

穆赫泰尔赶紧打了个圆场，并用眼神示意身后的两人不要多说，紧接着便高声唱道：

"在安达曼海，在孟加拉湾。

在那人迹罕至的未知海域。

有一人能长久得到庇佑和祝福。

永恒不变，宛如海浪潮涨潮落。

东方渡鸦，东方渡鸦！

你的勇气闻名遐迩。

宛如海中的礁石一般坚硬。

无畏的大海之王，海洋的生灵尊敬他、庇护他。

在安达曼海，在孟加拉湾。

在海神所庇佑的每一寸海洋。"

听完穆赫泰尔的船歌，渡鸦船长没有再多说什么，只是对着两位新客人微微一笑，便转身指挥水手加快速度补充水源、装卸补给，接着回到那昏暗的船舱之中。哈利德看着船长那消失在黑暗之中的背影，一脸的怀疑和揣测。

"我在这片大海上，在这个港口见过很多的船长。毫无疑问，他是我见过的最奇怪的一个，感觉他就和这两艘船一样让人惊讶而又深藏不露。"

"是不是纯金，总得用火炼一炼，况且现在愿意去巴林的船长，除了他以外很难找到第二个。"瓦勒格有点无奈地耸了耸肩。

第三章 船墓

瓦勒格一行人乘着"乾阳"号和"金沙滩"号顺着夏季海风的涌动，缓缓地驶向马纳尔湾。他们准备在那里靠岸，买些食物并补给淡水。

在东南海域航行的这段日子里，每当风平浪静的时候，瓦勒格总是站在船头眺望着西北方，那是故都所在之地。

这一天风平浪静，瓦勒格照常来到船头，凝视着西北方向，口中喃喃低语："美丽的巴林呀，我赞美你的动人！让我们用东方神秘的利器与侵略的敌人战斗，还巴林一片和平与安宁？"

这时，穆赫泰尔走到他的身旁，说道："我的朋友瓦勒格，我们一定会如期回国，拯救处于水深火热的同胞们。"

瓦勒格回头看着穆赫泰尔，眼中闪着光芒，坚定地点了点头。

第七章　对巴林传播的话语体系构建

午餐过后，大家坐在一起聊着华夏国神秘的黑色与黄色粉末的威力，以及用几种植物放在一起熬制出的棕黑色汤汁的治病奇效。而渡鸦船长也在一旁端详着穆赫泰尔随身携带的铝制器皿，不住地感慨着其精美的做工，表示回去时一定要买上一些到东方售卖。

瓦勒格突然注意到身旁的穆赫泰尔的神情有些不自然，连忙凑上前去关心地问道："穆赫泰尔老兄，您眉头紧锁，是感到不舒服？还是有什么事情要发生？"

穆赫泰尔看了看瓦勒格，沉思了一会儿，缓缓地低吟："不论将要发生什么事情，我相信我们一定能化解前方的艰难险阻。"

"怎么了？穆赫泰尔，您有什么发现？"哈利德疑惑地问着，心中有了一丝不安。

"不是很确定。但是，这几天海面太平静了，并且海中一条鱼的影子都没见到，天空也没有一只飞翔的鸟儿，我担心会有事情发生，我的老朋友，您和您的手下可要做好准备啊。"穆赫泰尔没有正面回答哈利德，却转而对渡鸦说道。

中午过后，"金沙滩"号和"乾阳"号进入孟加拉湾，距离马纳尔海湾越来越近了。

这时，盛夏的太阳却越发慵懒起来，悬于天际的太阳照明万物的时间竟然不足三个小时。海面上航行的帆船曾几度迷失于黑暗之中，多亏渡鸦船长经验丰富，船只才很快找到正确的航行方向，没有被黑暗吞噬。

"我想我们遇到麻烦了。"穆赫泰尔一脸的严肃，声音低沉地对瓦勒格说道。

"噢！发生什么事了？这几天过得不是很顺利吗？"

"我想我们遇到妖魔了。"

"妖魔？这是怎么回事？"瓦勒格疑惑地问道。

"根据东方古老的传说，在一片神秘的海域住着妖魔。它不仅法力高强，而且心肠狠毒。每当有船只经过，它就会释放浓浓的黑雾，笼罩整个海域，黑雾中的毒素会蒙蔽船员的眼睛，让他们在黑雾中无法辨别前进的方向。船只就会在海上绕圈子，最终迷失于黑暗中，有人称这片海域为——船墓。而我认为这片海域应该就是妖魔所在的地方！"

"可是，我们没有被黑雾蒙蔽了双眼，还是能正常地注视着对方，看到对方的一举一动,我甚至还看到您紧锁的眉头。"瓦勒格说道。

"我的好友啊!你难道忘了吗?我们一直在用绿色茶叶泡水喝!"

"的确是这样,穆赫泰尔。绿茶能让我们头脑清醒、神情气爽,但是它没有解毒的功效啊!"

"嗯,的确如此,所以我还加入了一种被华夏国人称作'忍冬'的草药一起泡水。忍冬有解毒的功效,因此我们才能在航行中不被蒙蔽双眼。"

"太棒了!真不愧是我们的智者穆赫泰尔,您真的是太聪明了,考虑事情如此周到。如果没有您,我们会被那该死的妖魔给愚弄了!"

瓦勒格对穆赫泰尔连声称赞,同时船舱里的一行人也对他投去感激与敬佩的目光。

"没什么,这是我应该做的。"穆赫泰尔谦虚地回答道。

帆船在海面上缓缓地前行,黑雾从众人身旁散开。然而,海上的黑雾却越聚越浓了。

"快看,我们到了!马纳尔湾,我们终于到了。"一旁,哈利德眼尖地看到帆船前方的一处黑影,不禁提高了声音,用手指着前方。顺着手指的方向,众人只能看到前方大概的轮廓,定睛细看,却发现眼前的黑影并不是他们所渴望的大陆。

那是一艘巨大的帆船,整只船散发着邪恶的气息。它的周围散落着一些船只的残骸,水面上漂浮着白色的尸骨。

突然有水手喊道:"船长,有情况,好像是海盗!"

渡鸦船长高声喊起来:"我倒要看看是哪个不开眼的家伙来找我的麻烦,他们难道不知道我渡鸦船长的厉害吗?"

渡鸦船长好似一只猴子,敏捷地爬到桅杆上,看得瓦勒格一行人目瞪口呆,心里觉得穆赫泰尔的选择并没有错,此人的身手的确不一般。

有两艘造型可怖的黑色大船急速向"乾阳"号和"金沙滩"号驶来,很快便包围了它们。对面的船舷上站着一个身材魁梧、脸色苍白的中年男人,他脸上那道狰狞的伤疤一直延伸到脖子,让人们看了就心生寒意。

"船上的人听着,我求财不要命,只要交出你们所有的财物,我保证你们的安全。"海盗船船长大声吼道。

渡鸦船长笑了笑,向身边的穆赫泰尔摇摇头,拔出了腰间的长刀。

"穆赫泰尔,我真是老了,这么个小人物居然也敢抢劫我们了,他真是活够了。想当年我还不用拄拐的时候，别人看到我的大船和肩上的海鸥就会被吓得屁滚尿流。看来有时候人活得过于低调也是个错误。"

海盗船的船长发现并没有吓到对面的巨船，有些恼羞成怒地喊道："再不放下跳板，束手就擒，等我们杀过去，你们一个个都要去喂鱼！"

瓦勒格几人听到这句话，面如死灰，而渡鸦船长却面无表情地看着对方。他将一直拄着的拐杖丢到一旁，举起长刀直指正对面的刀疤脸，高声命令道："我的伙计们、战友们！给这些不知天高地厚的人点颜色看看！让大海再度为我们咆哮起来吧！放下铁锚！左满舵！"

"好的，伟大的渡鸦船长。"

话音刚落，水手们立刻行动起来，有的拉桅杆，大多数走到船舱里。瓦勒格和哈利德则站在甲板上面面相觑，一脸的不解。

渡鸦船长没有理会他们，而是亲自拿起号旗，向"金沙滩"号发出信号。不远处的"金沙滩"号在收到信号之后，迅速做出放下铁锚、左满舵的调整。渡鸦随即再度冲到甲板的前沿，高高举起长刀，对身后的船员们高喊道："伙计们，准备好了吗？给他们点颜色看看！让大海彻底沸腾起来吧！"

在一片欢呼声中，"乾阳"号和"金沙滩"号船身一侧的小窗被打开，露出八九个水桶粗的炮筒，多发炮弹一泄而出，直击敌船的侧翼，顿时将敌船的侧面打出几个大洞。敌船甲板上不少船员因巨大的颠簸而掉入大海，并在接触到黑色海水的瞬间化为白骨。

渡鸦这时早已亲自掌舵，他看着指南针，小心翼翼地避免迷失方向而撞上礁石和船只碎片。

"乾阳"号快速而又灵敏地向前行进着，紧追正在逃窜的敌船。为了确保大炮完全发挥威力，渡鸦驾驶着船抄了条近路，又以最快的速度将"乾阳"号行驶到敌船正前方一百米的一处礁石后，等待着伏击的时机。

不一会儿，敌船便从黑雾之中冲了出来，渡鸦命令船员迅速打开船窗，黑漆漆的炮筒再度伸了出来。船舱内，瓦勒格凭着自己多年与火药打交道的经验，协助水手们一起装炮。

雾更浓了，这时"乾阳"号的桅杆因强风的吹打而发出尖锐的声响。海盗们似乎发现了"乾阳"号的踪迹，准备调转船头逃跑。

"快！点火开炮！"随着渡鸦一声令下，"嗖"的一声，燃烧的炮弹从天而降，照亮了整个海域。它们从空中落下，砸在海盗船上，发出"轰轰"的巨响，海面也燃烧起来。伴随着浓烈而呛鼻的烟雾，两艘敌船缓缓沉入大海……

"乾阳"号的甲板上发出众人的赞美之声："渡鸦船长万岁！海神与您同在！"

哈利德也高声呐喊着，他抱着身旁的穆赫泰尔，情绪十分激动。然而，穆赫泰尔并没有像众人那样兴奋，他紧紧地盯着两艘缓缓下沉的敌船，神情严肃。

突然，一阵狂乱的黑风从沉没的船只中席卷而出，一个全身冒着黑烟的魔鬼出现了，闪电在他体内咆哮着，巨大的轰鸣声令人感到恐惧。

"你们这些凡人，我要吞噬你们的灵魂！将你们吞噬殆尽！让你们知道真正的炼狱是什么样的！"

魔鬼以极快的速度向"乾阳"号扑去，渡鸦船长指挥着炮手向他开炮。但是，所有的炮弹还没来得及接触到魔鬼，就被他所召唤出来的闪电劈得粉碎。渡鸦船长见自己的攻势对魔鬼毫无用处，只得命令水手以最快的速度前进，好摆脱这个恐怖的魔鬼。但此时的水流极其紊乱，没有一点规律可循，船只可谓寸步难行。

就在大家将要绝望之时，穆赫泰尔突然从甲板冲到船舷的前端，直面迎面扑来的魔鬼，并高举双手大声呼喊道："现出你的原形吧！撒拉格，你的巫术无法在这里施展！"

魔鬼在听到穆赫泰尔的呼声之后，突然停了下来，似乎对眼前这个已经有点衰老的智者有着难以言表的恐惧，随即又很不甘心地向穆赫泰尔扑去。穆赫泰尔则毫无畏惧地高举双手，高声唱诵着什么，魔鬼和"乾阳"号之间顿时出现一道透明的墙，魔鬼没有办法接触到船上的任何人。

"你过不来，撒拉格！巫术不能给予你无限的能力！背叛自己的民族不可能给予你高尚的灵魂，收起你的把戏吧！在阿拉伯地区，你的把戏曾经让无数国家陷入危机，几近灭亡。如今，巴林再度遭遇外族的入侵！我从听到这个消息的那一刻，就想到疑凶只有你。活在黑暗之中的撒拉格！而如今的事情验证了我的猜测，是你让这片海域成为所有途经于此的船只的墓地。"

"穆赫泰尔！穆赫泰尔！"魔鬼高声地吼叫着，声音宛如雷鸣般震耳，

第七章　对巴林传播的话语体系构建

"原来如此，是你，曾经的智慧宫学者，有名的智者和勇士！你已经不可能拯救这个国家了，铁骑已经在月亮湾准备好了，你们先前的庇护者、盟友已经向我们妥协，你们的岛屿已经不可能抵挡内忧外患了。"

"在此之前，你先带着你的傀儡们离开这片海洋吧！从遇到那艘船开始，我就觉得不对劲，因为船员的脸上丝毫没有生气，就像没有灵魂的人偶。果然，他们是你邪恶魔法幻化而成的海盗。你已经失败了，撒拉格，有我在，你绝不可能碰到这艘船！"

穆赫泰尔高举双手，大声呐喊道："奋起！奋起！邪恶苏醒，大海已经化为一片漆黑，凛冽的黑夜即将来临！磨砺宝剑！准备战盾！无论是在美丽而又神圣的麦纳麦、磅礴的阿拉伯沙漠，还是宛如大洋明珠的巴林，无畏的人民齐向前！"

一道比先前更加闪耀的白光将船只包围，将恶魔从大船面前驱逐开来。在光晕之中，穆赫泰尔双手并拢，低声吟唱，声音肃穆而又震慑人心：

　　请聆听我最真挚的呼唤。
　　我仍恳求世间充满希望。
　　因生命的存在乃万物的选择。
　　虽世间少有善良之人。
　　但生命的存在是万物的意义。
　　一花一草。
　　一木一叶。
　　一沙一粟。

在越来越强烈的光晕之中，恶魔节节败退。撒拉格眼看着自己创造出来的恶魔越来越无法抵挡光晕的攻势，只能大声叫嚣道："也许这一次，我是不能消灭你们，但是你们已经不可能拯救你们所珍惜的人了！接受我给你们的礼物吧，愚蠢的勇者们！这阵海风会将你们直接送往那渺小的岛屿！我曾经毁灭了无数国家，而那个岛国，不过是下一个！"

"任何一个国家都不会是待宰的羔羊，撒拉格！我曾经为了巴林的繁荣富强游历各国，直到到达那神秘的东方。我深知，没有一寸土地不被庇佑，没有一个地方的子民应该被奴役！"穆赫泰尔态度强硬地回应着撒拉格的叫嚣。

突然，一阵狂风向"乾阳"号和身后赶来的"金沙滩"号直扑而去。渡鸦还没来得及指挥水手们稳住船只，一阵强光突然从魔鬼的体内爆发而出，将两条大船瞬间包裹在强光之中。

在底舱的瓦勒格并没有像甲板上的人那样被强光击昏在地，他从怀里掏出航海家常用的黑色玻璃眼镜戴上，勉强抵挡住强光带来的眩晕感。透过舷窗，他看到一种自己从来没有见过的奇观。

海水正在飞速地向后倒退着，天空飞过的鸟儿在强光下不断地向后倒退。人们看不到太阳，也看不到任何除了白光之外的景色，只能看到"乾阳"号旁边的"金沙滩"号也奇异地浮在白光之中。两艘船快速地驶向未知的地方。

第四章 外滩之战

夏日凌晨四五点钟正是太阳升起前最黑暗的时刻，麦纳麦港口正在酣睡之中，甚至连海上巡逻的波斯船队也松懈下来，士兵打着哈欠准备回去换班。仅仅一个月左右的时间，波斯船队就已经控制了巴林的所有出海口，将这座小岛包围在重重战舰之中。尽管巴林海军做过一些抵抗，但终究是寡不敌众。

忽然，西南方向的海面上出现一片黑色的阴影，可惜在夜幕的掩护下，根本没有人注意到这片越来越近的阴影。而当这片阴影进入巡逻船队的警示范围内时，巡逻船上的士兵才终于听出一些不寻常的声音。之后，他们才发现这片已经近在咫尺的阴影。直到阴影与巡逻船相距不过几步之遥时，人们才发现那是一支船队，所有人都吓了一跳，立刻高声呼喊，同时准备发出警报。

不过很可惜的是，来袭的船只与他们的距离实在是太近了，还没等巡逻船点燃狼烟，巨大的船只便像脱缰的野马一般冲进巡逻船的防线，洞穿了巡逻船单薄的船体。虽然发现敌情的巡逻船并没有把消息传递出去，但是这边战斗的声音还是引起了其他巡逻船的注意，士兵们纷纷点燃船上示警的狼烟。

借着燃起的战火，士兵们在黑暗之中看清了眼前的战况。

第七章　对巴林传播的话语体系构建

　　是两艘巨船，而在这片海域还没有人能建造起这么庞大的船。面对这么庞大而又陌生的船，波斯士兵顿时慌了手脚。他们的这些小巡逻船根本阻挡不了巨船的前行，很快就被碾压成碎片。巨船丝毫没有停留，径直冲向麦纳麦外海的波斯海军营寨。

　　在外海驻扎着的波斯海军看到示警的狼烟后，所有士兵紧急集合上船，仓促地冲出营寨迎敌。尽管波斯军队的战船很多，但大多是一些小船，与庞大的战船一比，简直像是玩具一般。借助体积的优势，突袭而来的战船朝波斯的战船直接碾压过来。一时间，波斯军队的战船被撞毁无数，许多波斯士兵在海中挣扎。波斯海军统帅勉强看清两艘大船上刻着的大字，学过一点东方语言的他立即认出两艘大船的名字："乾阳""金沙滩"。

　　在火的炙烤和满天的哀号之中，被强光击晕的两艘巨船上的船员们被纷乱的声音吵醒。渡鸦船长跟跄地站了起来，没有昏过去的瓦勒格也迅速从船舱内走出来，扶起倒在甲板上的穆赫泰尔和哈利德。他们对于眼前的情况有点迷茫："天呐，我们这是在哪里？黑雾呢？魔鬼呢？怎么只是睡了一觉，我们就已经到了千里之外的巴林外海！"

　　"这就是撒拉格所说的礼物吧，是他的魔法将我们在极短的时间里送达千里之外的巴林外海。"穆赫泰尔难受地揉了揉眼睛，说道。

　　"先不管我们是怎么过来的，诸位弟兄，我们身边的这些船只不都是波斯人的船吗？巴林的外海怎么没有一支我们的军队？"哈利德绝望地抱着脑袋高喊道。

　　"再正常不过的事情。我的船员在前几次的航行中就已经发现波斯人在你们的外海蠢蠢欲动了，如今看来确实是如此！"渡鸦拄起拐杖，拉起还没有从强光的晕眩中完全清醒过来的水手。他拉响了船上的信号钟，高声喊道："全体成员，立即做好战斗准备，炮手给大炮换上开花弹。波斯人的船只大多是运兵船和登陆船，火炮装备并不多。全体成员同时做好白刃战的准备，这不是开玩笑，所有人都给我把吃奶的力气使出来，我们现在面对的可不是什么小海盗，而是波斯人的战船。"

　　所有水手立刻打起精神，准备开始战斗。"金沙滩"号也在号令旗的指挥下迅速做好战斗的准备。

　　双方战船上的各种武器开始大显神威，巴林岛的外海已经成为一片血与火的海洋。

波斯军队虽然在人数上远远超出瓦勒格他们，但战船武器的性能却远不如渡鸦船长他们的，再加上又是仓促应战，战事刚一开始，就已经显现出颓势。

"伙计们，不用担心，我们有火药这个大杀器。"渡鸦船长豪气地说道。

"没错，渡鸦船长火药的威力毋庸置疑。别忘了我们是怎么对付印度洋上的傀儡海盗们的，自信点，伙计。"瓦勒格也在一旁安慰着自己的好朋友。

不一会儿，波斯军队再次集结，他们排列起紧密的队形，前面几排士兵背着用于投掷的标枪和射击用的弓箭，而有威力的火炮却少之又少。

看到波斯军队的列阵，渡鸦冷笑不已。他们的这种阵形正好成为自己火炮的靶子，简直就是白白送死。

"轰……轰……"两军对垒之后，渡鸦这边依然是火炮开路，炙热的弹丸发出凄厉的啸声。看到如此情形，波斯统帅急忙命令军队后辙，进入岛内防守。

"怎么办？我估计一会儿波斯军队的援军就会到来，仅凭我们这点儿人，恐怕不是波斯军队的对手，这可如何是好？哈利德在甲板上走来走去，焦躁地说道。

波斯调集的大军中，大部分士兵都是第一次见识到火炮的威力，他们都被打傻了。

真正死在火炮下的士兵其实不是很多，但许多波斯士兵早已吓破了胆。

经过一番苦战，波斯军队损失惨重，瓦勒格等人稍作休息，准备向国都进发。但就在这时，天空忽然变得十分昏暗，有所警惕的穆赫泰尔很快就意识到这是撒拉格在故伎重施。他立即冲到船头，想要诵唱一番来抵挡住撒拉格邪恶的魔法，却被一阵强劲的扬沙给吹倒在地。一阵黄沙吹过，船上所有的船员都被迷住了双眼。等他们再度睁开眼时，却发现瓦勒格等人失去了踪影。

第五章　自由的王国与大海

在王宫深处，一座漆黑的地下室里，瓦勒格疲惫地睁开双眼，只觉得眼前一片黑暗。

"穆赫泰尔……哈利德……"

"瓦勒格吗？我在这儿呢。"

哈利德和穆赫泰尔分别从口袋里取出蜡烛点燃，借着光亮，众人逐渐聚集起来。

"该死的！这是哪儿？脏兮兮的，不会是在牢房里吧？"渡鸦在一旁骂道。

"吱……"一只耗子闪过。众人慢慢适应了这里的黑暗，视线逐渐清晰起来，隐约可见四周的墙壁，发现其中一面墙上有一道铁门，室内四处散发着霉味，令人窒息。

"该死的，我这乌鸦嘴！"渡鸦船长无奈地摇了摇头，从腰间拔出长刀随时准备应对突发状况。

"当务之急是弄清楚我们现在的处境，这地方到底是哪里啊？"瓦勒格说道，惊恐地看着周围不时窜出来的耗子和小虫子，心里着实有点发毛。

"对了，我们是怎么到这里的？"哈利德先冷静下来，开口问道。

"这里的空气中散发着一种邪恶的气息，与船墓海域十分相似，对，是撒拉格无疑。这个地方很有可能是撒拉格的巢穴。暂且不论撒拉格为何又会突然出现，我们应该先想想如何摆脱目前的困境。"穆赫泰尔分析道。

"你们看，角落里好像有一个人！"哈利德惊呼道，指着一处阴暗的角落。

瓦勒格立刻举起蜡烛前去查看，只见那人披头散发、衣着脏破，却似乎是丝绸所制，浑身散发着腐臭的味道。

"水……"

一声哀求从那人干裂的嘴唇中发出。瓦勒格拿出腰间的水囊递给那人，他立刻一把夺过去一饮而尽。喝了水后，那位可怜人逐渐清醒过来。

"我是巴林的国王，几个月前，可怜的我被撒拉格施了咒语，宛如木偶一样把政务交给他处理，最后竟然被他夺走了王位！我被关在了这个鬼地方。如果你们能助我杀掉他，夺回政权，我必将重重赏赐你们！"

瓦勒格苦笑一声，说道："如今我们自己都被困于此，又如何能帮到您呢？"

"只要能找到我的女儿辛德，我们就可以打败撒拉格。多年前，辛德无意中从海洋深处获得一块血红色的宝石，名为'贤者之石'。这块石头可以让人永生，也可以让邪恶之人灰飞烟灭。"说到这儿，国王的眼中泛起泪光。

"而可怜的辛德，为了抵抗撒拉格，对'贤者之石'下了一道咒语，任何碰到这块石头的人都会变成雕塑。不幸的是，辛德自己不小心碰了'贤者之石'，被石化了。但是，如何解除'贤者之石'的咒语是个问题。"

"这容易，我可以用经文解除咒语，就可以接触'贤者之石'了。"穆赫泰尔十分肯定地答道。

"只要我们能让撒拉格触碰到"贤者之石"，我们便战胜了他。"瓦勒格明白了国王的意思。

"对。"老国王投来赞许的目光。

"那我们该如何出去呢？"渡鸦问道。

"这里原本是用来存放石脂（石油）的，除了门，还有一条密道可以出去，可是几个月以前入口已经被封死了。"国王有点无奈地叹了口气，"也许我们可以用双手刨开。"

"何需用手！密道在哪里？指给我看看！"渡鸦从腰间取出一支短火铳，走向老国王所指的方向。只见他点燃手铳上的开火口，一阵激烈的爆破声后，被封住的密道口被开花弹打出十几个孔。渡鸦用力一踹，密道口顿时露了出来。

众人带着老国王，顺着密道快步往出口方向走去。通道的出口也被封死了，于是渡鸦再次发挥了短火铳的威力，踢开了封口。他们神不知、鬼不觉地到达王宫的大厅。

"里面没有埋伏。"渡鸦仔细聆听着四周细微的声音，分析着当前的情况。

"我本来以为撒拉格的巢穴应该会布置强力的警戒。可如今看来，这里并没有机关和法阵。"穆赫泰尔高举着蜡烛，仔细查看着宫殿墙壁上的每一处。

第七章　对巴林传播的话语体系构建

"有了!"渡鸦的声音瞬间提高,"我听到了!二楼有脚步声,可能是撒拉格,他在二楼最里面的房间,穿着铠甲并拿着武器,金属片摩擦的声音简直让我心里发寒,手铳可没法对付这样的装备。"

"也就是说,他早就知道我们来了。"瓦勒格说着,拔出腰间的剑,"如此一来,就可以尽情地开打了。"

虽说仓促,但瓦勒格等人已经拟好与撒拉格开战的策略了。

一开始,渡鸦带头,使用火器给撒拉格造成威慑。之后,瓦勒格和哈利德用冷兵器吸引撒拉格的注意,穆赫泰尔则前往老国王所说的辛德公主存放"贤者之石"的地方。最后,由穆赫泰尔想办法拿起"贤者之石",用它来向撒拉格做最后的攻击。

一行人走向撒拉格所在的二楼大厅,瓦勒格用力将大门打开。

"我恭候你们很久了。"撒拉格阴森的声音在宽阔的大厅内回荡着,他转过身向前一步,注视着闯入者,"来吧,我们好好做个了结!"

所有的人都在撒拉格露出真容的霎那间惊呆了。出现在他们面前的是一个极其美丽的少女,只是眉宇之间缺少了一点灵气。

"辛德!我的女儿!你怎么会在这里?"老国王失声大喊起来。

撒拉格呵呵地笑着,拔出腰间的宝剑嘲讽地说道:"愚蠢的国王啊,一直被控制着的你难道都没发现吗?你从来没有见过我的真身,你只见到过我裹着黑袍的样子,因为我本身就不是一个人。我是由人们心中的邪念聚合起来恶魔,所以出现在邪念最盛行的国家。我不需要身体,只需要唆使你们产生邪念,挑起战争。我吸取你们的邪念越多,我就变得越强大。这就是我夺取了你的王位,还要唆使波斯军队来攻打巴林的原因。辛德在石化前对你治理巴林有意见,但是她没有给你忠告,这也是邪念的一种表现。所以,我可以占用有邪念的辛德的身体。"

老国王呆立在原地,一句话也说不出来。

一直困惑着穆赫泰尔的问题被撒拉格解开了。撒拉格不想当国王,他要借用巴林这块宝地挑起波斯人的贪欲,波斯人的贪欲越强,撒拉格就会变得越强大。

"撒拉格,你这个玩弄他人和国家命运的魔鬼!"瓦勒格一边喊着,一边冲了上去,哈利德也迅速跟了上去。撒拉格对着迎面而来的战士高举右手,在她指尖上,一道红色光辉化成一条线直击瓦勒格。然而,当这条线即将碰到瓦勒格的时候，却像风中残烛一般熄灭了。

"这是怎么一回事？"撒拉格的脸上露出困惑的表情，但她没有停下黑魔法，继续说道，"万能的魔神，身为魔法之源，支配万物，如今你们释放力量的时机来临了！"

话音刚落，周围响起"啪"的清脆声响。哈利德恐惧地看着手中成为碎片的刀剑，高声喊道："大家小心！撒拉格在施展魔法！"

而瓦勒格这时已经进入能与撒拉格近身战斗的距离。他瞄了一眼正在一旁给火器做最后校整的渡鸦。

瓦勒格绕到撒拉格的右边，并朝她的右手突然一击。撒拉格一挥手，轻松卸下了瓦勒格攻击的力道，口中开始小声地吟唱咒语。

而往左边绕过去的哈利德拿出护身短剑，朝她的下半身发动攻击，但被她轻松地躲过。两人不断对撒拉格发动着攻击。

"快醒醒啊！辛德，你忘了巴林的子民了吗？"

忽然，老国王颤巍巍地向撒拉格走去，大声地呼喊着。他根本没有摆出战斗架式，只是静静地看着撒拉格。

撒拉格没有理会他，只是用剑及盾挡住了瓦勒格和哈利德二人的所有攻击，并且继续念着咒语。

"辛德，回忆一下啊！你是多么的聪明智慧啊！你号召我国的子民修建港口，让远方的船只有了休整地，让子民增加了收入。子民感谢你啊！你多么的勤劳勇敢啊！来往的船只多了起来，你对子民说：'家乡美丽了，环境舒适了，远方的客人才愿意久住。'子民们又将我们的家园建设得更美丽，客人住的时间长了，子民收入更多了，他们感谢你。你难道忘记了吗？你真的要帮助恶魔吗？你是要将你倾力建设的祖国——这个美丽的沙漠王国卷入战乱吗？是要夺去原本和平共处的子民们的生命吗？"

比起瓦勒格、哈利德的攻击和渡鸦不时射来的铁弹，老国王的话更能影响撒拉格的心智。撒拉格逐渐觉得不安，她的心开始动摇，不断地思考着为何自己会动摇——辛德的记忆应该早已被不留痕迹地抹去了才对。

然而，只要老国王每说一句，便有一股无法抑制的情绪涌上撒拉格的心头。

"给我住口！"撒拉格的手中弹出一道光辉，直击迎面走来的老国王。国王虽然年迈，但不是不能避开这次攻击。然而，他却没有那么做。

"辛德！快想起来啊！"老国王发出最后的呼喊，随即摇晃了一下，笔直地倒了下去。

"国王陛下！"

拿着'贤者之石'匆匆赶来的穆赫泰尔喊道。他迅速走上前察看国王的伤势，然而倒下的身躯已感觉不出任何生气，愤怒及悲伤同时冲击着智者的心，他不顾一切地高举"贤者之石"冲向撒拉格，将石头狠狠地砸向对方的额头。

在强烈的冲撞之后，撒拉格化作一团黑烟，从辛德公主的口鼻处飞了出来，公主的遗体再度归于宁静。

撒拉格的魂魄绕在大殿的四周，他阴森的声音令人感到恐惧："为什么？为什么我会输给一个老朽？我的魔法为何无法施展？为何我不能将你们摧毁？"

"因为你不可能战胜一个父亲对子女的爱、一个国王想要重夺江山的雄心，以及一颗渴望和平的真心。"穆赫泰尔拾起掉在地上的"贤者之石"，将其高高举起，对撒拉格怒吼道。赤红色的光芒耀眼而又温润。他慢慢地走向已经开始退却的魔鬼，高声喊道："消失吧！这个世界已经没有你可以立足的地方了。"

"你以为这样就可以驱逐我了吗？你错了！撒拉格可以是任何人，我可以操纵每个心怀邪念的人作为我的躯壳，甚至是你——智者，只要这个国家的人民还有邪念，我就无处不在。"撒拉格似乎对于自己的复活很有信心。

"那至少，这一次你输了。而我们，也不会再给你一次机会。至少现在，我和我的朋友们对于你毫无畏惧，而这个国家的人民绝对会拥抱这条自由之路，直到永远。"

穆赫泰尔手握着"贤者之石"，挥拳重重地打在黑雾之上，撒拉格痛苦地高喊一声后，彻底地消失了。

渡鸦走到大殿的窗边，一把拉开窗帘，太阳已经从大海的尽头露了出来。远处，波斯海军正从海湾撤离，"乾阳"号和"金沙滩"号静静地停靠在月亮湾之外，等待着他们的船长。渡鸦呵呵一笑，转过身看着瓦勒格、哈利德和穆赫泰尔，耸了耸肩，说道："这一趟航行真的很有意义，很值得回忆。瞧瞧朝阳下的巴林湾吧，多么安静、美丽。哈哈哈，我要多买一些实用的铝制品带回华夏国,销量肯定不错。"闻言,大家相视一笑。

四、故事分配

巴林在旅游业、体育运动和娱乐业三个领域具有一定的优势,对故事《星月彼岸》的宣传具有推动作用。

(一)旅游业

巴林由33个岛屿组成,四面环海,拥有怡人的海岛风光、淳朴热情的民风、悠久的历史和大量的历史遗存,尤其是以巴林堡为代表的迪尔蒙文明,更是令人无比向往,每年吸引着世界各地的大量游客前去参观。巴林政府倡导经济多元化发展,投资环境宽松,对旅游业发展提供资金、政策等方面的支持,鼓励外资赴巴林投资旅游业等服务业。巴林政府高瞻远瞩,不仅将旅游产业与医疗健康、休闲度假、房地产和顶级F1(世界一级方程式锦标赛)赛事等产业融合,还不断引进新项目,如建造世界最大的海底公园、度假村和室内滑雪场等,使世界各地的游客不仅感受到巴林独特的海岛风光,还能领略到多元文化的碰撞,不断提高巴林旅游业在世界范围内的知名度。旅游业成为拉动巴林国民经济的优势产业。故事《星月彼岸》借助巴林旅游业这一途径传播,可以激发人们对故事的关注,提高故事的知名度。

(二)体育运动

巴林人性格热情、斗志昂扬,酷爱体育运动,尤其将足球视为国球,十分热爱足球运动。巴林足球俱乐部通过参与巴林国内高级别足球赛事——巴林足球超级联赛,不断淬炼,为巴林国家队输送人才。巴林国家男子足球队进步飞速,在国际足联世界排名榜中的名次不断攀升,曾在2004年荣获亚洲杯第四名,实力不容小觑。除足球外,巴林还拥有中东地区唯一的巴林赛车道和世界顶级F1赛事。这个堪称世界造价最高的巴林赛道紧邻沙漠,赛道设计独具匠心,设备处于世界领先水平。随着巴林赛车道在世界范围内知名度的提升,它不仅越发受到F1车队的青睐,还越发受到世界各地赛车俱乐部的重视。巴林人民也越来越关注F1赛事。

巴林人民喜爱体育运动，将故事《星月彼岸》与体育运动相融合，将是传播故事的绝佳方式。

（三）娱乐业

巴林的电影业是新兴产业。巴林依托电影后期制作的优势，不断开发适合国际化市场的电影产品。除此以外，以巴林为代表的海湾阿拉伯国家在动漫产业、游戏产业、电子竞技产业等领域发展前景良好。巴林借助2018年在北京举行的第五届京交会平台，向中国企业推介巴林众多的投资项目。巴林不但展现出良好的投资前景及巨大的商机，而且热忱地期待与中国企业携手在电竞动漫、游戏产业等领域展开合作。作为率先开启改革之路的巴林，其娱乐业正在快速发展。将故事《星月彼岸》与娱乐业进行结合，可不断扩大故事的受众面。

五、故事消费

故事《星月彼岸》分配渠道建立后，从旅游业、体育运动和娱乐业三个领域分别介绍故事消费的策略。

（一）旅游业

在旅游业领域的消费通过旅游广告与产品、旅游宣传两个策略实现。

1. 旅游广告与产品

委托中国旅游咨询公司与巴林当地的旅游咨询公司合作，邀请中巴两国旅游专家担任顾问，以《星月彼岸》故事的背景为起点，沿着故事中角色航行的路线拍摄记录片，并着重拍摄两国最具代表性的旅游景点，后期制作成巴林、中国旅游宣传片。迎合中巴两国人民的审美情趣，围绕故事《星月彼岸》设计开发出适合不同年龄段、职业的旅游线路、文化创意商品、平面广告、视频广告、旅游宣传册和漫画等。

2. 旅游宣传

旅游宣传分别从线上与线下进行推广。（1）线上宣传。利用报刊、广播电台、电视台、互联网等媒体发布故事《星月彼岸》的漫画版、电台广告、旅游宣传片、视频广告等。或者通过社交媒体推送一些有关巴林的小故事、有关古代中国与阿拉伯地区友好交往的故事和中巴两国经贸合作等相关新闻报道，还可以发布或推送与故事《星月彼岸》有关的巴林及中国取景地的美丽图片、视频，以提升两国人民对故事的关注度，不断加深两国人民之间的相互认识与理解，以此扩大故事的影响力。（2）线下宣传。与巴林大型旅游公司合作，将《星月彼岸》中的人物设为旅游广告的主角。将《星月彼岸》的漫画版故事印刷在旅游宣传册和旅游地图上，在各大旅游景点向游客免费发放。或者通过赠送有关故事的创意小礼品，吸引更多的巴林人关注故事《星月彼岸》的 Facebook 或者 Twitter 账号。也可以设计故事《星月彼岸》的打卡册，游客在巴林旅游期间可到景区的纪念品专卖店中盖章打卡，按照打卡参观景点的数量来换取有关故事《星月彼岸》的小奖品。通过各种活动，不断加深巴林人民对故事的理解。同时，根据巴林文化部推出的文化展览计划，与巴林政府合作，在文化交流展览周上，将故事中的人物作为形象大使，推出针对中国游客的巴林旅游产品，加深两国的文化交流。

（二）体育运动

在体育运动领域的消费通过巴林超级联赛、巴林国际赛道两个策略实现。

1. 巴林超级联赛

与巴林足球协会、足球俱乐部合作，在举行巴林超级联赛时推出故事《星月彼岸》特别版球衣及以故事为蓝本设计的足球创意商品，或者邀请巴林本土足球明星为故事代言，采用数字合成技术，让故事中的角色与巴林足球明星共同拍摄联赛宣传片，利用足球场地、赛场广告牌、体育场 LED 显示屏播放宣传片，吸引巴林球迷的注意力，提高关注度。在比赛场地赠送故事《星月彼岸》特别版文化衫、小喇叭和加油标语条等礼品，并在礼品的包装袋上印制故事的 Facebook 或 Twitter 账号，搜索账号关注故事主页可以在购买纪念产品时给予折扣。通过广告宣传、礼品赠送、购买折扣等方式逐步扩大故事的影响力。

2. 巴林国际赛道

借助巴林国际赛道承办 F1 赛车等国际赛车比赛，与赛事主办方合作，把故事《星月彼岸》中的角色设计成动漫人物，以巴林赛道为广告场景制作成体现赛车风格的赛事宣传片；或者将动漫版《星月彼岸》的角色与F1知名赛车手结合，一起拍摄成趣味短片，通过赛车现场LED屏或巴林赛官网进行播放。巴林车迷在关注巴林赛的同时，也可对故事产生浓厚的兴趣。与巴林赛官方指定体育饮料品牌合作，将《星月彼岸》的F1赛车版海报印刷在饮料包装上，或者在巴林赛官网销售故事《星月彼岸》F1主题纪念产品、故事动漫版书籍等，进一步扩大故事的覆盖面。

(三) 娱乐业

在娱乐业领域的消费通过电影业、动漫两个策略实现。

1. 电影业

以阿拉伯知名电影明星为班底，加入阿拉伯地区较为知名的中国或华裔演员，拍摄手法参考阿拉伯特色的电影史诗，配乐使用阿拉伯民族特色的音乐，将故事《星月彼岸》改编拍摄为电影。在电影首映仪式上，通过播放片场花絮、明星宣传助力等方式，赢取巴林人民的关注，为电影的上映做好铺垫。与巴林影院达成协议，举办看电影赢奖励、购票优惠等活动。推出亲子套餐，凡是带儿童前去观看电影的观众均可享受打折优惠，观影结束后还可获得以故事《星月彼岸》为主题制作的小礼品，在提升电影知名度的同时，也使故事得到更广泛的传播。

2. 动漫

首先，邀请中巴两国动漫公司合作，共同制作《星月彼岸》的特别版四格漫画，分期刊登在报刊或漫画杂志上。在报刊和漫画杂志的最后一页，印上故事拼图。每期读者可获得一块拼图，集齐完整拼图后，便可获赠限量版故事3D书籍或者前往影院兑换免费的电影票。当《星月彼岸》的故事在报刊和漫画杂志连载结束后，随即推出单行本，并在书店进行优惠销售。将故事以动漫的形式进行呈现，可以使读者展开丰富的想象，增强对故事的了解。其次，邀请中巴两国动漫公司合作，共同制作《星月彼岸》的动画片。在动画片首播仪式上，与现场观众进行互动，采用AR技术让观众和《星月彼岸》的角色共同开启探险历程。探险结束后，开展故事《星月彼岸》开心问答抢答竞赛或者搜索故事Facebook的账号关注主页等活动，向参与活动的观众赠送故事《星月彼岸》的漫画或小礼品。通过各种活动，增加故事的辐射面，吸引人们关注。

六、中巴合作

故事生产、故事分配、故事消费的最终目的之一是达成合作,两国的合作主要体现在以下几个方面。

(一)合作旅游业

巴林是海湾地区第一个发现石油并对其进行商业开采的国家,为减少对油气产业的依赖,巴林政府调整国家经济战略,鼓励旅游业等其他产业的发展。巴林拥有优越的地理位置、得天独厚的海岛气候和大量的历史文化遗存,为使旅游业成为拉动经济新的增长点,巴林加大对基础设施的投入,实施各项优惠政策,将旅游业与其他产业融合。但是受到巴林本国人口、土地等的限制,巴林在旅游发展路径、旅游景点综合开发利用等方面存在阻碍。随着中国经济的发展,出国旅游已成为中国人民生活的一部分,中国多次成为全球出境游第一国,其中前往北非、中东等国家的中长线出境旅游越来越受到中国游客的认可。随着"一带一路"倡议的提出,中国游客越来越将目光着眼于"一带一路"沿线国家。中巴两国在旅游业方面达成合作,将会加快巴林旅游景点的开发建设,带动中国企业对巴林旅游业及相关产业的投资,促进巴林旅游基础设施以及相关配套设施的建设。两国深入合作,将会为双方迎来更多的游客,从而促进两国旅游业的共同发展。

(二)互助制造业

石油、金融、炼铝等产业是巴林的支柱产业。其中,由巴林政府控股的巴林铝业公司是海湾地区乃至世界铝产品重要的供应商,也是海湾地区绝大部分铝电缆的供应商。同时,巴林也是海湾地区唯一生产铝粉末的国家。巴林政府为实现经济结构的多元化,除支持石油产业外,还扶持其他产业的发展,尤其重视中小型制造业企业的发展。为发展制造业,巴林政府依托本国金融服务业等产业优势,不断完善经济贸易法规,积极采取各项优惠政策,吸引外商投资,营造自由便捷的投资环境。例如,巴林制造业投资商务成本低,除石油产业外,税收方面不需缴纳营业税、所得税、销售税等。巴林政府加大对制造业园区的建设，建立巴林物流区、自由区、国际投资园区等。外资入驻后，政府会给予各项优惠政策。巴林制造业因为集约化程度低、缺乏技术等原因，制造业高附加值产品少，依赖进口，制造业发展受限。而中国历经几十年发展，虽然拥有完整的制造业体系，但仍处在不断追求产业转型，致力于打造制造强国的过程中。中国通过不断加大对制造业资金、科技的投入，提高生产效率和产品质量、重视环保、要求低能高产、增强产品科技含量、重视制造业深加工、倡导自主研发核心技术、鼓励生产中高端产品，不断提升中国制造业核心技术水平，努力打造世界级标准的中国品牌。中国在多个工业领域取得突破，尤其是中国铝深加工业在高端铝型材方面实现了突破，产品应用于航空航天领域，达到国际领先水平。目前，中国逐渐成为制造业领先国家。如果中巴两国在制造业领域达成合作，借助巴林优越的地理位置、便捷的交通、良好的投资环境和制造业的各项优惠政策等，一批中国优秀的制造业企业将进入巴林投资，带去中国先进的技术和高素质人才，加快巴林制造业的发展和产业转型，使两国在制造业方面实现双赢。

（三）共建运输业

巴林由33个岛屿构成，地理位置优越，是中东地区非常重要的贸易中转地和集散地。巴林港口众多，每个港口都拥有各自的优势。巴林将港口与自由贸易区、物流园区紧密结合，借助港口广阔的辐射范围以及物流园区现代化的物流配套设施、高效的服务和本国便捷的交通，不断加快商品及货物的进出口流通速度。哈利法·本·萨勒曼港的投入使用时间虽然较短，但凭借海港面积、承载能力、航道等，其便捷快速地服务于波斯湾地区的市场。然而，巴林众多良港主要集中于巴林岛。巴林岛本岛港口发展空间逐渐饱和，而其他岛屿港口的开发却迫在眉睫，致使巴林港口运输业发展受限。此外，巴林发展航运业的核心——造船业处于劣势，也是亟需解决的问题。港口面积扩大是港口开发的前提，中国在填海造陆方面有着丰富的实践经验。同时，中国加大科研投入，拥有从研发到制造完全自主知识产权的填海造陆"利器"——"天鲲"号。中国的造船业在2010年超越韩国后占据世界重要地位，订单数量位居世界首位。可以说，中国在造船业方面拥有丰富的国际合作经验。综上，中国和巴林在港口运输业和航运业拥有各自的优势。如果中国与巴林达成合作协议，中国提供技术、设备服务支持，不但可促进巴林其他岛屿的开发及航运业的发展，而且可拓宽中国的海外市场。同时，巴林在船只出入港、港口管理等方面经验非常丰富，可以帮助中国港口进一步提升服务水平，促进两国的共同发展。

第八章 对科威特传播的话语体系构建

一、科威特概况

科威特地处阿拉伯半岛东北部,东濒波斯湾,南部与沙特阿拉伯隔海相望,北部与伊拉克接壤。石油、天然气为其国民经济支柱,产值占国内生产总值的45%。科威特的气候不利于农业生产,大多数农产品都依靠进口。近年来,科威特也意识到自身对石油的过度依赖,开始发展多种经济。

科威特东北部为平原,其余为沙漠。一些丘陵穿插其间,地势西高东低,境内无山川、河流和湖泊,地下淡水贫乏,饮水主要来自伊拉克及淡化海水。

科威特为君主世袭制酋长国,国内禁止一切政党活动。内阁重要职务由王室成员担任。伊斯兰教为国教,85%的居民信奉伊斯兰教。信仰伊斯兰教的信徒中,约70%属逊尼派,30%为什叶派。[1]

科威特是阿拉伯半岛上的一个富裕小国,人口总数约443万。其中,科威特籍人约占30%。其实行高福利制度,免缴个人所得税,享受免费教育和医疗,并提供就业、物价、房租和结婚等补贴。[2]

课题组设想的中国和科威特的合作主要体现在农业、防沙治沙工程和海水淡化工程三个方面,因此仅对这三个方面进行介绍。

(一)农业

科威特是个沙漠国家,全年雨水稀少,自然环境和气候条件不适宜农业生产。但是,科威特政府努力克服各种不利因素,大力支持农业发展。尤其是近年来,科威特与中国合作,在沙漠改造成良田、灌溉技术、无土

---

[1] 外交部:"科威特国家概况",https://www.fmprc.gov.cn/web/gjhdq_676201/gj_676203/yz_676205/1206_676620/1206x0_676622/。(采用日期:2019年6月6日)

[2] 外交部:"科威特国家概况",https://www.fmprc.gov.cn/web/gjhdq_676201/gj_676203/yz_676205/1206_676620/1206x0_676622/。(采用日期:2019年6月6日)

栽培研发等方面取得显著进步，农产品日益丰富。

（二）防沙治沙工程

受气候、风向和沙漠化等的影响，科威特全境基本被沙漠覆盖。科威特春、夏两季经常遭受沙尘暴侵扰，尤其是西北部沙尘暴频发，严重影响科威特人民的健康和生产生活。为治理沙漠化，减轻沙尘暴，科威特联合国家多个机构、部门，计划实施"绿带"工程，部署防沙治沙工程。

（三）海水淡化工程

石油蕴藏丰富的科威特，大部分国土为浩瀚的沙漠，其淡水资源格外珍贵，主要依靠海水淡化取水。随着时代的进步，科威特在全国人口最集中的首都科威特城郊区兴建了大型海水淡化工厂，并在王宫对面的海滨建起三座高耸入云的大水塔。即便如此，随着城市化进程的加快，科威特人均耗水费用仍然在全世界人均耗水费用中位居最高。

二、故事背景

在科威特的一个绿洲部落，孩子们放学后在田间相互追逐、嬉戏打闹。傍晚时分，大人们从田间劳作归来。家家户户炊烟四起，辛劳一天的人们在晚餐后，纷纷走出家门，聚在粮食晾晒场，点燃篝火，载歌载舞，庆祝丰收。人们沉浸在一片欢声笑语中。一群孩子搀扶着拜玲耶老人来到晒场，所有人都向老人致以热情的问候并投来感恩的目光，因为她就是这繁荣部落的缔造者。慈祥的老人用微笑回应着周围人的问候。丰收的喜悦感染着每一个人。拜玲耶老人望着眼前的情景，感慨万千，记忆从深处慢慢涌现……

三、星月奇遇

第一章 回忆

在科威特的大漠里，有一片净土，这里完全没有受到黄沙风暴的肆虐，绿色植物使这里显得平和安宁。一个不是很大却富庶的部落坐落在这里，部落里人来人往、热闹非凡。令人无法想象的是，几十年前这里还是一个因争夺资源而几近灭亡的贫穷部落……

夜晚来临，部落里已没有白天的热闹喧嚣，但也并不沉寂，部落中心燃起篝火，年轻男子在篝火旁载歌载舞，吹奏着羊皮制成的乐器（声音类似唢呐），用浑厚的声音唱着传统的歌谣。女孩们和妇女们则坐在一旁的大帐篷里。在附近的一座大帐房里，坐着一位老妪，正是当年的小姑娘拜玲耶。她身上沉淀着饱经世事变迁的沧桑感，一双闪烁着睿智光芒的眼睛早已不复当年的清澈。她抬头看向门外的星空，浑浊的双眼里满是深情、思念、追忆……种种复杂的情绪一闪而过，她随即收回的视线中又充满平静慈祥，仿佛刚才的一切只是错觉。

她慈爱地看向身旁等着听故事的孩子们，眼神再次放空，缓缓道来："我像你们这么大的时候，部落还没有今天的样子，当初……"

第二章 情定

在沙漠极端干旱的环境下，水源短缺导致各部落之间纷争不断。这天晚间，一个部落为了抢夺拜玲耶部落的水源发起突然袭击，战火四起。慌乱中，拜玲耶和父亲与部落其他人走散了，身为部落首领的父亲也在混乱中受了伤。在父亲的掩护下，拜玲耶一路跌跌撞撞地逃出部落，眼看身后的敌人即将追上来，她慌乱之中躲进海岸边的一艘小船里。终于等到岸边搜寻的人离开，拜玲耶从小船中坐起，却看到让她崩溃的一幕。原来，正赶上退潮，小船已经被潮水带离了岸边。没有任何工具，拜玲耶只能无助地看着小船离岸边越来越远。

冰冷的海水推着小船摇摇晃晃地漂流，拜玲耶被冻得瑟瑟发抖，她已经三天没有吃饭了。拜玲耶面色惨白，无力地望着天上的明月，想着家乡和亲人，终因身体脱水而昏厥过去。

"姑娘，醒醒，醒醒！"拜玲耶仿佛听见有人在喊自己，她睁开眼睛，映入眼帘的是一个穿着洁白长袍的英俊少年。拜玲耶恍恍惚惚的，还没来得及说点什么就又昏了过去。

等到她再次睁开眼睛的时候，发现自己躺在一个温暖的帐篷里。她正想起身，少年正好进入帐篷："你终于醒啦！你的身体很虚弱，先躺着休息吧!""我这是在哪儿?你是谁?"拜玲耶问道。"你好,美丽的姑娘,我叫夏哈普,这里是伊拉克。我刚才在海边遇见你,你昏了过去。我略懂一些医术,就先将你带回来救治。"夏哈普看着虚弱的拜玲耶说道,"你的身体还很虚弱,还是先躺下休息吧,我去给你取些吃的来。"拜玲耶就这样在温暖的帐篷里休息了三天,身体终于有所好转,但是她的视力却在不断下降。在这期间,夏哈普也了解到拜玲耶的不幸遭遇,对她暗生同情。

这一天,阳光明媚,微风和煦,夏哈普带着拜玲耶去他家附近的山上晒太阳,希望她的心情能好起来。两个人在山上散步,看着阳光白云,身边无边的景色让拜玲耶的心情有所好转,她忍不住放声吟唱起来:

"微风吹过缓缓的沙丘,
我们的家乡如此美好,
阳光撒向吉庆的大地,
我们的生活如此美好!"

不知不觉,天色暗了下来。"我怎么什么都看不见了?"突然,夏哈普听见拜玲耶在大喊。正当他准备伸手去牵拜玲耶时,她脚跟没有站稳,从山上滑了下去。夏哈普急忙抄近路跑到山底,好在山并不是很高,拜玲耶暂时没有生命危险,夏哈普把她背回了家。然而,拜玲耶苏醒后,却发现自己失明了,每天都郁郁寡欢的。夏哈普看到她这样,自己心里也不好受,却还是安慰她:"拜玲耶,不要着急,我一定会找到治好你的办法的。"可是,他始终没找到治愈拜玲耶的方法。夏哈普心急如焚,却束手无策。他后来发现拜玲耶喜欢吃附近山上的椰枣,刚好椰枣有利于血液循环,于是就每天去细心看护这些椰枣,并祈求拜玲耶能够早日恢复健康。他听部落的人说,伊拉克东部的山上有一棵神奇的椰枣树,树上结的果子可以治愈任何疾病。可是,这棵椰枣树常年由一只金色的神鹰守护,不允许任何人靠近。

可夏哈普管不了那么多了,决定只身去冒险一试。拜玲耶听说之后,坚决不同意,她不想夏哈普为自己冒这么大的风险,最后两人决定一起上路。

一路上,因拜玲耶看不见路,夏哈普只得背着她跋山涉水。靠着锲而

第八章 对科威特传播的话语体系构建

不舍的精神，他们终于找到那座山，可是山附近的气温很高，两个人都感到身体十分不适。

他们凭着毅力来到椰枣树前，突然，数道箭光飞射过来，他们定睛一看，原来是一片片金色的羽毛，夏哈普赶忙护住拜玲耶。这时一道金光闪现，一只金色的巨鹰出现在两个人身边，夏哈普再次护在拜玲耶身前。拜玲耶由于眼睛看不见，只能紧紧地抱着夏哈普。夏哈普向神鹰表明了两人的来意，神鹰静默良久，说道："椰枣我可以给你，但是要你付出生命的代价，你愿意吗？"拜玲耶听后立刻说："不，不用了，我们不需要！"夏哈普摸了摸她的头，安抚道："拜玲耶，不要激动。"接着，他转身对神鹰说道："我愿意！"拜玲耶激动地反驳道："我只是一个陌生人，夏哈普，你不需要为了我这样做。"夏哈普微笑着说："拜玲耶，你没有发现吗？我喜欢你，对我来说，你并不是陌生人。我愿意奉献我的所有换取你的健康。"然后，他再次对神鹰说："我愿意！"话音刚落，一道金光闪过，神鹰又失去了踪影，只留下一枚金色的椰枣，空气中则传来高昂的吟唱声：

"痴情的人们啊……
爱情的花朵抽朵发芽……
那是你们心中的光……
神树结出果实……
治愈一切……
奇迹降临人间……
伴随你们，伴随你们的心……
我闻到一种芬芳……
幽香，那是天堂的幽香……
旋律在奏响……"

夏哈普赶紧让拜玲耶吃下椰枣，不出所料，拜玲耶重见了光明。与此同时，夏哈普也筋疲力竭地昏了过去。拜玲耶吓坏了，用尽全身力气扶起夏哈普，一步一步把他背回帐篷细心地照顾。第二天，夏哈普总算苏醒过来，两人相拥而泣。

夏哈普带着拜玲耶回到自己的家，拜玲耶的善良热情使得周围的邻居都很喜欢她。在村子里，拜玲耶注意到这种沙漠中坚韧的植物——椰枣树，它不畏干旱、烈日，顽强地挺立在沙漠之上。拜玲耶想，如果将这种植物带回自己的部落，就不怕在沙土上种不活植物了，而且椰枣还可以作为食物，这能够给部落的人们带来很多好处。就这样，拜玲耶和夏哈普悉心地照顾着这些树，不断摸索着种植椰枣的技巧，并在原来的种植方法上勇于突破创新。

有一天，从遥远的东方回来一位商人，他带回了色彩斑斓的丝绸、香浓的茶叶、精美的瓷器……转眼便销售一空。拜玲耶和夏哈普看着这些前所未见的精美物件，和其他年轻人一样都想听商人讲述东方的故事。商人脸上露出神秘的微笑，说："在遥远的东方古国，人们生活十分富裕，到处都是商机。人民勤劳善良、心灵手巧，制作出来的东西精美而实用。那里的农业十分发达，大多数人生活富足、衣食无忧……"听到这里，拜玲耶想起自己部落的困境，想起自己的父亲，心情又低落下去，同时对神秘的东方古国充满了向往。

商人讲述了一整夜关于东方神秘国度的各种传奇。拜玲耶想要去东方看看，去了解那里的文明。她下定了决心，就迫不及待地想要出发。夏哈普怎么可能让她一个人去冒险，在征得家人的同意后，他决定陪拜玲耶一起去东方探险。

安排好家里的一切，拜玲耶和夏哈普踏上了旅途。驼铃阵阵，他们将去往那神秘的东方古国。

走到伊拉克的边境，他们遇到一位守夜人，守夜人告诉他们，神秘的东方有一种神奇的技术，它可以帮助人们获得更多食物。拜玲耶听到这里，十分激动，更加坚定了要将这种神秘技术带回部落的决心。

第三章　流离

离开伊拉克，顺着守夜人指引的路，拜玲耶和夏哈普向东方走去，沿途磕磕绊绊，触目所及，都是黄沙。大漠中，肆虐的风沙让人辨不清方向，更是给前路增加了许多未知的风险。拜玲耶有些担心，可是一想到部落的困境和不知所踪的父亲，还是咬咬牙继续前进。

水袋已经空了，两人的长袍上沾满了沙尘，骆驼也在一次风暴中失踪，拜玲耶只得握紧夏哈普的手。前方还是看不到尽头的沙漠，眼前一成

第八章 对科威特传播的话语体系构建

不变的景色让拜玲耶的心渐渐沉了下去，她终因缺水而跪倒在地上。夏哈普扶起拜玲耶，鼓励道："再坚持一下吧，至少要坚持到有人的地方。拜玲耶，想想你的部落、你的梦想、你的父亲，你难道要放弃了吗？"

拜玲耶忍不住流下眼泪，却又有了前进的动力，她努力支撑起自己疲惫的身体，高温让眼前的沙漠有些失真，空气仿佛都被抽干了。夏哈普拖着同样疲惫的身躯，牵起拜玲耶的手继续向前走。

远处的地平线上隐隐约约有升起的炊烟，两人心中燃起希望，拼尽全力向炊烟升起的方向走去。部落越来越近了，两人激动地对视一眼，不敢相信自己的眼睛，因为一路上两个人见过太多次海市蜃楼，短短几个月的旅程仿佛经历了数年……部落里走出一位牧羊人，他一边赶着羊，一边欢快地吟唱着歌谣。看到风尘仆仆的两人，牧羊人热情地上前询问："远方的客人啊，你们是遇到什么困难了吗？看你们疲惫的样子，不如先到我家里喝口水休息一下吧！"两人欣喜若狂，来到牧羊人的家里，好客的牧羊人打来清水招待他们，这在沙漠里可是无比尊贵的待遇。

两人在牧羊人的部落休整了一段时间，养足了精神，便再次踏上前往神秘东方的道路。热情的牧羊人为两人准备了许多食物和水，他们辞别了牧羊人，继续向东走去。有了水和食物，两人加快行程，一路上遇到的部落也越来越多。

他们进入了巴基斯坦，这时距离两人离开家乡已有数月之久。他们一路上走走停停，体验到不同的风土人情，有过困难和无助，也有过在困境之中被施以援手的感动。

远处传来阵阵驼铃声，夏哈普有些不安，他们之前遇到过驼队，可是并没有得到任何帮助，反而差点被打劫，所幸那些人在他们身上没有发现值钱的东西。即便如此，那些人还是抢走了他们身上的大部分食物。

就在夏哈普不知所措之际，驼队已经接近他们了，领头的是一位看起来和善亲切的大叔，倒是让人一见便心生好感。整个驼队井然有序地前进着，虽然大家都在说笑，但是该有的小心警惕一点也不少。

看到停在原地的两人，队伍里一个小个子上前询问："小哥和姑娘是遇到什么困难了吗？"夏哈普他们虽然听不懂对方在说什么，但是也能感受到对方的善意，拜玲耶忍不住上前求助。在经过一番磕磕绊绊的交流后，领头的大叔爽朗地一笑，用一口流利的阿拉伯语说道："姑娘说的似乎是我的家乡吧,你说的技术我倒是有所耳闻,我的家乡就有人掌握了这种技术。年轻人,你们不远万里离家学习技术,应该多去各地看看有没有振兴家乡的办法。我们还要到天竺去做生意,如果你们不着急的话,就骑上骆驼一起走吧!"

夏哈普和拜玲耶商量后决定,与其两个人漫无目的地摸索前进,还不如和东方商队一起,这样路途也会轻松一些。

带队的大叔来自繁华开放的东方古国,会多国语言,加之天生一副热情爽朗的性格,所以在商路上交了很多朋友。一路上,两人听了许多关于那个神秘东方国度的故事,这让拜玲耶心中更加坚定了信念,也让夏哈普更加确信了前往东方的决定是正确的。

一路上,商队把从家乡带来的华美丝绸、上好的茶叶、珍贵的瓷器与其他部落进行交换,再将其他部落的特产带回家乡进行交易。拜玲耶脑海中渐渐浮现出一个想法——重建家园。不过,因为要前往东方学习,她暂时将这个想法压了下去。商队终于到了大叔口中所说的天竺,大家停下来休整,夏哈普带着拜玲耶借机到街上去看看。这里的繁荣景象让两个人惊呆了,因为和贫穷家乡的反差实在是太大了。大叔不知什么时候走到两人身后:"很热闹,对吧?我的家乡比这里还要热闹,大街小巷人来人往,甚至连夜晚都被灯笼照得如同白昼,那才是真正的繁华!"两人回头看向大叔,大叔哈哈大笑两声,拍拍夏哈普的肩膀转身离开了。

商队在天竺待了一段时间。这段时间,两人不仅和商队的人交流,还在天竺四处游览,见识到这里发达的农业。由此,两人对神秘的东方古国更加向往了。在天竺的时间过得很快,商队要启程离开了。跟随商队出了天竺,两人就要和商队分别了。临行前,商队众人都有些不舍,小个子还将自己随身携带的匕首送给了他们。大叔也给两人准备了食物和水,慈祥地说:"你们旅途上会面临许多困难,希望你们能平安到达,找到你们想要的东西!有机会一定要来我的家乡找我,我带你们见识那里的风土人情!"

商队离开了,拜玲耶和夏哈普继续踏上"寻宝"的路程……

前面的环境再次恶劣起来,但是知道离自己的目标越来越近了,两人又怎么会轻易退缩呢?

第八章　对科威特传播的话语体系构建

第四章　终于到达

就这样，经过一系列曲折之后，拜玲耶和夏哈普终于进入神秘的东方国度。可是，他们发现这里群山环绕，寒冷的气候让他们无法适应。放眼望去，到处是雪峰和荒原，凌厉的北风席卷着沙石和冰雪，吹得拜玲耶和夏哈普的长袍簌簌作响。

他们甚至怀疑这里不是大家口中所说的繁华国度，可是已经走到这里，他们只能凭借着顽强的毅力继续坚持。饥饿、寒冷越是折磨他们的精神和肉体，就越坚定了他们寻找传说中神奇技术的决心。

北风越刮越大，他们找到一个可以暂时躲避一下的山洞。他们在山洞中燃起火堆，拿出准备好的肉干填饱肚子。吃饱后，两人相互依偎着，看着眼前跳跃的火苗，听着洞外呼啸的北风，渐渐地睡着了。拜玲耶梦见自己找到传说中可以让族人不再忍受饥饿的神奇技术，又看到族人脸上洋溢的笑容和父亲欣慰的面庞。拜玲耶一下子醒了过来，发现身边的夏哈普不见了。她喊了两声，寻着夏哈普的回声摸索着向山洞深处走去。拜玲耶看见夏哈普正举着火把在仔细地看着一面石壁，她走近一看，不由得大吃一惊，石壁上面竟然刻着他们族人的语言。或许因为时间太过久远，上面的字迹已经有些模糊不清了，只能大致看出来是与这种神奇技术有关的内容，可是重要内容已经风化了，两个人只好充满疑惑地继续上路了。

又走了一段时间，他们发现了一些灌木丛，猜想着应该是快要发现水源了。在这荒滩戈壁中找到水，也就意味着找到村落和人烟。拜玲耶的身体因为风餐露宿和漫长的路途，已经快要坚持不住了。夏哈普让她先坐下休息，自己去找一些水来给她喝。夏哈普走后，拜玲耶独自一人在荒滩的石头上坐着。突然，她听到几声沉闷的声响，像是野兽在咆哮。她听着声音寻过去，突然脚下踩空，整个人瞬间失去了意识。当她清醒过来时，发现自己半个身子泡在水里，身边都是粗壮的被削成尖头的木头桩子。有一只雪豹卡在两根木桩中间，它一张嘴，水就灌入咽喉中，导致它低声而痛苦地咆哮着。拜玲耶犹豫再三，决定救它，于是低声对雪豹说："我救了你，你可千万别把我吃了。"然后，拜玲耶一步步试探，缓慢地走向雪豹。她使出浑身力气把卡着雪豹的木桩移开，这时雪豹却突然跳了起来，她被雪豹这一举动给吓得使劲往后退。但是，雪豹只是用鼻子嗅了嗅她的气味就转身灵敏地跑了。拜玲耶松了一口气,此时她听见了夏哈普的喊声,连忙大声呼喊起来。夏哈普终于发现了她,并搀扶着她走出来。拜玲耶将她遇到的事情告诉了夏哈普,夏哈普心里一阵后怕。他安抚了拜玲耶的情绪,催促她赶快休息一下。

又不知走了多久,他们终于发现成片的树林和植物,气候也变得潮湿起来。不久,他们就找到一个十分安宁祥和的村落,这里土地平旷,人们的穿着也和他们完全不同。

他们犹豫再三,决定去村落里打听一下情况,正好他们所带的食物也吃完了。正当他们准备进入村落的时候,突然听见沉重的脚步声和震天的呼喊声。不一会儿,他们就被手里拿着各色武器的人团团围住了。这些人的脸上画着彩色的图腾,头顶上扎着一条长长的辫子,黄皮肤,有着结实的臂膀和强壮的身体。他们试图让拜玲耶和夏哈普放下手中的东西,可是两人听不懂他们说的话。眼看面前的人们情绪越来越激动,包围圈越来越小,他们手里的武器离他们越来越近,一只雪豹突然咆哮着从远处跑来,挡在了拜玲耶和夏哈普的身前,冲村落里面的人低声吼叫着,随即又转身用身体摩擦拜玲耶的腿,拜玲耶试探地摸了摸雪豹的鼻子。

村里的人都被这幅景象震慑住了,面面相觑,不知该如何是好。突然,拜玲耶听见人群中有一个人大声说着些什么,那个人说完以后,所有拿着武器的人都将武器收起来,并面朝拜玲耶的方向单膝跪下。刚才在人群中喊话的人则缓缓走向拜玲耶两人,用阿拉伯语对他们说道:"欢迎你们的到来,我们已经等待很久了。"拜玲耶和夏哈普一头雾水,被众人莫名奇妙地请进村落。村里的人端上丰盛的食物和茶水款待他们,那是他们从来没有见过的食物。首领说这是他们部落的特产,让他们先吃些东西再休息一下。

首领拿起桌上的筷子夹起一根菜放到嘴中,这时夏哈普和拜玲耶才意识到桌上的木枝是餐具。

拜玲耶有些笨拙地使起筷子吃饭,夏哈普也学着拜玲耶的样子用筷子吃起东西。夏哈普不知夹了什么东西喂到嘴里,舌尖突然被麻味刺激到,赶快将嘴里的东西吐了出来。首领哈哈大笑,夏哈普就问首领刚才自己吃了什么东西,首领说这叫作花椒,是贡品,可以祛寒止痛。屋子里的人都露出善意的笑容。拜玲耶问首领为什么他会说自己部落的语言,以及为什么在雪豹出现后改变了对他们的态度。首领热情地招呼两人边吃边聊，于是夏哈普和拜玲耶一边吃着这些看起来奇怪但味道十分可口的食物，一边听首领娓娓道来。

首领说，当他还是个小孩时，自己的父亲是村落的首领，有一天早上村落入口有一个人昏倒了，于是他父亲就将这个人接到村子里细心照顾。这个人醒来后，自己的父亲听不懂这个人所说的话，但凭借着这个人画的图知道了他来自遥远的西方，来寻找让自己的族人不必忍受饥饿之苦的技术。这个人发现村里的人不用打猎也可以吃饱肚子，就觉得自己要寻找的技术就在这里。于是，他留下来一边学习语言，一边给一个小孩教授自己部落的语言，而那个小孩就是首领本人。首领描述了那个人的相貌，拜玲耶已经隐隐约约感觉到那个人就是自己的父亲，父亲年轻时曾到东方探险，后来回到部落，带回了农作物种植的方法。父亲凭借这个当上了部落的首领，拜玲耶也是从那个时候知道东方有个神秘古国的。

拜玲耶又问："那为什么你们看见雪豹对我的亲昵举动就停止了对我们的攻击呢？"闻言，首领将他们带到一个山洞里，上面刻着一幅图画，就是一个女孩摸着一只雪豹的鼻子。而雪豹是他们村庄的图腾，在他们村落里有一个传说——能够摸雪豹鼻子的人可以帮助他们逃离黑暗，得到像太阳一样光明和温暖的宝物。于是，拜玲耶和夏哈普对视一眼，从行囊中摸索出一盏精巧的油灯递给首领，说这个油灯可能就是他们想要的东西。

村里的人把自己的种子和种植技术教授给拜玲耶，以报答她带给他们光明的恩情。拜玲耶就在村里住了下来，一边和村里人学习种植技术，一边和夏哈普一道学习东方语言。后来他们得知，这个国家还有一种更为神奇的种植方式，不用土地就可以培养出农作物，原来这才是他们一直要寻找的神奇技术。首领向他们解释了这种无土栽培技术，拜玲耶迫切地想要学习，首领看到她这么坚持，便告诉她学习这种技术要去更发达的城镇。于是，两人告别村落的人，再次踏上了新的路程。

冰冷刺骨的狂风呼呼地怒吼着，拜玲耶不由得紧了紧身上的长袍，夏哈普又帮她系紧了衣衫，两人默默地停住脚步，回头看了看远处生活过的村庄，再转过头来。拜玲耶握紧了夏哈普的手，面向咆哮的长风以及未知的前方，毅然决然地走去。

渐渐地，风声越来越小，一些草甸植物也慢慢地映入两人的眼帘。

"应该已经离开村庄很远了吧?"拜玲耶心里默默地想着。她心中虽有一些不舍,但一想到自己的父亲,一想到自己还要为部落寻找更多的发展机会,她心中便又有了无穷的动力。

第五章 重新上路

拜玲耶和夏哈普还在前行着,走了很久,可前面还是没有人烟,天色渐渐暗了下来,拜玲耶觉得有些冷,刚想停下来休息,便听见夏哈普兴奋地惊叫道:"看!"喊叫声驱散了拜玲耶的疲倦,她抬起头来,看见不远处有一家客栈,温暖的烛光照亮了客栈的大门,带来光明和希望。拜玲耶和夏哈普高兴极了,他们已经很久没有吃过饱饭、喝上水了。他们兴奋地跑到客栈前,心情激动又紧张,夏哈普小心翼翼地敲了敲门,没有人应答,又敲了敲,还是没有人。两人心中希望的火苗渐渐熄灭,就在他们失望地准备转身离开时,门"哗"的一声打开了。开门的人是一位中年男子,典型的东方人长相,他的脸上充满了疑惑,看到拜玲耶和夏哈普的衣着,说道:"你们是路过这里的外邦人吗?天色渐晚,路途辛苦,来,进来坐!"还没等拜玲耶和夏哈普开口,中年男子便热情地邀请他们进去歇息,两人十分感动。再三感谢过后,两人与男子一同进入客栈。

中年男子请拜玲耶和夏哈普坐到草垫上,又端来两碗热水,他们终于可以暖和一下身子了。这时,"叮咚……叮咚……"客栈门外传来熟悉的驼铃声,中年男子把客栈大门打开,脸上露出欣喜的表情。"终于平安回来了!"中年男子一边接过大门外递进来的包袱,一边说道。拜玲耶和夏哈普走到客栈大门前想看看发生了什么事。门外是一长串骆驼和马组成的商队,人们正有条不紊地卸下行李与包袱。"这不就是之前帮助过我们的商队嘛!"拜玲耶欣喜地叫道。两人赶忙上前帮忙。好一阵子,等大家忙完了,中年男子将大家都请进客栈里,每一个人都喝着热腾腾的水,愉快地交谈着。拜玲耶和夏哈普了解到,原来这家客栈是给途经的商队提供休息和补给的地方。帮助过拜玲耶和夏哈普的商队明日即将赶往都城。拜玲耶和夏哈普听后,高兴极了,那不正是之前商队首领告诉过他们的地方吗?他们询问明天可不可以带他们一起去,商队首领爽快地答应了。

第二天一大早,拜玲耶和夏哈普便早早起床,商队也准备就绪。就这样,他们又踏上了新的旅途。

第八章　对科威特传播的话语体系构建

　　他们和商队走走停停，走了很久，首领突然说道："前面就要经过最危险的荒漠了，你们要做好准备，保护好自己。"拜玲耶和夏哈普听后不禁有些紧张，拜玲耶又想起自己的家乡也是一片荒漠，心中又多了些许酸楚——两年没有回过家乡了，也不知道家乡的战争有没有平息？部落的人们依然在忍饥挨饿吗？自己的父亲又在哪里呢？拜玲耶默默低下头，不想让夏哈普看见自己在流泪，夏哈普抱了抱她，说："坚强点，一切都会好起来的。"拜玲耶点了点头，擦干眼泪，继续上路。

　　在沙漠里又走了很久，看到很多海市蜃楼，但拜玲耶和夏哈普用自己的经验帮助商队少走了很多弯路。天色渐暗，沙漠中巨大的昼夜温差开始显现。这时，风不断地呼啸着，人们都冻得瑟瑟发抖。"哐"的一声，驼背上的货物被狂风吹落下来。人们赶忙去捡拾货物，拜玲耶和夏哈普则帮助大家固定货物。风越来越大，他们意识到沙尘暴就要来了，而且气温越来越低，沙子不断吹进耳朵、鼻子里，又冷又难受，人们都感觉快要经受不住了。拜玲耶和夏哈普被风吹得寸步难移，冷风钻遍全身，两人瑟瑟发抖。

　　就在人们陷入痛苦无望的深渊时，货物里突然掉落出几捆茶叶，有小伙计跑过去捡，首领挥挥手说："保存体力！掉下的茶叶不要了！"就在小伙计将要转身回来时，拜玲耶阻止道："不！捡回来吧！或许有用！"小伙计拿过茶叶来，拜玲耶又问："有没有盆碗一样的东西？"商队首领好奇地想知道拜玲耶要做什么，便取出瓷盆递给她。拜玲耶叫大家围到一起，在中间留下一小片空地。拜玲耶掏出仅剩的一点从家乡带来的油块，她很不舍，但风太大又没有什么助燃物，篝火根本烧不起来。她借了火折子用油块引燃茶叶，放在大瓷盆里。火终于烧起来了，大家可以感受到温暖了。

　　经过痛苦的一夜，沙尘暴渐渐平息，大家都平安无事。商队首领十分感谢拜玲耶急中生智，保全了大家。他们又开始赶路，走了很久，沙漠慢慢地变得非常平静，好像不再会有沙暴肆虐。拜玲耶眼尖地发现有很多格子一样的东西散布在沙地上，觉得很好奇。首领解释道："这是沙漠屏障，是用麦草扎成的方格，铺在沙漠中，在方格中种植耐旱的植物，可以帮助阻挡风沙。看到它，就知道我们快要出沙漠了！"拜玲耶惊叹于这里人们的智慧，心想家乡的风沙也有得治了！她心中激动极了，这不正是自己来东方想要做的事情吗？自己的家乡终于有救了！没过多久，他们与商队一起来到期盼已久的都城。

拜玲耶和夏哈普在都城居住了很久，发现这里的人们会用一种很省水的方式浇灌农田，而且有了这种方法，人们就不用每天辛苦地挑水浇灌，也不用担心大雨会淹没农田。拜玲耶激动地想：有了这种方法，部落就不会因争夺水源而发生打斗。她和夏哈普欣喜不已，忙向正在农田劳作的老伯咨询。老伯上下打量他们半天，随后坐下来向他们讲述坎儿井灌溉的方法和原理。就这样，两人每天去找老伯学习，老伯也敞开心扉，倾囊相授。

在都城生活期间，夏哈普每天还跟着商队学习经商，拜玲耶则学习各种农业技术和原理。两人结识了很多朋友，了解了很多关于贸易、农业等方面的知识，也积攒了不少财富。两人还专门学习了治理沙漠的方法。一天，夏哈普对拜玲耶说："是时候该回家乡了。"拜玲耶用力地点了点头，擦了擦眼角泛出的泪光，心想：这一天终于到来了！

拜玲耶默默注视着天空中迎风飘扬的风筝，心绪再也不能平静。她想到在这古老的土地上竟不知不觉地待了这么多年，而她的亲人们同样思念着她，她又何尝不怀念那些在沙漠里搭帐篷的日子。想到这些，她不由得叹了口气。忽然，她感觉肩膀上传来熟悉的温度，不用回头便知那是夏哈普——那个愿意陪她奔波流离，为了她不顾一切的男人。多年来，夏哈普带给她的"星辰"足够闪耀整片天空，只要他在，她的心便是安定的。"拜玲耶，想家了就回吧，我们总该回去的。我们需要家人，家乡也需要我们。"他是懂她的。

就是这么奇怪，拜玲耶原本摇摆不定的心随着夏哈普的话语变得坚定起来，想要回家的决心更加坚定。"好，夏哈普，我们回家。"她一回去便和夏哈普开始收拾行装，要带的东西实在是太多了，这些年她早已深深地爱上了这片土地，就如同热爱着自己的家乡一般。尽管千般留恋、万般不舍，但她也不会忘记自己的初衷，是时候该回去了。她把收集的特产、农作物种子、农具等分类装好，然后与邻居们一一道别。她明白，这一去，不知何日能够再相见，又或许就是永别。

第六章　归程

第二天清晨，拜玲耶骑上骆驼，望着自己居住多年的房子，叹了口气说："走吧。"

她和夏哈普一路辛苦前行，途经波斯国时停下来休整。拜玲耶在东方之国就已听到关于波斯国的传闻，并看到波斯国的物产，比如波斯毯。因水土、气候等原因，波斯人养的桑蚕吐出的蚕丝质地偏硬，不适宜织柔软的丝绸，更适合织地毯。在当地市场，拜玲耶和夏哈普看到来自东方的香料，夏哈普想到一个一举两得的方法："我们教波斯商人如何炮制调料，条件是让他们用制作波斯毯的方法来换，我们带到家乡去。"拜玲耶非常赞同。西方和中亚、中东的游牧民族以肉食为主，烹饪肉食时需要很多调料。调料包括生姜、肉桂、豆蔻、丁香等，所用的都是最普通的原料，却能制作出香气宜人的调料。他们俩刚到集市上摆摊，便有人上前询问。就在波斯人赞叹调料的奇妙制作过程时，拜玲耶和夏哈普也学到波斯毯的制作方法，并且用调料换到许多玻璃制品、珠宝、金银和亚麻织物。

清早，拜玲耶和夏哈普挽着手走在田间，"夏哈普，快看，坎儿井！"夏哈普循着拜玲耶的指示看过去，是啊，是跟新疆地区一样的"坎儿井"。拜玲耶很好奇，她一直以为坎儿井这种灌溉方式是东方之国独有的，没想到在波斯国也见到了。拜玲耶向正在田间劳作的大妈请教："请问您这种灌溉方式是从东方之国传过来的吗？"老大妈直起腰，边擦汗边对她说："波斯语中称这种灌溉方式为"坎纳特"。在阿黑门尼德王朝时期，我国商人从外邦带回水利技术，对农业发展有很大的帮助。"拜玲耶细细一想，也就是说，坎儿井这种农业灌溉模式是东方之国发明的，之后才慢慢传到波斯。科威特那种严重缺水且蒸发量极大的地区，绝对应该引进这种灌溉方法。拜玲耶灵光乍现，认为可以将海水蒸发，冷凝，收集制成淡水，解决人们的饮水问题。拜玲耶想到这里，便更加迫不及待地想要返回科威特。

第二天天刚亮，拜玲耶便拽起夏哈普，马不停蹄地赶往科威特。夏哈普什么也没有说，只是笑着跟着她。

第七章　归来

拜玲耶终于回来了。她看着不远处的家乡，那熟悉的味道、熟悉的感觉扑面而来，是的，她回来了。

拜玲耶和夏哈普一路历经坎坷和生死，终于回到拜玲耶的家乡、她的部落，这里有她的家人，有养育她成长的土地。拜玲耶坚信，只要自己努力，只要他们有足够的食物和水，他们也可以幸福地生活在一起，部落一定会更加繁荣。

一旁的夏哈普深知此时拜玲耶心中的想法，他将她的手握在自己的手中，用无声的行动告诉她——无论她做什么决定，他都会支持她，陪在她身边，帮助她完成梦想。因为在这个年轻人的心里，只要这个坚强善良的姑娘开心，自己做什么都是值得的。

两人互相注视着对方的眼眸，交换着彼此的真心。

拜玲耶带着自己的爱人走进她的部落，凭着记忆，她找到自己曾经住过的地方。看着眼前破旧不堪的房子，她心中虽有一丝荒凉，却又充满了期待——终于回家了！拜玲耶充满期待地缓缓推开家门。可是，家里静静的，没有任何人，也没有任何声音，只剩下破旧的家具和器物。拜玲耶难过极了。正在此时，一位满头白发的老奶奶走上前来，拜玲耶认出她就是自己的邻居。"奶奶，我父亲呢？"拜玲耶激动地问道。老奶奶向拜玲耶讲述了她父亲的事。原来，拜玲耶和父亲与部落其他人走散后，父亲受了伤，掩护她逃跑后，最终父亲因得不到有效治疗而去世了。父亲去世之前嘱托他人，一定要让部落重现辉煌。拜玲耶听完，忍不住伤心地哭了起来。夏哈普走到她身旁，对她说："既然我们回到了这片土地，就要完成你父亲的遗愿，帮助这里的人们摆脱贫困，让这里不再有动乱，让你的族人们能够幸福地生活。"说完，他走开了，给拜玲耶留下一点空间，让她自己恢复平静，他知道她这时需要的不是言语上的安慰。夏哈普开始动手收拾起屋子，拜玲耶也擦干了眼泪一起收拾，不一会儿，这里又有了家的样子。

收拾完家之后，拜玲耶便带着夏哈普去参观她的部落。拜玲耶一心沉浸在对这里一草一木的怀念和重回故乡的欣喜中，自始至终没有发现夏哈普越发苍白的面庞。此时的夏哈普心里也是无比的难受，他多想陪着她一起复兴她的部落，一起慢慢变老，可是他没有时间了，他的身体一天不如一天。从科威特辗转到东方之国，再从东方之国回到科威特，他一路上积劳成疾，身体早已透支。此时的夏哈普只想好好地活下去，如果重来一次，他还是会毫不犹豫地选择和拜玲耶一起去东方之国，再一起回到科威特，只因为那是他心爱的姑娘。可现在的他只能用自己最后的时间尽自己最大的努力去帮助拜玲耶。

拜玲耶和夏哈普在部落里转了一圈，两人心中都有了拯救部落的方法。回到家后，部落里的人们很快就涌进拜玲耶家的院子。人们都非常好奇，也很激动，前任首领的女儿回来了！大家感念前任首领给了大家那么多帮助，都不知该如何报答才好。

拜玲耶走到空地上对部落的人说："今天，我终于回家了！我在外面漂泊的这几年学到很多有用的东西。从今天开始，我要完成父亲的遗愿，帮助部落发展壮大，让大家不再为食物、水而争斗，不再让多年前的悲剧重演。"听她说完，人们眼中闪现出激动的光芒，他们的家乡有救了！

拜玲耶看到族人们神情的变化，心里充满了动力。她又拉起夏哈普的手，对大家说："这是我的未婚夫，他将同我一起带领我们的部落走向富足。"族人们对拜玲耶在东方之国的经历非常好奇，一直问东问西，直到傍晚才尽数离开。每个人离开时，眼里都充满着对未来的憧憬与希望。

等族人们离开后，夏哈普对拜玲耶说："这是一个不错的开始，让我们来庆祝一下吧，我们好久都没有吃东方菜了，好想念它的味道啊。""好啊，我们今天就吃东方菜吧，再品尝从东方带来的绿茶。"就这样，两人让这个曾经破旧的家又充满了温馨。

当太阳缓缓从地平线升起时，新的一天到来了，从这一刻开始，这里将是充满希望的地方。两人和现任首领经过商议，一致认定首先要解决的就是沙漠的危害和水源紧缺的问题。在东方之国时，拜玲耶和夏哈普学到当地人治理沙漠的方法。于是，他们开始教部落的人们治理沙漠和挖掘坎儿井的方法，部落的改造渐渐成型。当一切都在往好的方向发展时，夏哈普的身体却一天不如一天，他一直尽力隐瞒着自己的病情，不想让拜玲耶知道，不想让她担心。可是，纸总是包不住火的。拜玲耶发现夏哈普一天比一天消瘦，脸上没有一丝血色。一天，夏哈普终于支撑不住了，晕倒在家里。拜玲耶为他请来部落里唯一的一位医生，当医生告诉她已没有能力医治夏哈普时，拜玲耶的眼神变得空洞，仿佛没有了灵魂。她始终不相信那样一个健康强壮的男人，竟然会没有多少时间可以陪着自己了，她的内心就像被掏空了一样。部落里的人惋惜地说道："这么优秀的年轻人，都还没有结婚生子，竟然就要离开这个世界了。"拜玲耶猛然回过神来，做出一个重要决定，她要和夏哈普结婚，她不想自己留下遗憾。

当她把这个决定告诉夏哈普时，夏哈普坚决地拒绝了："我已经是将死之人，怎么能和你结婚，耽误你一辈子呢？你以后还会遇到对你好的人，那人才是能够陪你一辈子的人。""父亲已经不在了，如果没有了你，我一个人以后要怎么过下去。我的心里只有你一个人，不管是现在还是将来，都只有你一个。我多想追随着你，无论在哪里……"夏哈普苦笑着说："拜玲耶，部落的发展离不开你，这里更需要你，让部落变繁华是你的梦想，也是你父亲的遗愿，你要好好地活着，一定要幸福。拜玲耶，不要伤心，我只是回归了大地的怀抱……"

拜玲耶沉默了，她知道自己还有未尽的责任："可是，我一定要和你结婚，就算我不和你结婚，我以后也不会嫁给别人了。"最终，夏哈普同意了拜玲耶的请求。在首领的主持下，两人举行了婚礼，没有盛大的婚礼仪式，没有华丽的礼服，有的只是族人最真诚的祝福，彼此相爱的两个人脸上满是幸福。在婚宴上，拜玲耶为大家准备了用东方之国原料制成的美味佳肴，还为大家准备了各色茶点。让拜玲耶没有想到的是，这场婚宴后，东方之国的菜肴和茶叶成为部落人最喜爱的食物和饮品。

婚礼过后，两人过着幸福甜蜜的生活，把学到的各种技术都用在建设部落上，眼看着部落一天天富足起来。可夏哈普却在好生活刚开始时离开了人世，拜玲耶悲痛欲绝，可是为了完成父亲和丈夫的遗愿，她又打起精神，仍然带着族人们兴修水利、治理沙漠、种植粮食……

生活还在继续，拜玲耶也越发忙碌。只是在没有人的时候，她总是抬头仰望着天空。她相信繁星点点的夜空中，总有一颗星星是她深爱的夏哈普，他就在不远的地方陪着她，就像从未离开过一样。拜玲耶对着天空说："父亲，夏哈普，你们看到了吗？我们从东方之国带来的种子，播撒在了部落的土地里，水资源得到更好的利用，族人有了更好的种植条件。部落的土地也能种出优质的粮食，族人们不再为填饱肚子而发愁，我们所付出的一切努力都没有白费，我会和族人们一起幸福地生活下去。"

年复一年，经过族人不断的努力，沙尘不再肆虐，族人衣食无忧，部落越来越热闹、越来越繁华。拜玲耶还组织了商队每年前往东方之国进行贸易、学习和交流。

如今拜玲耶老了，她总是回想起年轻时的美好时光。一个听完故事的小女孩走到拜玲耶的跟前，说道："老奶奶，已经很晚了，我送您回家吧!"拜玲耶慈祥地笑着,点了点头。

四、故事分配

科威特在互联网、学校和大众传媒三个领域具有一定的优势,对故事《星月奇遇》的宣传具有推动作用。

(一)互联网

科威特信息化程度很高,在海湾地区的排名仅次于沙特和阿联酋。科威特拥有三家互联网服务供应商及若干供应商分支机构。其互联网普及率在海湾地区的排名居第二位,越来越多的科威特人通过互联网进行电子商务活动。中国华为技术科威特责任有限公司是获得科威特营业执照的中国电信公司。为不断提高科威特的电信服务水平,给科威特互联网用户带来更高速的体验,科威特通信公司 ZAIN、科威特领先电信运营商 Wataniya Telecom 与中国华为公司展开不同领域的网络合作研究,取得技术突破。2018 年 12 月科威特电信运营商 VIVA 与中国华为签署 5G(第五代移动通信技术)商用合作协议,为科威特构筑 5G 网络,助力科威特成为智能城市。依托于科威特快速发展的信息产业,将故事《星月奇遇》通过互联网传播,可扩大故事的受众面。

(二)学校

科威特属于高福利国家,政府非常重视教育,国民享受免费教育。科威特教育体系健全,教育制度完善,小学、初中、高中全部是四年学制。学校总数超过 1000 所,由公立、私立以及特殊教育学校等构成。政府不断加大扫盲经费的投入,不但通过立法建立扫盲中心降低文盲率,还加大对高等教育的经费投入。科威特大学城项目正在加紧建设中。借助科威特政府对教育的重视,与科威特教育部门取得联系,并与各级各类学校搭建合作平台,可以扩大故事《星月奇遇》的覆盖面。这不仅为科威特青少年打开了一扇了解中国的窗,也可将中科两国友谊的"种子"深深地埋在青少年的心中,为今后两国的友好交流打下坚实的基础。

(三) 大众传媒

科威特新闻出版业比较发达。全国共有多家私营报业，用阿拉伯语或英语出版日报。三家官方新闻机构，分别是建于1956年的科威特通讯社、1951年的科威特广播电台和1962年的科威特电视台。科威特可以通过卫星转播本国节目，也可以收看其他国家的卫星电视节目。通过科威特较发达的大众传媒网络，可以使故事《星月奇遇》加大传播速度，扩大接触面。

五、故事消费

故事《星月奇遇》分配渠道建立后，从互联网、学校和大众传媒三个领域分别介绍故事消费的策略。

(一) 互联网

在互联网领域的消费通过研发产品、搭建社交平台和网店销售三个策略实现。

1. 研发产品

以故事《星月奇遇》为基础，运用大数据对科威特互联网用户进行消费习惯调查，在儿童益智类、语言教育类、商业类、成功励志类、网络文学类等领域，研发出适合不同受众的电子广告、产品和各类书籍，不断扩大受众面。

2. 搭建社交平台

建立故事《星月奇遇》的公众号，公众号里插入中科两国留学生留学期间因文化差异而产生的趣闻趣事，关于中科两国间人民、文化交流团体和政府等友好交流的新闻报道，以及中科两国历史文化小常识等，扩大读者群。利用Facebook、Twitter和Instagram等社交媒体，将故事《星月奇遇》的电子漫画书、动漫、视频广告和网络短剧等内容，分时段进行推送，不仅可让科威特人民了解故事，更重要的是可了解中科两国友好交流的历史。

3. 网店销售

在网上购物平台开设图书专卖店，主推故事《星月奇遇》的电子书籍和图书。开展各种优惠活动,进行各种促销组合,以此增加销售额,宣传故事《星月奇遇》。与当地的快递公司合作,提供良好的售后服务,给顾客带来完美的销售体验,树立口碑,在不断提高销售量的同时,使更多科威特人了解故事,认识中国。

(二)学校

在学校领域的消费通过图书进学校、校园活动两个策略实现。

1. 图书进学校

作为教辅资料,教师以课堂讲述的形式向学生宣传故事《星月奇遇》,鼓励学生搜索故事的 Facebook 或者 Twitter 的账号,关注故事主页后,根据兴趣,深入阅读故事的不同章节。邀请科威特教师和留学生与国内教师、大学生合作,将故事编排成话剧,在校园礼堂里展现给全校师生,使师生们了解故事,从而产生浓厚的兴趣。之后,将故事《星月奇遇》出版的各类图书捐赠给学校图书馆,扩大故事的宣传面。

2. 校园活动

邀请中国学者和科威特学者合作,在校园里开展中科两国文化讲座,面对面地讲述故事《星月奇遇》,将故事的相关图书、漫画书等免费发放给师生。借助多媒体形式,在校园内播放故事《星月奇遇》的话剧、动漫和视频等,吸引更多的师生前来观看。举行中科两国校园美食节,邀请师生们品尝中国美食。通过各种形式的校园活动,扩大故事的影响力和知名度,增进两国教育界人士对中科历史文化的了解,推动两国人民从青年一代就建立起未来合作的伟大构想。

(三)大众传媒

在大众传媒领域的消费通过报刊、广播电台两个策略实现。

1. 报刊

与当地知名的报社合作,邀请科威特著名编辑推出"迪瓦尼亚"专刊,在专刊上连载故事《星月奇遇》,同时刊登一些关于中国的文化小常识,加深科威特读者对于故事的认知。在当地权威的报刊上刊登举办故事《星月奇遇》读书会的时间和地点,邀请科威特文化学者、中国驻科威特使馆工作人员莅临故事会现场,与当地百姓互动,达到人人与故事《星月奇遇》对话的目的。在故事会现场准备一些故事中提及的中国茶、瓷器和美食，让科威特读者一边了解故事，一边品尝美食，一边欣赏中国艺术品，在轻松愉快的氛围中逐渐加深对故事的理解和对中国文化的喜爱。

2. 广播电台

与科威特广播电台合作，围绕故事《星月奇遇》开设一档介绍中国文化的电台节目。每期设定一个主题，邀请科威特著名的电台主持人，选取有中国留学背景或访问学者背景的科威特优秀学生或学者参加节目，共同讲述故事《星月奇遇》。在思想的交流与碰撞中，科威特人民可不断加深对故事的理解。

六、中科合作

故事生产、故事分配、故事消费的最终目的之一是达成合作，两国的合作主要体现在以下几个方面。

（一）农业技术合作

20世纪50年代后，科威特利用无土栽培技术在沙漠发展蔬菜种植基地。虽然科威特政府做出各种努力，但是受自然、地理和气候等因素影响，尤其是缺少淡水资源，科威特农业发展受限，农产品依赖进口。中国是世界人口大国，也是农业大国，水资源需求量大。但中国水资源空间分布不均、灌溉方式落后、可利用耕地面积有限，对现代农业和技术的发展构成严峻的挑战。为此，中国节水农业的引进、开发和应用晚于世界很多国家。但经过几十年的发展，中国加大对滴灌系统等节水农业技术的投入和研发，在吸收国外先进的节水灌溉技术的基础上不断自主创新，已在节水灌溉设备、技术、产品、应用等方面取得一定成就。中国在节水农业方面拥有较高的技术、丰富的实践经验，但在无土栽培应用方面起步较晚，在设施设备、技术水平、自主研发能力、环境调控、营养液配比、机械化程度等方面与高度机械化无土栽培生产存在一定差距。而科威特在将无土栽培技术应用于沙漠种植方面拥有大量的实践经验。如果中国和科威特在无土栽培、滴灌技术等节水农业技术方面达成合作，将会加快中国沙漠无土栽培技术的发展，促使两国在新型节水喷滴灌农业技术等方面开展合作研究，为两国农业的发展寻找新的途径。

（二）共建防沙治沙工程

科威特国土面积小，但境内绝大部分被沙漠覆盖。科威特西北部是沙尘暴频发的地区。科威特春、夏两季极易受到沙尘暴的侵扰，极大地影响了科威特人民的生产生活。为此，科威特计划实施"绿带"防沙治沙工程来减少沙漠化、沙尘暴带来的负面影响。[①] 中国是受荒漠化、沙漠化严重影响的国家之一，境内有八大沙漠、四大沙地。沙漠化现象的持续恶化严重影响了位于沙漠区域的城市基础设施和交通干线的建设。中国早在20世纪50年代就重视荒漠化和沙漠化问题。历经几十年，中国坚持对防沙治沙工程的政策支持和科技投入，在防沙治沙方面取得举世闻名的成就，如"三北防护林"工程、"五带一体"防沙治沙体系、"库布其模式"等。尤其是中国甘肃企业研发的"立体固沙车"，将防治沙漠化与其他经济产业结合，既治理了沙化，改善了环境，又给当地人民带来了经济效益。中国拥有众多防沙治沙的成功案例。如果中国和科威特在防沙治沙方面达成合作协议，一方面将会促进科威特防沙治沙工程建设，有效减缓科威特沙漠化现象，控制沙尘暴侵袭；另一方面，促使中国不断提升防沙治沙技术水平，共同推进世界治沙事业的发展。

（三）互助海水淡化技术

科威特东濒波斯湾，境内没有山脉、河流、湖泊，大部分被沙漠覆盖，属于热带沙漠气候，气候炎热干燥，降水较少，淡水资源匮乏。随着人口的不断增加，科威特水资源逐渐成为影响经济发展、国民生活的重要因素。为解决水资源问题，科威特加快关于海水淡化技术和设备的研发。目前，科威特为中东国家最先利用海水淡化的国家之一。科威特境内建有很多水塔，基本可满足国民生活和工业用水需求。中国是世界人口大国，中国水资源总量居世界前列，但人均水资源量是全球最贫乏的国家之

[①] 中华人民共和国驻科威特大使馆经济商务处："科威特将实施'绿带'工程，以减轻沙漠化和沙尘暴影响"，http://www.mofcom.gov.cn/article/i/jshz/rlzykf/201506/20150601014165.shtml。（采用日期：2019年12月21日）

一，而且水资源空间分布不均，供需矛盾紧张。此外，水资源污染严重，水质恶劣。为此，中国实施"南水北调"工程、落实"河长制"等措施，依旧无法解决用水量短缺的问题。然而，中国拥有漫长的海岸线，如果能够有效利用海水淡化技术，不仅可以补充水资源，还能减缓工业和生活用水紧张的问题。虽然中国的海水淡化技术、设备接近国际水平，但在法律层面、规模化使用、生产成本等方面还需进一步加强。如果中国和科威特在海水淡化技术方面达成进一步合作意向，借助科威特在海水淡化方面的技术和经验，将会促使中国海水淡化技术的提高，扩大海水淡化使用的范围。此外，两国的合作将推动科威特海水淡化企业前往中国投资建厂，拓宽科威特在中国的海外市场，促使两国经济共同发展。

第九章　对伊拉克传播的话语体系构建

一、伊拉克概况

伊拉克是位于亚洲阿拉伯半岛两河流域的联邦制伊斯兰国家，扼两洋三洲五海之要塞，是亚非欧陆上贸易通道的重要中转国之一，地理位置优越，总面积为43.83万平方公里。截至2018年，统计人口约为3800万。其中，阿拉伯民族约占78%（什叶派约占60%、逊尼派约占18%），库尔德族约占15%，其余为土库曼族、亚美尼亚族等。官方语言为阿拉伯语和库尔德语。居民中95%以上信奉伊斯兰教，少数人信奉基督教等其他宗教。[①]

伊拉克政治宗教环境较为宽松。在海湾战争和伊拉克战争中，伊拉克经济陷入动荡局面，但截至2015年，伊拉克基本上摆脱战争对经济的不利影响。伊拉克国内交通设施大多在两次战争中被损毁，至今仍在修复中。海陆空交通网络的不完善，对其经济发展构成较大阻碍。

课题组设想的中国和伊拉克的合作主要体现在石油、旅游和基础设施三个方面，因此仅对这三个方面进行介绍。

（一）石油资源开发

伊拉克石油资源较为丰富，石油工业是国内的支柱性产业。伊拉克的石油储量居世界第五位。伊拉克依靠出口石油获得的利润可以稳定国家经济，提高人民生活水平。中国和伊拉克是贸易合作伙伴，中国从伊拉克大量进口石油。但伊拉克频发战争，石油出口曾一度受限，经济也随之受到影响。

[①] 外交部："伊拉克国家概况"，https://www.fmprc.gov.cn/web/gjhdq_676201/gj_676203/yz_676205/1206_677148/1206x0_677150/。（采用日期：2019年6月6日）

（二）旅游业

幼发拉底河和底格里斯河两大流域创造了具有悠久历史和璀璨文化的两河文明。乌尔城遗址、亚述帝国遗迹和哈特尔城遗址以及被列为古代世界七大奇迹之一的著名的"空中花园"均是伊拉克的著名古城。就连伊拉克本国也是四大文明古国之一的"古巴比伦"的遗址。这些历史古迹既是伊拉克的宝贵遗产，也是伊拉克的旅游资源。

（三）基础设施

伊拉克的交通运输以公路为主，公路网遍布全国各地。铁路主要有三条干线。战争过后，伊拉克的公路、铁路等基础设施损毁严重。因财政执行力不足，伊拉克政府正在慢慢恢复伊拉克的基础设施建设。

二、故事背景

故事的主人公宋建国出生于一个知识分子家庭，他的爷爷和父母都是人民教师。受家庭的熏陶，宋建国十分喜爱阅读书籍，家里的长辈们对他寄予厚望，希望他长大后能成为一名杰出的学者，去学习和了解世界各地的优秀文化。在宋建国刚刚读高中的时候，因为学习成绩优异，爷爷送给他许多书籍，堆了满满一书架，这让宋建国开心极了。在宋建国家旁边的山坡上，有一棵百年的老柳树，老柳树仿佛一个看透世事的智者，树皮上的皱褶正在向人们诉说着它的阅历。宋建国经常在学习之余，来到老柳树下阅读爷爷送给他的那些书籍。他总觉得这棵老柳树可以和自己共同思考书中的问题。

时间转瞬即逝，在这一年的6月8日晚上，年满十八岁的宋建国刚刚考完试。月光皎洁，他心情放松地再次来到老柳树下，打开了手中的书，离奇的故事就这样开始了。

三、第一千零二个邂逅

月亮悬挂在夜空中，宋建国倚靠在百年柳树下，借着皎洁的月光，翻

第九章　对伊拉克传播的话语体系构建

开了手中的书，轻声念道："一千零一夜。"

书的封面画着繁杂的花纹，在幽幽月光的照耀下，书上泛起一股古老而神秘的气息。宋建国轻轻地翻开书的第一页，这一页空白一片。这时，书里散发出一道柔和的光芒，照在宋建国的脸上。随后，宋建国的头顶上出现一个闪烁着星光的旋涡。一瞬间，宋建国和书都消失了。微风吹拂，柳枝飘摇，月亮依然散发着静谧的光芒，仿佛刚刚什么事都没有发生过。

万里晴空之下，是一片一望无际的森林，森林中的树木皆巨大无比，最小的都需要四个成年人手牵手才能抱住。森林的中央是一片清澈的湖泊，湖中心弥漫着浓雾，浓雾掩盖了里面的景象。突然，湖边的草地上出现一个闪烁着星光的旋涡，旋涡消失后，地上躺着一个少年。清秀的面庞，紧闭着双眼，这个少年正是宋建国。

"沙沙……沙沙……"一只脖子上挂着宝石的小白兔从灌木丛中跑了出来。小白兔用疑惑的眼神看着宋建国，好像在思考什么。宋建国听到声响后醒来，打量着周围，映入眼帘的是不知名的参天大树，还有一只小白兔，小白兔正好奇地上下打量着他。看到他醒了，小白兔又原路逃跑了。

宋建国没有再关注小白兔，开始仔细打量起这个陌生的世界，周围是数不尽的树木，前面是一个巨大的湖泊。他来到湖边，湖水清澈见底，五颜六色的鱼儿在湖中畅游。宋建国看着水中的倒影，湖水仿佛能够映射出人的内心。宋建国呼吸着陌生的空气，极力回想着之前发生的事："好像我之前一直在柳树下看书，书名是《一千零一夜》，这是哪里？我怎么会在这里？怎么来到这里的？我怎么什么也不记得了？醒来就来到这个陌生的世界，似乎是那本书的缘故。但是，书怎么不见了？"他找遍四周都没有发现那本书，但是发现自己的右胳膊上出现了一个刺青，似乎正是那本书。

宋建国百思不得其解，世上竟有如此神奇的事，自己居然被一本书带到一个不曾见过的世界。他仔细观察着这个刺青，刺青好像浮于皮肤表面，除此以外，并没有其他奇特之处，但却擦不掉。宋建国觉得此时并不是纠结这个问题的时候，当务之急是了解这个世界，找到回家的方法。

这时，他身后的灌木丛中走出来一些人，他们皆背着箭囊，手里拿着弓箭对着他。这些人穿着长袍，眼睛深邃，鼻梁高挺，五官精致。他们是一群与宋建国年龄相仿的少男少女。这些少男少女由一个中年男人带领着,唯有一位少女有些与众不同。她怀中抱着一只脖子上戴着宝石的小白兔,正是宋建国遇到的那只。少女长相清纯,瓜子脸,一头黑色的秀发披于腰际,水汪汪的大眼睛正打量着宋建国,一身绿色的连衣裙衬托出优美的身形。

宋建国与这群人相互打量了一会儿,中年男人说道:"外宾,卡迈勒国王有请。"

"咦?那人说的语言明显跟我说的不一样,可为何我能听懂他说的话,我也能说他们的语言呢?难道是因为那本书?唉,只能等以后再慢慢探究了。"宋建国暗暗想着,嘴上问道,"卡迈勒国王?"

"是的。"

"为今之计,最好跟着他们去见那个卡迈勒国王。除了那个少女,其他人好像对我皆有一些莫名的敌意,难道因为我是个外人吗?算了,先跟去看看。"宋建国想着,便对中年人说道,"好吧,我跟你们去见你们的国王。"

宋建国走到那群人中央,少女说道:"我叫苏阿黛,你叫什么名字?"中年男人出声阻止:"公主殿下,请您不要随便跟陌生人说话!"少女闻言,可爱地吐了吐舌头,走到一边。宋建国见状,没有说什么,只是在心中暗暗记住少女的模样。他觉得这名叫苏阿黛的少女是一个值得相交的朋友。

一行人穿梭在树林间,宋建国仔细打量着周围的环境,一路上皆是奇花异草,蝴蝶翩翩起舞,蜜蜂辛勤地劳作着。苏阿黛也静静地跟随着大家行走,但是她总用好奇的目光打量着他,她怀中的小兔子,眼睛灵动地转着,也在好奇地打量着宋建国。宋建国发现这只兔子很有灵性,心想:"这些人前来,应该是在寻找这只小白兔吧。"

走着走着,穿过一个草木丛,眼前豁然开朗。宋建国被眼前的景象震撼了,入眼所见,犹如仙境,房屋都建在巨大的树杈上,没有高楼大厦,也没有车水马龙,一切都显得那么自然,让人感到舒适,真是一个让人惊奇的国度。"看来我还是得尽快了解这个陌生的世界。"宋建国在心里默默盘算着。

中年人带着宋建国来到一棵远比其他树高大的树旁,这棵树高耸入云,分支无数,而且是空心的,宛如一栋美轮美奂的建筑,这就是大自然的佳作。树旁有一队守卫,宋建国心想,"这里应该就是卡迈勒国王的王宫"。果不其然,中年男人来到树下,向守卫报告:"我已按照卡迈勒国王的命令带此人前来觐见,请禀报一声。"其中一位守卫说:"请稍等。"不一会儿,守卫出来对中年男人说:"卡迈勒国王有请。"

一行人随着守卫走进树洞内,宋建国发现树洞里的景象与他所想象的完全不同。进到里面,完全没有黑暗的感觉,最奇怪的是里面没有任何照明光源,却亮如白昼。树洞里面铺着地毯,桌椅等一应俱全,精美却不奢华,最里面有一个王座,王座上坐着一位头戴绿色王冠、神情严肃的中年人。他的旁边还坐着一位头戴盖头的美妇人,长得与苏阿黛有几分相似,脸上带着柔和的笑容。

来到王座前,守卫站到一边,中年男人上前弯腰禀报道:"卡迈勒国王,按照您的吩咐,我已经将外宾带到。"卡迈勒国王点点头:"辛苦你们了。"随后,中年男人一行也站到一边,唯独那位名叫苏阿黛的少女走到美妇人的身旁。

"父亲,母亲。"苏阿黛轻轻地叫道。

"嗯,乖,先到母后这儿来,让你父王处理眼前的事。"美妇人用轻柔的声音说道。

"嗯。"虽然苏阿黛心中充满好奇了,但她还是非常懂事地站到母亲身边。

宋建国打量着他们,他们也在打量着宋建国。卡迈勒国王沉思了一会儿,说道:"你好,外宾!欢迎来到圣湖森林的伊拉克王国。我叫卡迈勒,这是我的妻子莎迪玛,那是我的女儿苏阿黛。"

"您好,卡迈勒国王,我叫宋建国。"

"宋建国,你应该知道自己的身份吧?"国王问道。

"什么身份?"宋建国疑惑地问。

"外宾的身份。"国王继续说道。

"我知道。"

"你并没有理解我的意思。"

"嗯?"宋建国更加疑惑了。

"你并不是我们这个世界的人。"

"您怎么知道?"宋建国十分诧异地问道。

"你很奇怪我为什么会知道你不是这个世界的人吧？这是智者告诉我的，智者是不会说错的。好了，其他人先下去吧，你随我来。"

卡迈勒国王说罢，便走进王座旁的一道隐蔽的门里，宋建国也跟了上去，但在经过莎迪玛的身旁时，听见她说："年轻人，不用担心，我们不会伤害你的。"莎迪玛的话仿佛有着某种神奇的魔力，让宋建国的心顿时平静下来，他点点头："好的，谢谢！"

宋建国跟着卡迈勒国王走进门里，里面是一级级的台阶。宋建国登上台阶，不知走了多久，终于看到了出口。出来后，宋建国惊奇地发现他竟然来到这棵树的分权上，又看到卡迈勒国王正坐在一张茶桌旁慢慢地沏着茶。

"坐。"国王示意。

"谢谢。"宋建国听从国王的话坐了下来，两人很默契地都没有开口说话，仿佛是在享受这宁静的时光。

茶沏好了，卡迈勒国王说："尝尝。"

"很不错的茶。"宋建国称赞道。

"你可知道我们所在的这个世界是什么样的世界吗？"国王问道。

宋建国摇遥头表示不知道。

"这个世界是一本名叫《一千零一夜》的童话书里的童话世界。"国王继续说道。

"什么？！"宋建国顿时惊讶不已，"我竟然来到《一千零一夜》的童话世界中。"

"你可知你的到来意味着什么？"国王接着问道。

"什么？"宋建国还没有从刚刚的震惊中平静下来。

卡迈勒国王眺望着远方，那里正是伊拉克王国，他像是在自言自语道："你的到来会给这世界带来剧变。剧变的同时，灾难也会随之而来，我伊拉克王国也无法置身事外。"

"现在你知道为什么我伊拉克王国中的人都对你有敌意了吧，因为你就是一个会带来灾难的人、一个不祥的人。"

"为什么？"宋建国疑惑地道。

"这就是命运，命运之途，缥缈不可见。智者曾预言，一个来自其他世界的人会为这个世界带来不可知的变化，灾难也会随之降临。"国王继续讲述着。

"智者？"宋建国更疑惑了。

"智者是我们伊拉克国家还没有建立的时候就已经存在的人。他拥有大智慧，是大智慧者，拥有不可思议的力量。"

"是吗？"

"这个国家的存在就是为了守护智者、圣湖，还有这片森林。"

"圣湖？"

"就是你刚来到这个世界时看见的那片湖泊。圣湖是这个世界上最纯净的地方，能够映射人的内心世界。如果水中的倒影是燃烧着的黑色火焰，就证明这个人内心邪恶。如果什么都没有，则表明这个人内心纯洁。正是因为内心纯洁，你才会安坐在这里听我说这些话，否则我派去的那些人早就把你就地处决了。"

"哦，那你们现在会怎样对待我？"宋建国紧张地问道。

"明天我会带你去见智者，一切由智者决定。好了，你也累了吧？我会给你安排住的地方。你好好休息，准备明天见智者吧。"国王回复道。

随后，国王命令一个守卫带着宋建国来到另一颗树下，守卫说道："这里就是你休息的地方，有什么需要都可以来找我，你的食物等会儿会有人给你送来。"

"谢谢。"

说完，守卫就走了，宋建国仔细地打量周围，树下都是一些花花草草，蝴蝶翩翩起舞着，让人觉得很不真实。他走到树屋外，发现树屋全是由木头搭建而成的，这里的一切都接近自然，让人心情舒畅。

弯月升起，过了一会儿，他听到外面有人走过来，应该是送饭的人吧。宋建国边想着边打开门，却看见苏阿黛手里提着一个篮子和一个饭盒。

"怎么，不欢迎我吗？我可是给你送好吃的来了。"苏阿黛调皮地说道。

"不，不是，只是，只是……"宋建国顿时面红耳赤起来，不复之前的镇定模样。

"只是什么？奇怪为什么会是我来给你送饭吗？那是因为……因为……"苏阿黛有些不好意思地解释道，"因为我好想了解你所在的世界，想知道真实的世界是什么样的，所以我就来了，你能给我讲讲吗？"苏阿黛用满怀期待的眼神望着宋建国，生怕他会拒绝。

宋建国沉默了，"难道这个世界真的是假的吗？那我算什么？他们这些人又算什么？这里的人只能被困在这个童话世界里吗？"听了苏阿黛的话，宋建国顿时觉得这里的人非常可怜，连自身的存在都不能肯定。他思索着说道："当然可以啊。"

"真的吗？哈哈！"苏阿黛开心地跳了起来。

苏阿黛走进房间，两人坐在窗前，边吃边聊。宋建国说道："我所在的世界叫地球，那是一颗蔚蓝色的星球，地球上有很多的国家……"

窗外星光闪烁，清幽的月光洒在两人身上，两人忘却了周遭的一切，一个讲，一个听。

宋建国屋外不远处站着两个人，他们正是卡迈勒和莎迪玛。莎迪玛看着女儿开心的样子，问道："卡迈勒，你明天就要带宋建国去见智者吗？""嗯，明天就是决定他何去何从的日子，毕竟，他是一个变数。"说完，卡迈勒国王叹了一口气。莎迪玛感叹道："要是时间停在这一刻该有多好啊！""莎迪玛，这是不可能的，他和我们并不是一个世界的人，总有一天他会回到属于他的地方。"两人皆有些担心地看着自己的女儿，但并没有多说什么。

第二天一早，守卫来请宋建国。还是在那棵树前，卡迈勒、莎迪玛和苏阿黛都在等他。

"年轻人，昨晚休息得怎么样？"莎迪玛问道。

"很好，谢谢您的关心。"宋建国礼貌地回应道。

"不用客气，来到这里，你举目无亲、孤身一人，以后我和卡迈勒就是你的亲人，你叫我莎迪玛就好，叫他卡迈勒叔叔就好。"莎迪玛笑着说道。

"谢谢莎迪玛阿姨和卡迈勒叔叔的关心。"宋建国笑着说道。

"还有我呢，还有我呢。"苏阿黛跳了出来。

卡迈勒与莎迪玛会心地一笑，宋建国笑着说："你年龄比我小，当然是我妹妹。"

"这样很不错哦，以后每天你都要给我讲很多很多的故事，我太想了解外面的世界了！"苏阿黛开心地说道。

第九章　对伊拉克传播的话语体系构建

"好，我会每天给你讲很多故事。"宋建国笑着回应道。

"好了，跟我来吧，去见智者。"说完，卡迈勒国王带着宋建国走进树里，还是来到那个王座旁，只不过此时王座旁又多了一道门。他们走进去，阶梯是向下延伸的。不知走了多久，宋建国看到一棵树，一棵让他一生都无法忘却的树。树梢看不见尽头，就好像这棵树连通着天和地，树干中央睁开一双眼睛，那是怎样的一双眼睛啊，似历经沧桑，又似充满智慧，能看见命运的轨迹。

"年轻人，你终于来了。"智者苍老的声音从树中传出。

卡迈勒国王默默地走了出去。

"为什么说终于？"宋建国问道。

"一切既是偶然又是必然，命运不可捉摸。你的到来是必然，而来的人是你却是偶然。"智者继续说道。

"我听不懂。"宋建国摇摇头。

"听不懂没关系，我只想问你，你想要回到你的世界吗？"智者接着问道。

"我……"宋建国欲言又止。回想这里的生活，虽然只有短暂的一天，但他不仅认识了卡迈勒叔叔、莎迪玛阿姨，还有苏阿黛。回想着昨夜的一切，想到苏阿黛那纯真的笑容，他很难下定决心。

"好了，我知道你的决定，你回去的方法就是……你还有什么疑问吗？"智者问道。

宋建国心里一片迷茫，不知该问些什么。

"剧变将要开始，伊拉克王国还是会不可避免地牵扯其中。"智者说。

"剧变？什么剧变？"宋建国疑惑地问道。

"战争。"智者冷静地说道。

"战争？哪里的战争？"宋建国紧张地问道。

"夜魇帝国将要对伊拉克王国发动战争。若卡迈勒国王失败，那么伊拉克王国将不复存在！"

"您没有什么办法吗，智者大人？"

"想要挽救伊拉克王国，就看你的了。"

"我？"

"对，只有你能够挽救伊拉克王国。夜魇帝国一心想称霸童话世界，所以想攻打伊拉克王国。伊拉克王国位于圣湖森林，地形复杂，又与外界甚少交流。所以，当下欲要自救，伊拉克王国只能与擎天国结成联盟，守望相助，才能抗衡夜魔帝国。奈何，伊拉克王国几乎与世隔绝，所以与擎天国结盟一事还需你的帮助。"

"我愿意成为伊拉克王国的使者，前往擎天国达成联盟，共同对抗夜魔帝国。但是我想知道，擎天国的人知道我是其他世界的人吗？如果知道，他们会怎样对待我呢？"

"擎天国只有少数大人物知晓你是其他世界的人。擎天国民风淳朴、热爱和平，然而你是个不祥之人，代表一个变数，会带来灾难，很难说他们会怎么对待你。即使是这样，你还愿意吗？"

"我愿意。"宋建国心想，"擎天国的老百姓并不知道我的身份，我只需说服那几个大人物，让他们认识到夜魔国对诸国的威胁，那么就事半功倍了。如果我所言有理，擎天国的人就不会为难我。"

从智者那里回来，宋建国一直在思考如何说服擎天国的大人物。从伊拉克王国来看，这个童话世界的社会发展程度并不高，他或许可以利用自己的智慧帮助他们赢得这次战争。

"宋建国，智者大人都跟你说了什么？"苏阿黛看见宋建国，就跑上前来问道。

"也没说什么，我自愿出使擎天国，帮助伊拉克王国和擎天王国结成联盟。"宋建国为了不让苏阿黛担心，特意隐瞒了事实。

"是要去擎天国吗？我也想去，宋建国你能带上我吗？"苏阿黛一听说要出去，立刻兴奋地问道。

"这个嘛，还需要问卡迈勒叔叔与莎迪玛阿姨，看他们同意不同意。"此次出使凶险未卜，一定不能带上苏阿黛，宋建国认为莎迪玛与卡迈勒肯定不会同意的。

卡迈勒与莎迪玛看到宋建国和苏阿黛一起前来，连忙问道："智者大人是否要你代表伊拉克王国出使擎天国？"

"是的，卡迈勒叔叔。"待宋建国回答后，苏阿黛急忙站出来说，"我想跟宋建国一起去，但是他要我征得你们的同意才能带上我。"说完，苏阿黛眼巴巴地望着她的父亲和母亲。

卡迈勒与莎迪玛相视一眼后，莎迪玛说："可以，但是一路上你必须听宋建国的话。"

听到莎迪玛阿姨同意苏阿黛跟随自己一同出使擎天国,宋建国急得立刻想要问为什么,但是看到卡迈勒叔叔摇了摇头,他硬生生地忍住了。

苏阿黛一听自己的母亲同意了,立刻高兴得跳了起来。莎迪玛看到女儿兴奋的样子,心中的忧虑终于少了一些。

卡迈勒国王对宋建国说:"你跟我来,有些事情还需要给你安顿一下。"

"好的,卡迈勒叔叔。"

还是在第一次与国王交谈的那棵树的分权处,同样的场景下,两人已不再是国王与外宾的关系了,谈话的内容也不同了。

"你可知夜魇帝国为何要攻打我伊拉克王国?"

宋建国点点头,表示知道。

"因为我伊拉克王国所守护的圣湖森林下蕴藏着大量的暗黑石脂(石油)。这种资源在我们这个童话世界中有着举足轻重的地位,无论是在人民日常生活还是军事方面都意义重大。所以,我伊拉克王国在夜魇帝国眼中就是一块'肥肉',被他们垂涎已久。最主要的是夜魇帝国一心想称霸童话世界。"

"原来是这样。"

"我伊拉克王国相较于童话世界的其他国家,在暗黑石脂的开采和应用方面,技术都较为落后。所以此去,我希望你能够让擎天国在技术上对我伊拉克王国有所帮助。我们可以在暗黑石脂的开采、应用方面合作,共同利用这一资源。能否达成这一目的,还得靠你的智慧。至于其他的联盟条件,你可自行决定。我相信你的能力,智者是不会看错人的。"

"好的,卡迈勒叔叔,我会努力促成伊拉克王国与擎天国的合作。"

"你此去一定小心,保护好苏阿黛。我知道你想问为什么我和莎迪玛会同意苏阿黛的要求,因为未来的世界是属于你们年轻人的,处在温室中的花朵不经历风雨是无法绽放的。我们同意苏阿黛的请求,是希望她能够尽快成长起来。但是,苏阿黛自幼生活在圣湖森林,不曾外出过,不知外界的种种危险,所以你要尽量保护她。"

宋建国听了卡迈勒国王的话,沉默不语,算是默认了他的说法。随后,宋建国坚定地说道:"我会保护好苏阿黛的,哪怕牺牲自己的性命,也一定努力护好苏阿黛的周全。"

"嗯，我相信你，你可以全权代表我伊拉克王国，还有你不必过于担心苏阿黛的安全。苏阿黛毕竟是我伊拉克王国的公主，擎天国并不会把她怎么样的。反而是你，擎天国可能会对你充满敌意，所以你自己要多加小心。"卡迈勒国王语重心长地说道。

"嗯，我知道了，卡迈勒叔叔，我会小心行事的。"

"好了，你先去休息吧，这两天就准备出使擎天国吧！"

"好的，卡迈勒叔叔。"宋建国一从大树处出来，就看见苏阿黛在等着他讲故事，两人一路欢声笑语地走回宋建国的住处。

两人走后不一会儿，莎迪玛挽着卡迈勒的胳膊说："卡迈勒，你说他们此去会一帆风顺吗？"语气里充满了忧虑。

"我相信智者大人的选择是不会错的，希望他们此行一切顺利吧！"卡迈勒感叹道。

"嗯。"说完，他们返回了寝宫。

快乐的时光总是很短暂，与智者谈话后已过了三天。这天微风和煦、阳光明媚，听着窗外的鸟叫声，宋建国睁开了双眼。他简单洗漱后走到屋外，便看到苏阿黛正在树下等着自己。他与苏阿黛简单地吃过早饭后，卡迈勒与莎迪玛便送两个人来到森林的出口处。

"你们一路小心。苏阿黛，一定要听宋建国的话。"莎迪玛语重心长地嘱咐道。

"知道了，母亲，您和父亲也一定要好好的。"苏阿黛哭着说道。

"卡迈勒叔叔，莎迪玛阿姨，你们保重。"宋建国说完，便拉着苏阿黛的手走了。苏阿黛不舍地回了回头，跟着宋建国一同出发。

很快，苏阿黛心中的忧伤就被外面的世界带走了。她用好奇的目光打量着周围，不停地问这问那，宋建国不厌其烦地给她讲解着。

宋建国和苏阿黛一路上风餐露宿，虽然沿途景色怡人，但两人并没有心情驻足欣赏，他们都知道自己肩负的重任。直到两天后，他们总算看见一座城池。他们进城后，好奇地打量着周围的一切。

宋建国和苏阿黛不敢贸然上前向人问话，便在城里逛了一会儿，宋建国却有了更惊喜的发现——城里街道铺面的招牌竟然是用他认识的字书写的。宋建国心想："难道童话故事里的擎天国就是现实世界里自己所在的国家？城里的人们很热情，有着礼仪之邦的风范。我可以去证实一下自己的想法。"

心中已有猜测的宋建国看到一位老人，便上前用家乡话询问道："老人家，请问擎天国的国都在哪里？"

"小伙子，你不是擎天国的人吗？"老人并没有回答宋建国的问题，而是反过来问他。

宋建国内心高兴不已，老人家说的是自己家乡的话，原来《一千零一夜》里的擎天国的原型是自己的国家啊。

"老人家，我们两个来自伊拉克的圣湖森林。此次是为了与贵国结盟，共同抗衡夜魔帝国！"宋建国连忙回答道，他知道此时不能暴露自己的身份，以免招惹上不必要的麻烦。

"哦……原来如此，你看见远处的那座通天高峰吗？那座山的对面就是擎天山，擎天山屹立了无数年头，擎天山不倒，擎天国就不会消失。而擎天国的国都擎天城就在擎天山脚下，祝你们顺利抵达擎天城！"

"谢谢您，老人家。"说罢，宋建国递给老人一封信，便与苏阿黛离开了。两人走后，老人打开信封，信上写着一些延年益寿之法，老人半信半疑，所以也没有太兴奋。但是，若干年以后，老人却将此信视为珍宝。

出了城，苏阿黛终于忍不住好奇地问宋建国："你和那位老人家说的不是我们国家的语言，但是我竟然听懂了，这是为什么？"宋建国也很惊讶，但是他很快就想通了，便对苏阿黛说道："这可能是因为我所生活的世界把《一千零一夜》这本书翻译成很多种语言，被世界各地的人们阅读，所以生活在《一千零一夜》这个童话世界里的人就能听懂多种语言。"苏阿黛觉得这个解释很合理。

宋建国与苏阿黛向擎天城的方向走去，一路上两个人经历了风吹雨打、艰难险阻，也见到形形色色的人。而宋建国均以自己的方式报答了那些帮助过他们的人。

当两人来到擎天城前，发现这座城并没有城墙，两人走进城内不久，便有一队人马拉着一辆马车过来对他们说："两位，我们国王有请。"说罢，便伸手示意他们上车。两人并没有感到惊讶，因为智者说过擎天国的大人物知道他们会来。

随后，两人见到擎天国的国王，宋建国立刻表态："尊敬的国王陛下，我此行前来是代表伊拉克王国与贵国结盟，希望我们能够守望相助，齐心协力抗衡夜魇帝国。"

宋建国提出结盟之意，但擎天国国王并没有立即同意，而是说："战争开启，大陆动荡不安，我国要与贵国结盟，还需一位盟友，为我们战胜夜魇帝国增加筹码，也可弥补我国与贵国在战略方面的不足。"

"我们可与克里木王国合作，让其作为两国的后方。克里木王国国内局势稳定，又与贵国和我伊拉克王国都有往来，能更好地接纳我们，并为我们以后的战事提供便利，不知国王意下如何？"宋建国在见擎天国国王之前就想到了国王会说些什么，所以他可以很好地应对。

擎天国国王最终同意与圣湖森林的伊拉克王国结盟，但是有一个条件：必须由苏阿黛和宋建国去说服克里木王国与伊拉克国结盟，擎天国再与两国结盟。

当然，这也是擎天国国王给苏阿黛和宋建国的一个考验。苏阿黛和宋建国立刻向擎天国国王辞行，再次踏上前往克里木王国的路途。待两人走后，有大臣问道："国王陛下，我们真要与伊拉克王国联盟吗？"擎天国国王点点头："联盟是必须的，唇亡齿寒，单靠我们自己的力量是无法抗衡夜魇帝国的。最重要的是，我国要想进一步发展，还是需要伊拉克王国森林里所特有的一些资源，尤其是暗黑石脂。而伊拉克王国想要开发暗黑石脂，也需要我国技术的帮助。这乃是两国共赢的局面，两方达成协议，进行贸易往来，各取所需，岂不是很好？而且，我也相信智者的预言是不会错的，宋建国是三国结盟的关键。"

宋建国与苏阿黛一路上紧赶慢赶，总算抵达了克里木王国。克里木王国的人热情好客，并不排斥外人。所以，两人来到这里后，并没有引起什么关注。两人一路打听，终于来到克里木王国的首都库尔那城。两人进了城，休整了一天，第二天就来到王宫前对守卫说道："守卫大人，我们是伊拉克王国的使者，想觐见你们的国王，希望您能禀报一下，谢谢。"

守卫听闻两人是伊拉克王国来的使者，立即前去禀报。不一会儿，守卫就返回对两人说道："国王有请。"于是，他们随守卫进入王宫，见到克里木国王便直接说明了来意。但是，克里木国王并没有同意，他说："我国并不想插手你们与夜魇帝国的战争，为我国带来灾难。"宋建国连忙劝道："国王陛下，夜魇帝国称霸童话世界的心是不会变的，总有一天，夜

第九章　对伊拉克传播的话语体系构建

魇帝国也会向贵国发动战争，战争已经在所难免，唯有我们三个国家联手建立强大的联盟，才能抗衡夜魇帝国，保卫自己的国家。""夜魇帝国如此强大，岂是伊拉克王国、擎天国和我们三国联手所能抗衡的，你哪里来的信心？""国王陛下，我不是这个时空的人，相信您早已知晓这个情况，我有信心帮助你们战胜夜魇帝国，维护童话世界的和平。"

"哦，如果你能回答我一个问题，我可以考虑与你们结盟，这个问题困扰了我很多年。如果你能够解答，我就与你们结成同盟。"克里木国王的语气舒缓了一些。"我一定竭尽所能为国王陛下解惑，请说出您的问题。""好，你不是这个时空的人，应该可以为我解答这个问题。我想知道我所在的这个世界是真实存在的吗？还是你所在的世界是真实存在的？人们总说这个世界是童话世界，你的世界才是真实的世界，你怎么认为的？"

宋建国想了想，说道："这个世界就像镜子里的世界一样，谁也无法说得清楚。自从我来到这个世界，感到它充满了活力，所有人都是能够思考的，有着喜怒哀乐。在我看来，无论是我生活的世界，还是你们的童话世界，只要你自己认为是真实存在的，那就是真实的世界。难道我们还要否定自己的存在吗？正是因为有了我，有了你们，这个世界才充满了活力，变得丰富多彩，难道不是吗？国王陛下？"克里木国王越发高兴了："对呀，我只要认为自己是真实存在的，那就够了。镜子里的人需要镜子外的人承认吗？不用，我们只需要承认自己的存在就够了。宋建国，听了你的话，我才真正觉得生活是如此的美好。谢谢你让我觉得活着还有意义。"

最后，克里木国王下定了决心："我愿与伊拉克王国、擎天国结成联盟，共同抗衡夜魇帝国，维护童话世界的和平，维护我们想要的生活。"

宋建国听后，立即致谢："多谢克里木国王，这样的话，童话世界就有救了。我代表伊拉克王国和擎天国对您表示深深的谢意。"

与克里木王国达成协议后，宋建国两人又马不停蹄地前往擎天国，再次见到了擎天国国王。擎天国国王的心情十分愉悦："再次见到两位，我感到很高兴，想必你们一定与克里木王国达成了协议。"

"是的，擎天国国王，我们此次已经与克里木王国达成了协议。克里木国王已经同意援助我们，给贵国军队借道，提供武器，并且派一部分士兵参与作战。"

"好！哈哈哈哈，你们这次前往克里木王国时，我也与耶罗王国达成协议，耶罗国王同意为我们支援粮食。而我擎天国则愿意派兵前往贵国，两国士兵将共同抗击夜魔帝国。战后，我国还愿意派工匠帮助贵国进行战后重建。你们觉得如何？"擎天国国王说道。

宋建国猜想擎天国在建筑和修路方面的技术很强，立刻点头同意了。

达成联盟后，宋建国与苏阿黛心情愉快，一路欣赏着沿途的风光回到了伊拉克境内。突然，宋建国被两条长期哺育这个国家的大河——底格里斯河和幼发拉底河深深吸引了。

"苏阿黛，你知道吗？我们眼前的河水创造了很辉煌的历史和文明。"宋建国兴奋地说道。

"是呀，我们国家的生产和生活都离不开这两条大河。你看河两岸的风景多美呀！"苏阿黛也感叹道。

两人回到圣湖森林，受到伊拉克王国人民的热烈欢迎。苏阿黛见到父母亲，欢快地跑过去，扑在母亲的怀里，说道："父亲，母亲，我好想你们啊。"莎迪玛哽咽地问道："我们也好想你，你这些天与宋建国过得怎么样啊？应该吃了很多苦吧？"卡迈勒国王则一脸喜色地看着宋建国："辛苦你了，我代表伊拉克王国感谢你的帮助，后面抗衡夜魔帝国可能还需要你的帮助。""我会尽全力帮助你们的，放心吧！卡迈勒叔叔。"

最终，伊拉克王国、擎天国与克里木王国在宋建国的帮助下战胜了夜魔帝国，维护了童话世界的和平。宋建国成为童话世界人们心中的英雄，擎天国的国王也履行了承诺，帮助伊拉克王国重修了道路和房屋，两国也在商讨暗黑石脂方面的合作。

一天夜里，宋建国做了一个梦，梦到自己与苏阿黛在夜晚来到圣湖边，两人手牵着手，谁都没有说话。弯月高挂在夜空中，月光照在两人身上，显得宁静而安详，苏阿黛略带忧伤地说道："宋建国，你最终还是要离开童话世界吗？""嗯，我的命运早已注定。我不是这个世界的人，注定要回到属于我的世界。"

就在两人交谈的时候，圣湖中心的雾渐渐散去，在清幽月光的照射下，圣湖中心出现一个旋涡，旋涡中闪烁着星光。就在这时，两人也发现了这个星光旋涡。苏阿黛轻轻地亲吻了一下宋建国的脸颊，随后把他推进了旋涡。这时旋涡中也射出一道光，苏阿黛对宋建国大声喊道："不要忘了我!"

后来，宋建国苏醒了，但脸上还留着一道泪痕，怀中还是那本《一千零一夜》。他轻轻地呢喃道:"等我，苏阿黛。"但他并没有发现书的第一页原先是空白的，现在上面却多出许多文字，诉说着他在童话世界的一切。

四、故事分配

伊拉克在 GSM（全球移动通信系统）手机、报纸、广播电台和电视台三个领域具有一定的优势，对故事《第一千零二个邂逅》的宣传具有推动作用。

（一）GSM 手机

伊拉克拥有以 ZAIN 公司为代表的 GSM 运营商和部分地方运营商，移动服务覆盖面广，移动用户数量快速增长，使用手机比较普及。在伊拉克通信领域设立分公司的有中国华为技术有限公司、中兴通讯有限公司。两家中国公司与伊拉克政府及运营商展开合作，为伊拉克移动用户、运营商提供通信服务、技术支持等，取得一定成效。借助 GSM 手机信号稳定、通话质量清晰、网络存储量大等优势，将故事《第一千零二个邂逅》借助 GSM 手机进行推广，可以轻松便捷地使伊拉克人民了解故事，进一步扩大受众面。

（二）报纸

伊拉克报刊业较为发达，覆盖面较广，主要有以《中东报》《东方报》为代表的报刊。伊拉克人民最常见的获得信息的途径就是报纸，大部分人有阅读报纸的习惯，教育普及率较高。伊拉克全国只有一家官方通讯社——伊拉克国家通讯社。借助报刊覆盖面广、获取信息便利等优势传播故事《第一千零二个邂逅》，可加深伊拉克人民对故事的理解以及对中国文化的认知。

（三）广播电台和电视台

伊拉克的广播电台较多，不仅有中波电台，还有调频电台。其中，以阿拉伯语、英语进行播报的伊拉克共和国广播电台最具影响力。同时，伊拉克电视台数量较多，如首都巴格达有四家电视台，在播放阿拉伯语节目的同时还播放英语新闻。借助伊拉克广播电台、电视台等大众传媒基本覆盖伊拉克全国的优势，可使故事《第一千零二个邂逅》更加深入人心。

五、故事消费

故事《第一千零二个邂逅》分配渠道建立后，从 GSM 手机、报纸、广播电台和电视台三个领域分别介绍故事消费的策略。

（一）GSM 手机

在 GSM 手机领域的消费通过 SMS 或 EMS 信息、FM 收音机、上网功能三个策略实现。

1. SMS 或 EMS 信息

将故事内容分章节编辑成 SMS 信息，以连载的形式分时间段向移动用户免费发送。或者根据故事主要内容改编制作成短篇漫画，以图片或动画的形式向移动用户免费发送，使伊拉克人民通过阅读手机 SMS 或 EMS 信息逐渐了解故事，引起读者阅读的兴趣。

2. FM 收音机

聘请伊拉克当地知名播音员，将故事《第一千零二个邂逅》制作成音频文件，在伊拉克各大广播电台播放，利用手机内部嵌入 FM 模块便可收听广播的优势，逐步扩大故事的受众群体。

3. 上网功能

将故事《第一千零二个邂逅》以图文并茂的形式进行呈现，可制作网页版故事或者漫画。GSM 手机可以接入互联网浏览网页，移动手机用户通过连接互联网，便可迅速提高故事的浏览量，让读者随时随地接触故事。将故事制作成网页版手机游戏，如拼图类、故事冒险类、故事益智类和故事角色扮演类等，移动手机用户在网页体验游戏的过程中，不断加深对故事的理解。

（二）报纸

在报纸领域的消费通过协议赞助、刊登和回馈客户三个策略实现。

1. 协议赞助

中国与伊拉克大型报业公司可签署刊登本故事的合作协议。伊拉克报业公司提供免费版面，用于刊登基于故事的中方企业广告。作为合作条件，中方企业则提供一部分专项资金。此专项资金只能供伊拉克报业公司回馈客户使用。凡是购买或者订阅伊拉克报业公司发行的刊登了中方企业广告报刊的读者，均在回馈的客户的范围内。

2. 刊登

将故事翻译成阿拉伯语及库尔德语，并与报纸上刊登的相关专题进行组合。例如，新闻报道是关于伊拉克石油资源的，可以将故事中谈及石油的章节与这个新闻报道排版在同一板块，让伊拉克人民在阅读新闻报道的同时逐步了解故事。根据报纸种类的不同，编辑出不同类型的文本形式，配以插图和精炼的故事内容，让读者能够在零散的时间轻松阅读，迅速理解故事内涵。

3. 回馈客户

凡是购买或者订阅刊登故事报刊的读者，均有机会参与伊拉克报业公司举办的感恩回馈客户抽奖活动。人数限定为1000名，抽中者可免费看报六个月。通过感恩回馈活动，既可增加报纸的发行量，又扩大了故事的受众面。

（三）广播电台和电视台

在广播电台和电视台领域的消费通过前期宣传、制作节目两个策略实现。

1. 前期宣传

将故事《第一千零二个邂逅》拍摄为音频故事型广告，在车载广播电台、家庭广播平台进行宣传，并在伊拉克各大电视台播放，吸引观众的注意力，扩大故事的影响力。

2. 制作节目

采取舞台剧、配音大赛、动漫或电影、文艺类节目等多种形式，持续引起听众或观众的兴趣，逐步使伊拉克人民理解故事的内涵。(1) 舞台剧：通过广播电台、电视台面向社会招募家长和儿童若干名，并从中选拔舞台剧演员。将故事改编为舞台剧，家长与儿童在公共场所或剧院等人流量密集的地方共同参与演出。(2) 配音大赛：与伊拉克知名广播电台合办故事配音大赛。家长可以携带儿童前往广播电台进行现场报名。配音大赛选择收听率最高的时段进行直播。(3) 动漫或电影：将故事改编的动漫或电影在各大电视台进行播放，使故事产生固定的收视群体。(4) 在前期宣传，具有一定收听、收视群体的基础上，设计以故事为主题的大型文化类节目，如谈话类、知识问答类节目，并在官方电视台进行直播，其他电视台同步转播，可进一步加深观众对故事的理解。

六、中伊合作

故事生产、故事分配、故事消费的最终目的之一是达成合作，两国的合作主要体现在以下几个方面。

（一）石油合作

伊拉克拥有丰富的石油资源，以原油出口为主的石油产业是其战后恢复经济的支柱产业。由于历经数次战争，伊拉克国内基础设施受到不同程度的破坏，如管道等油气设施损毁、交通系统崩溃、资金技术不足、技术人才流失等，致使伊拉克石油开采技术滞后，石油深加工产业受到影响。中国在资金、能源科技理论、管理经验、开采勘探技术、高素质人才、机械设备、炼油技术等方面具有优势。为恢复经济发展，伊拉克鼓励招商引资，与世界多家大型石油公司进行了合作。其中，以中国石油天然气集团有限公司、中国石油化工集团有限公司和中国海洋石油集团有限公司等为代表的中国石油企业，积极参与伊拉克各油田项目的开采竞标。中国石油企业或单独参与竞标，或与伊拉克合作进行开采，或与其他国家石油企业联合投标等，均有一定收获，逐步拉开了在伊拉克投资开采石油的序幕。为加快经济重建，伊拉克制定发展规划，积极改善投资环境，重点发展石油、交通等产业。中国和伊拉克在石油资源方面具有互补性。依托伊拉克丰富的石油资源和良好的投资政策，借助中国提出的"一带一路"倡议，如果两国在石油资源方面达成深度合作，不但可促进伊拉克构建完整的石油工业体系，加强石油开采配套设施建设，培养高素质油气开采人才，加快石油产业转型及升级，而且可改善中国能源短缺的现状，提高中国油气勘探技术和深加工技术，提升自身竞争力。双方合作将促进中伊两国经济的共同发展。

（二）助力旅游业

伊拉克拥有悠久的历史、璀璨的文明，留有大量历史文化遗迹，包括底格里斯河与幼发拉底河"两河文明"遗址、"空中花园"为代表的历史文化遗迹、古城遗址等。受战争和人为因素的影响，伊拉克众多著名的历史遗迹均受到不同程度的破坏。虽然战后伊拉克重视旅游业的发展，但是由于交通网络等基础设施重建滞后，其旅游业发展受限。随着中国经济的腾飞及人民生活水平的日益提高，旅游已经成为普通老百姓的消遣休闲方式。中国境内旅游人数持续增长，境外旅游人数逐年升高。在此基础上，中国旅游产业规模不断扩大，产品体系逐渐健全。中国大力实施"全域旅游""旅游＋"战略，加大对旅游产业及相关行业的扶持。目前，旅游业成为拉动中国国民经济增长的新动力。如果中国和伊拉克在旅游业领域达成合作，将会促进伊拉克旅游景点开发和建设、古迹修复与维护、旅游配套设施建设，带动伊拉克交通业、餐饮业、酒店业等相关产业的发展。两国合作，将为伊拉克旅游业及相关产业的发展带来前所未有的机遇。

（三）共建基础设施

受战争、国际经济制裁等因素的影响，伊拉克公路受损严重，铁路和地铁等轨道交通发展缓慢，港口设施陈旧、承载力不足，石油管道数量不足、设施老化，城市供水、污水处理设施受损，通信设施等其他基础设施也严重受损。为了尽快改变现状，伊拉克积极展开战后重建工作，制定相关法规保障投资者合法权益，发布经济发展规划鼓励招商引资，优先发展交通、港口、油气等基础设施建设，一系列举措把伊拉克变成一个拥有巨大投资市场的国家。中伊两国友好关系源远流长，2015年中伊两国建立战略伙伴关系。中国在基础设施建设、装备制造业等方面取得巨大成就，受到世界瞩目。中国还拥有众多海外建设项目的施工经验。随着"一带一路"倡议的提出，中伊两国可在基础设施建设方面不断加深合作，推动伊拉克交通网络、电力和通信设施、油气设施、城市供水、污水处理设施等基础设施建设，带动交通业、餐饮业等产业的发展。同时，双方合作也可带动中国粮食、建筑材料、轻工业产品、装备制造业进入伊拉克市场，扩大中国在伊拉克海外市场的份额。

第十章　对阿曼传播的话语体系构建

一、阿曼概况

阿曼苏丹国简称阿曼，位于亚洲阿拉伯半岛的东南部，西连沙特阿拉伯，西南临也门，东南濒临阿拉伯海。阿曼具有非常重要的战略地位，扼守着世界上最重要的石油输出通道——波斯湾和阿曼湾之间的霍尔木兹海峡。阿曼是阿拉伯半岛最古老的国家之一，在公元前2000年已经广泛进行海陆贸易活动，并且是阿拉伯半岛的造船中心。

阿曼东北部以山地为主，主峰沙姆山海拔3352米，是阿曼的最高峰。中部为平原，多沙漠。西南部以高原为主。阿曼是热带沙漠性气候，全年分为两季，5月至10月是热季，11月至次年4月为冷季，年降水量少。

阿曼是君主制国家，马斯喀特是首都。1978年5月25日，中国与阿曼建交。建交后，两国关系发展顺利，合作领域不断扩展，尤其是在经贸合作、文化交流方面非常活跃。其国内资源丰富，如油气资源、渔业资源、矿产资源等。

阿曼也在20世纪60年代开始开采石油，但是由于起步较晚、经济基础薄弱，发展也相对缓慢。少数较大企业，如炼油厂、水泥厂、面粉厂等由政府扶持。其他则为私营的中小企业，主要从事纺织、食品、木材加工等。

阿曼是一个传统的农业国家，大部分人从事农牧渔业。农业产值占国内生产总值的3%，主要种植的粮食作物是小麦、大麦、高粱，主要种植的经济作物是椰枣、柠檬、香蕉等。而渔业是阿曼的传统产业，自给有余。

课题组设想的中国和阿曼的合作主要体现在香料、医疗和轻工业合作等三个方面，因此仅对这三个方面进行介绍。

(一) 香料

阿曼所产的乳香是享誉世界的香料，是香薰产品、香水、精油等日用品的重要原料。乳香具有放松精神、改善睡眠的功效。阿曼人在招待贵客、祷告、祭祀时都会用到乳香。乳香是阿曼人生活中必不可少的用品之一。

(二) 医疗

因阿曼医疗方面的服务水平有限，政府非常重视国内医疗事业的发展。近年来，阿曼政府通过增设医疗项目、增加医疗方面的政府拨款、引进医疗方面高层次人才、增加医院的数量、改善医院内部的医疗设备等手段，推动医疗事业健康发展，提高医疗服务水平。

(三) 轻工业

阿曼国内轻工业产品生产水平有限，市场供应货源依靠进口，例如玻璃、瓷砖、洁具、水泥等。然而，进口依然不能满足阿曼国内民众对轻工业品的需求。因此，阿曼政府鼓励外国企业到本国投资，发展轻工业。为此，阿曼政府制定了鼓励外国投资的各种政策，投资环境相对较好。

二、故事背景

在阿拉伯半岛的东南部有一个繁荣昌盛的阿曼苏丹王国，这个国家的苏丹①续娶了一位王后。苏丹去世后，王后对苏丹将国家大权交给前王后的女儿——阿伊莎公主极为不满。王后使用阴谋诡计迫使阿伊莎公主出走阿曼国。阿伊莎在骑士阿齐兹的保护下，无意间上了一艘来到阿曼国交换货物的华夏国货船，认识了船长顾青城、翻译员陆之放等人。阿伊莎公主为了逃脱王后的追捕，请求船长顾青城收留他们，以便从长计议。而王后为了永绝后患，向恶魔许下愿望，要求恶魔杀掉阿伊莎公主。由此，阿伊

---

① 原指道德或宗教权威人士，后指政治权力，自11世纪起"苏丹"成为穆斯林统治者的称号。

莎公主一行人踏上了艰辛的冒险之旅……在旅途中，他们经历了很多，有欢乐，也有痛苦。阿伊莎公主和阿齐兹随着顾青城和陆之放的船来到华夏国……

三、阿伊莎历险记

第一章　公主逃亡

在亚洲西部的阿拉伯半岛东南部，有一个古老而美丽的国家——阿曼苏丹王国，它的首都马斯喀特是一个风景秀丽的城市。

这一天，全国上下都弥漫着欢快的气氛，人们洋溢在苏丹近期要迎娶一位贵族的女儿为后的喜事中。然而，王国的公主——阿伊莎却高兴不起来，在寝宫中偷偷抹眼泪。因为从小带她的嬷嬷告诉她，新王后不会像她的母后一样疼爱她。以后，父王对她的疼爱也会分给新王后和她所生的孩子。十岁的阿伊莎公主悲伤得难以自拔却又无能为力。

到了举行婚礼的日子，巴勒斯坦的王后也来出席婚礼，并将从巴勒斯坦带来的橄榄油作为礼物送给阿曼新王后。新王后穿着绿色的嫁衣，纤长的手上和娇嫩的脸上都画着美丽的图案。据说，画这些图案的染料是从散沫花叶中提炼出的，没有毒副作用。新王后身上散发着檀香的气息。她怀着喜悦的心情，走向面带幸福笑容的苏丹。婚后，国王和王后一直过着平静的生活。

六年后，苏丹病重，虚弱地躺在床上对王后和众大臣说道："王后，你们都下去吧，我有几句话要单独对阿伊莎说。"

"是的，陛下。"王后说完，带着所有的人离开了国王的寝宫。待所有闲杂人等退下后，国王艰难地动动手示意阿伊莎公主坐在自己的旁边，气若游丝地说道："我亲爱的阿伊莎，父王已经不能再陪你了。但是，父王希望你能继承父王的王位，治理好我们的国家。"

闻言，阿伊莎公主震惊地抬起头，哽咽地说道："父王，您会好起来的，阿伊莎不想让你走……""父王知道，阿伊莎是个聪明的孩子。你是父王唯一的孩子，一定可以成为一个优秀的苏丹，带领我们的国家走向强大。"

此刻，站在殿外的王后脸上划过一丝不甘和怨恨。她在心中抱怨道："这六年来，我克己守礼，尽心尽力地照顾年幼的公主，替苏丹您排忧解难，虽然未能给您生下一男半女，但没有功劳也有苦劳。您竟然将王位传给一个不懂事的孩子也不传给我。您对我如此无情，既然这样，您也别怪我心狠手辣。"

苏丹的气息越来越微弱："孩子，这有一个锦囊，把它交给骑士阿齐兹，他会替父王保护好你……保重身体……父王永远爱你……"话音未落，苏丹微弱的气息已断，紧握着阿伊莎公主的手也无力地垂下。阿伊莎公主怔愣了一下，眼泪随即像断了线的珠子一样一颗一颗地坠落，无声的悲伤弥漫在空荡的宫殿中…

翌日，苏丹去世的消息已经传遍整个王国。王宫中，阿伊莎公主身着白袍，为参加父王的葬礼而进行大小净。而此时，王后却在自己的寝宫中和几位大臣密谋着篡位。

骑士阿齐兹察觉到宫中的异样，提醒公主："公主，今早我无意中看到几位大臣和各大家族的人都聚集在王后宫中，似乎在密谋着什么，请您务必小心。"阿伊莎公主想到父王去世后对自己态度冷淡了不少的王后，似有所悟："知道了，谢谢你的提醒，阿齐兹。"阿齐兹认真地说："公主不必这样说，是苏丹将保护你的任务交给了我，这是我的职责所在。"

在苏丹的葬礼上，简短的仪式过后，苏丹的遗体就下葬了。葬礼结束后，阿伊莎公主本想召集大臣商议继位之事，不曾想，就看到王后带领着众大臣，挺着高昂的头颅，气势逼人地说："阿伊莎，你年纪尚幼，对国事不甚了解，经众大臣一致商议，决定先由我暂时掌管国家。"然后，她吩咐女仆："来人，因苏丹离世，公主伤心过度、身体不适，将公主扶回寝宫中休息。"阿伊莎公主一看无人反对，知道自己现在反抗也是白费力气，便气愤地转身回宫。

回到宫中，阿伊莎忽然想起父王留下来保护她的阿齐兹，便想找他商议此事。走到寝殿门口，侍卫们拦住她的去路，不让她出寝宫。这时，阿伊莎才知道那恶毒的王后幽禁了她。与侍卫争论一番无果后，阿伊莎公主气急地骂道："你这个恶毒的女人，父王待你不薄，你却如此待我，还强占了我的王位，快放我出去！"路过阿伊莎寝宫的王后听到后，哈哈大笑："你不过是一个黄毛丫头，有什么能力治理好一个国家，只有我才能让这个国家强大起来！"说完，王后便趾高气昂地离开了。

入夜，阿伊莎公主还没有停止哭泣。想到最疼爱自己的父王已经过逝，自己又被恶毒的王后设计，失去了王位，她内心升起一股悲壮之情，虔诚地祈祷起来：

> 我祈祷，
> 坚忍倾注在我的心中，
> 光明引导我走向正道，
> 勇气佑我前行，
> 护卫我的子民安康。

黑夜笼罩着整个王宫，就在守卫士兵放松警惕之时，一道黑影闪过，翻进了阿伊莎公主的寝宫。忽然，阿伊莎公主听到一丝声响，心中不免慌张，生怕王后派人加害自己，忙抓起桌上的花瓶，颤声问道："是谁？"黑影发出声音："公主，是我，阿齐兹。"听出来是阿齐兹的声音，阿伊莎立刻放下手中的花瓶，走上前去，抓着他急声问道："阿齐兹，现在我该怎么办？王后霸占了王位，还将我幽禁在宫中，你有什么办法能助我脱身？""公主，联合众大臣夺回王位，显然不可行，为今之计，我们只有逃出王宫，去往民间，获得百姓的支持，如此才能推翻王后。"阿伊莎沉思片刻，点点头："这倒是一个好主意，事不宜迟，我马上去收拾东西，我们今晚就走，免得夜长梦多！"

收拾好行李之后，阿齐兹用迷药迷晕了士兵，就带着阿伊莎公主趁着夜色，有惊无险地逃出了王宫。然而，他们逃出王宫不久，王后便发现了，气急败坏地大喊："来人！快去，把公主抓回来！"阿齐兹和阿伊莎公主被王后派来的追兵追得一路狂奔，就在两人走投无路之际，他们发现马斯喀特港口正好停了一艘大船，上面装满了货物。

追兵马上就到，无奈之下，阿齐兹和阿伊莎只得偷偷上了这艘船，希望能躲过追兵的追捕。阿齐兹和阿伊莎刚躲进货舱，船就开动了。

追到港口的卫兵只能望洋兴叹，卫队长皱着眉头说："这该怎么办？我们已经追不上公主和阿齐兹了，没有完成王后给我们的任务，王后又要惩罚我们了。"其他士兵闻言，都露出惊恐的神色，其中一个士兵说道：

"不如，我们就骗王后说公主和阿齐兹骑士在逃跑过程中不小心掉进了大海，已经死了，反正王后也没有亲眼看到。而公主也已经坐上开往远方的船，还不知道能不能回来呢！"卫队长无奈地说："也只能这样了。"

王后坐在大殿上，厉声骂着昨夜去追捕阿伊莎公主的士兵："我让你们把公主抓回来，人呢？养你们都是干嘛的？"

卫队长上前战战兢兢地回答："请王后恕罪，公主和阿齐兹在逃跑过程中不慎掉入海中，尸骨无存。"

王后质疑："掉入大海？既然如此，你们就先下去吧。"等士兵都退下后，王后心中还是有些不安，便招来一个侍女吩咐道："你去把巫师找来，就说我有事找他。"侍女领命后离开了。

过了一会儿，侍女在殿外禀报："王后，巫师到了。""快让巫师进来。"巫师向王后行礼后，垂首说道："不知王后有何要事？"王后优雅地走到巫师身边，慢慢开口："我找大师来，是想让大师占卜一下我们国家的阿伊莎公主是否还活着？若是还活着，她现在又在哪里？"巫师使出魔法后，对王后说："回禀王后，公主并没有死去，她和阿齐兹正在一艘驶向东方的船上。"王后闻言大怒："好啊！这群废物，不仅没有给我抓到人，居然还敢编谎话骗我，来人啊，把那些废物给我抓起来，三日后斩首示众，以敬效尤！"

第二章 结识新友

阿齐兹和阿伊莎上船不久，船就开了，正在他们心中忐忑之时，船上的船员来船舱清点货物，打开船舱，发现了藏身其中的两人。船员以为他们是心怀不轨的坏人，忙大声喊道："快来啊，船舱里藏着两个来历不明的人！"

船上的人听见声音，都拿起武器赶到船舱，阿齐兹和阿伊莎见情形不对，连忙道歉："非常抱歉，我们是无意间闯上来的，只是迫不得已，还请见谅。"船员们只听见他们在不停地说话，却不明白他们想表达的意思。见状，船长顾青城说："他们很有可能是阿曼人，我们船上不是有精通阿曼语的人嘛，叫他来，让他给我们翻译一下！"

过了不久，陆之放出现了，他就是那个精通阿曼语的人。见到这种情形，他不紧不慢地问阿齐兹和阿伊莎："你们是什么人？为什么会出现在

第十章　对阿曼传播的话语体系构建

我们的船上？"阿齐兹和阿伊莎看到他，就像看到救星一样，因为终于有一个人会说他们能听懂的话了。顾不得多想，阿伊莎赶紧开口说："我是阿曼的公主阿伊莎，这是我国的骑士阿齐兹。因为王后谋权篡位，我被她派人追杀，不得已才上了你们的船，希望能得到暂时的庇护，请不要担心，我们没有恶意。"

陆之放转身对船长顾青城翻译道："船长，他们说他们没有恶意，只是在逃跑时无意中上了我们的船，希望得到暂时的庇护。"闻言，船上紧张的气氛陡然放松下来，阿齐兹和阿伊莎看到他们的戒备少了些许，又开口问："现在船已经开了，我们回国一定会继续受到追捕，不知你们的船是去哪里的？"陆之放回答二人："我们的船现在要去索马里，将货物交给买家，便会返回我国。"

"请问，我们可以暂时留在你们的船上吗？放心，我们不会白吃白住的，这是我父王送给我的手链，就当作是我和阿齐兹在你们船上的食宿费用吧。我们也可以帮你们干活。"说着，阿伊莎公主就脱下手上的金手链，递给了船长。

"公主不必客气，只不过船上一切简陋，不知公主能否住得习惯。粗茶淡饭，不值钱，所以还是希望公主收回你的东西。"陆之放将船长的话翻译给阿伊莎。公主听到船长如此说，便收回了自己的东西。船长又吩咐道："之放，将公主带下去休息，其他的事情还是明日再讲吧。"

阿齐兹和阿伊莎来到房间之后，立刻商量着今后该怎么办。阿伊莎问道："阿齐兹，我们以后该怎么办？国家已经回不去了，我们又能去哪里呢？"阿齐兹向阿伊莎建议："公主，不如我们就跟着他们吧，暂避追杀。"阿伊莎悲伤极了："也只能这么做了，唉，我对不起父王，没能完成他的愿望。"阿齐兹连忙安慰道："公主，别伤心，我们的时间还有很多，总会有办法的。"

第二天，阿齐兹和阿伊莎早早地就起床了，走出房间才发现船上的其他人早就起来做着自己的事了。陆之放看到他们，走上前来："你们起床了，要吃点早餐吗？船长知道你们不一定习惯我们吃的食物，刚好我们在阿曼换了一些你们的食物，你们可以吃一些。"阿伊莎谢过他后，陆之放带他们去了餐厅。

餐厅中有一个简易的烤炉，铁板上放着块牛肉和其他一些简单的食材。但是，阿伊莎仍然感受到这些人的关怀和热情。

此时的王宫里，王后一直在发脾气："全都是废物，连个乳臭未干的孩子都抓不住！我要你们有什么用？不行，不能让阿伊莎活着回来。哦，对了，还可以找深海恶魔，他一定能帮我。"

王后以前在海边玩耍时，曾帮助过一个受过伤的恶魔，恶魔答应实现她三个愿望。王后第一个愿望是希望自己能变美，第二个愿望是想成为最有权力的王后，而恶魔还欠她一个愿望。于是，王后拿出当初恶魔给她的珍珠手链，准备将恶魔呼唤出来，实现她的第三个愿望。

"恶魔啊，恶魔，快点出来，你的恩人在召唤你，你的恩人等待着你的到来！"一阵青烟冒出，一个凶神恶煞的魔鬼从珍珠手链中走了出来。

"哦，原来是你，说吧，你的第三个愿望是什么？"王后恶狠狠地说道："阿伊莎公主和阿齐兹逃到一艘船上，我要让他们永远不能回来！""好吧，我会实现你的愿望的。"话刚说完，恶魔就不见了踪影。

阿齐兹和阿伊莎吃完早餐后，就向顾青城和陆之放他们讲述了自己的经历，也将他们的打算和盘托出。顾青城出于同情，便允许他们同行。就这样，阿伊莎、阿齐兹、顾青城和陆之放他们精彩而又刺激的冒险之旅开始了。

第三章 惊险之旅

经过几天的航程，他们一行人即将到达毛里塔尼亚，几天的海上生活让阿伊莎感到十分烦躁，如今再次看见陆地，她便高兴地邀请阿齐兹和其他人在甲板上跳起阿曼特有的舞蹈《呐喊》。

突然，跳舞的公主虚弱地倒下了，面色苍白。阿齐兹急忙扶住公主，并查看她的状况。

一股黑烟突然冒出来，化为一个面目狰狞的恶魔，只见他恶狠狠地说道："哈哈哈，终于让我逮到你们了，你们休想逃出我的魔爪。看看你们的公主，她已经被我施了咒语，患上了可怕的传染病，不久后，你们将会被她传染，一起命丧黄泉。"说完，恶魔就化作一股烟消失不见了。

公主慢慢转醒，得知刚才发生的事情，她虚弱地说道："你们走吧，不要管我了，不能因为我而害了你们大家。"而此时，船上已经有人出现与阿伊莎公主同样的症状。顾青城垂下头，沉思片刻后，转身对其他人说

第十章　对阿曼传播的话语体系构建

道："大伙，现在局势紧迫，咱们不能坐以待毙。依我看，我们还是赶紧靠岸救人吧！如果无法医治这种病的话，我们都会把命丢了。"

船员们有些躁动，但经过一番讨论后，所有人都同意了顾青城的建议。船靠岸后，除了伊莎公主和另外一个被感染的人，其他人都用布条遮住了自己的口鼻。顾青城吩咐手下做了两副简单的支架，将二人抬到陆地上。

为了不连累毛里塔尼亚人，全船人没有进城，而是住到一间废弃但却很宽敞的房子里。将二人安放好之后，阿齐兹发现阿伊莎和被传染的船员发烧了，于是打了一桶水，又从行李中拿出来一件衣服，撕成布条，将布浸湿，放在高烧的两人的额头上。顾青城则蹲在一旁，皱着眉头，思考着接下来该怎么办，但却没想到任何办法。

顾青城带了陆之放和几个手下，准备去集市上买些食物，顺便看看能不能找到救治的方法。买完阿拉伯大饼，在返回住处的路上，陆之放无意间听到当地人说该城有一位前来游历的东方老者，他可以破解世间许多的疑难问题。于是，他告知了顾青城，两人便打探到老者的住处，前去拜访。

找到老者后，顾青城和陆之放才得知老者竟然是一位著名的智者。老者捋着胡子说："听你们所说，我大概了解那个恶魔了，也知道这种魔法的破解之法。这个方法就是用乳香，不过此物难得。陆之放闻言，脸上露出了笑容："太好了，我们的货物里有一点乳香，是要给贵族的，不过该将它如何入药呢？"老者笑着说："很简单，我来告诉你们方法，这是我从一位神医那里得到的药丸，将乳香研碎，和水裹在药丸上，待其阴干后用石水服下即可。"时间紧迫，一行人拜谢老者后匆匆离开。

回去后，服药不久，阿伊莎公主和另外一个人就痊愈了。璀璨的星空与海面连成一线，宁静而独具魅力，而此时的阿伊莎公主在房间里，透过窗子看到圆圆的月亮，想着自己之前命悬一线，此时还可以赏月，不禁心生感慨。

而此时的深海里，恶魔却在自己的宫殿中一直通过水晶球观看公主的情况。公主还活着，并且他们已经开船前往目的地，恶魔气得面目狰狞："可恶！这些渺小的人类怎么还活着？"恶魔不甘心，便使出魔法瞬间出现在公主他们面前："你们这些可恶的人类，上一次不过是我的一个小把戏，这才让你们侥幸逃脱。这一次，你们的好运气到此为止了，我要毁掉你们的食物。在这茫茫的大海上，我倒要看看，没有了食物，你们要怎么办！哈哈哈……"恶魔大笑着消失在他们的面前。

全船的人听到恶魔这样说，都变了脸色。阿伊莎公主愧疚地说道："真是抱歉，又连累你们了。"陆之放安慰道："公主不要这么说，我们也相处了这么长时间，是朋友了。我国人最讲情义，更何况那个恶魔是个坏人，如果有机会我们会除恶惩奸。不过现在最重要的是食物问题，我们该如何解决？"陆之放说完，转向顾青城："船长，你有什么办法没有？"顾青城无意间望向海面，突然大声说道："有了！我们可以从海里捕捞一些鱼作为食物。"但他好像想起了什么，脸色又沉了下来："只是，我们的调料没有了，只吃鱼，不知道船员们能不能坚持下来。"

阿伊莎已学会一些简单的华夏语，听到顾青城有这样的担忧，她兴奋地说："调料不用担心，我逃出来时身上带了很多我们国家的圣物——乳香，圣物的作用有很多，其中之一就是做调料！"顾青城听到这个，也十分高兴："这样就太好了，我们就这样先坚持着，估计离索马里也不远了，到时候上岸了再去补充给养。"

他们在缺少粮食的情况下坚持着，直到到达索马里海域才高兴得欢呼起来。然而，高兴的心情在看到好多奇装异服、凶神恶煞的海盗时又骤然消失。船员们都紧张地聚集在一起，握紧了手中的武器，准备应对即将到来的一场恶战。海盗船慢慢包围了顾青城他们的船，海盗头子凶狠地对着他们大喊："船上的人听着，你们已经被包围了，要想活命，就把你们船上的金银珠宝留下来！"顾青城他们愤怒地反击："休想，要打就打，看你们有没有那个命来抢走我们的珠宝！"说完，顾青城他们就发狠地冲向那些已经登船的海盗，一番恶战之后，海盗头子眼看着自己的手下一个个被制服，不由得心生恐惧："你们等着，我不会放过你们的！"

说完，他就逃回自己的船，逃之夭夭了。经历过浴血奋战，很多船员都受了伤，顾青城让舵手加快速度，赶紧靠岸，好让兄弟们下去找个医生看伤养病。

船靠了岸，他们下了船，互相搀扶着边走边打听医馆。到了医馆，大夫给他们检查了伤口，发现有些人伤势过重，不由得面露难色："这几个人伤势太重，我这小医馆没有能治好他们的药呀！"阿伊莎赶紧问道："那请问需要什么药？我们会去找来的。"大夫的脸色更难看了："那味药很难寻，在我们国家几乎没有，只有那些贵族家中才收藏着一点。""您就告诉我们吧，无论多难，我们也要找到它。""它叫乳香。阿曼的乳香药用价值高，只有阿曼的乳香才能治好他们几个的伤。""真是太好了，我们刚好有乳香，还请大夫您治好我们的伤员。"大夫惊喜不已："哦？你们有，那就太好了，快拿出来让我看看。"

阿伊莎公主赶紧从包里拿出乳香递给大夫。大夫接过乳香，惊喜极了："就是这个，这可是疗伤圣药啊，这样你们的伤就有办法治了。"顾青城他们在医馆中休养了一些时日，将货物交给买家，又在索马里的集市上买了许多物资，补充了食物，便就回到了船上，继续他们的航程。

而恶魔从水晶球里看到阿伊莎公主又一次死里逃生，便骂道："这些愚蠢的人类，怎么会如此幸运，这样都能躲过？我要好好想想怎样才能将他们困在海上，让他们求助无门！"

阿伊莎公主他们因为没有恶魔的捣乱，平静地度过了一段日子，正当他们以为恶魔就此放弃时，恶魔又出现在他们面前。

"哼！前几次不过是我大意了，才让你们捡了一条命。这次，我不会再心慈手软，我倒要看你们这些无能的人类如何渡过这次劫难？"阿伊莎愤怒地质问恶魔："我与你无冤无仇，你为何三番五次要置我于死地？"恶魔哈哈大笑起来："看在你快要死去的份上，我就告诉你，让你做个明白鬼。这是王后对我的许愿，让我把你除掉，而接下来你就等待劫难再一次降临吧。"说完，恶魔又像前几次一样，忽的一下就消失了。

闻言，阿伊莎很抱歉地对顾青城说："都是我带来的麻烦，对不起。"顾青城安慰她："就像之放之前说过的，我们是朋友，朋友之间不会计较那么多，我们同甘共苦过，情谊自然深厚，别想那么多。"阿伊莎感动极了："能遇到你们，真是我阿伊莎一生之幸！"陆之放打断两人的对话："我们以后再说这些。现在最重要的是，恶魔说的'劫难'是什么意思？"

白天的平静就像黑暗来临前夕的预兆，恶魔的话深深地印在阿伊莎的心头。前途未知，又有恶毒的王后与恶魔拦阻，阿伊莎虔诚地祈祷着：

我虔诚地祈求，
希望正义能降临人间，

> 希望光明能驱逐黑暗，
> 消灭恶毒，
> 护卫良善的人，
> 保佑遵循你的正道者吧。

阿伊莎见天色突然大变，风起云涌，海面波涛汹涌。顾青城他们的脸色也变了："糟了！是海啸，一定是恶魔搞的鬼，他是想淹死我们！顾青城他们的船就像一叶浮萍，漂泊不定，在狂风暴雨中显得那么渺小和无能为力，有些人甚至已经绝望了。这种情况，人类的能力也无法阻止，黑漆漆的夜晚更像是吞噬人类的怪兽，似乎在张着大嘴嘲笑人类的懦弱。

这时，顾青城大喊道："照明的东西呢？还在吗？"慌乱之中，陆之放回答道："没有了，船晃得厉害，东西都掉进了大海里。""照明的？我这里还有乳香，圣物还可以照明！"顾青城本已颓废的神色中瞬间焕发出光彩："快拿出来，有了照明的东西，我们就有了希望！"

微弱的亮光出现，人们的神色又平静下来，看着那亮光就仿佛看到了光明的未来。在一片黑暗和恐惧之中，阿伊莎公主跪坐在地，开始虔诚地祷告：

> 我祈祷，
> 请帮助虔诚的人吧！
> 祝我们安然渡过这次危难吧！

阿伊莎闭上眼睛，念念有词，奇迹终于出现了。乌云渐渐散去，雷声也停歇下来，海面重归平静……船上的人们在短暂的静默之后，突然爆发出劫后重生的欢呼声，幸运之神又一次站在了他们这边。更幸运的是，由于激流的推动，他们的船竟然提前到达了东方之国——华夏国。

当踏上华夏国的国土时，顾青城他们难掩激动，眼含热泪，终于要回家了！而阿伊莎和阿齐兹却被华夏国的繁华景象震惊了。

第四章　两国交好

　　顾青城等人从外邦带来的香料深受皇亲贵族的喜爱。因此，每次远航回国后，他们都入宫面见皇上。在进宫前，顾青城等人邀请阿伊莎和阿齐兹一同进宫拜见皇上。"你可以把乳香献给我国皇帝。如若皇上和后宫妃子喜欢，皇上可能会帮助你再次夺得王位，让我们两国结成邦交，这不是双赢的好事吗？"顾青城向阿伊莎公主建议道。

　　阿伊莎眼前一亮："这确实是一个好主意，我相信你们的皇上一定像你们一样，是一个重情重义的好皇上。不过这件事还要请你多帮忙，让我能有机会见你们的皇上一面。"顾青城爽快地答应道："没问题，你就等着我的好消息吧。不过，这段时间要请你暂时住在我家了。"阿伊莎十分感激："又要麻烦你了，你永远是我们阿曼国最尊贵的客人。"

　　金碧辉煌、庄严肃穆的大殿上，高高在上的皇帝正在接见刚刚从海上航行归来的顾青城、陆之放等人。顾青城将在航程中获得的奇珍异宝献给皇上，并讲述了航行过程中船队所遇到的事。趁皇上听得高兴之际，顾青城思忖着张口道："启禀皇上，此次航行中，船队遇到了阿曼国的公主，并在危难时刻搭救了她。她向微臣请求，希望能见皇上一面。"

　　"哦？阿曼国的公主？明日你将她带进宫来吧，朕设宴款待她。"顾青城垂首道："是。"回到家后，顾青城就将这个好消息告诉了阿伊莎，又提示了她相关的礼节和风俗。

　　第二天，阿伊莎和阿齐兹盛装打扮后去赴宴。在宴会上，阿伊莎发现皇后的精神不太好，就问道："阿伊莎看皇后娘娘的精神不太好，不知皇后娘娘有何不适？"

　　"不妨事的。只是近日夜夜失眠，才导致精神不振。"皇后回答道。

　　"阿伊莎这里有一种能让皇后娘娘恢复精神的香料，只要在睡前点上一小块，保证娘娘会做个好梦的，就不知皇后娘娘是否愿意一试？"阿伊莎把香料呈上去。

　　皇后娘娘强打起精神说："哦？那就请阿伊莎公主给我一些香料，试试看吧。"侍女接过阿伊莎递过来的香料，即刻点燃，闻到那股香味，皇后娘娘的精神顿时平和了许多。

　　"这倒是个好东西。"皇上也感兴趣地问，"阿伊莎公主，这是什么香料，竟如此有效？"

"皇上，这种香料叫乳香，是我国的圣物。它不仅能缓解焦虑和抑郁，还有活血止痛、解毒消肿、生肌止痒、消炎防腐、镇痛、保胃、安魂、清心等功能，甚至还能做成食物和调料。"

皇上惊奇地说道："竟有如此神物！阿伊莎公主，我已经听说了你的事。想获得百姓的支持，必须先得到百姓的心。我可以做主将我们国家的草药、诊疗术、冶铁术、纺织术传入你们国家，为你国百姓治病，为你建立威信。作为条件，你要同意在你重登王位时，与我国建立友好邦交，并和我国开展香料贸易。"

阿伊莎难掩激动之色："没问题，感谢您的帮助，我一定会遵守诺言。还有一件事，听说贵国的国师有通天之能，能否请他出手，帮我除掉一个穷凶极恶之人？"

"可是那恶魔？没问题，就当是除魔卫道了。"

"再次感谢您！"

阿伊莎再次踏上航程时，还是顾青城做船长，不过船员当中多了几名精通医术的大夫。这一次，没有了恶魔的阻挡，阿伊莎他们顺利回到了阿曼国。但王后的势力很大，他们仍然需要小心行事。于是，他们隐藏身份，混在平民百姓中间，为百姓治病，帮助百姓改善生活。渐渐地，他们在百姓中的声望越来越高。

然而，此时的王后处境十分艰难。借助华夏国皇上的帮助，阿伊莎他们顺利将恶魔制服，重新将他封印了起来。恶魔的法力失效，就连曾经向王后许下的愿望都不能维持。王后的容颜不再娇嫩，形容枯槁，满脸皱纹。她的家族也不再富有，呈现出衰败之势。她的脾气也越来越暴躁、越来越凶残，人们对她的不满日益增多。阿伊莎和阿齐兹觉得现在时机已经成熟，就向百姓亮明了自己的身份，并告诉人们王后是一个恶毒的女人。她陷害、追杀公主，与恶魔做交易。她还加收赋税，导致百姓生活艰难。她做的种种坏事都叫百姓心寒，百姓终于下定决心追随阿伊莎公主，推翻王后的政权。

人们自发地拿起武器，包围了王宫，高声呐喊："王后滚出王宫！让阿伊莎公主继位！"坏事做尽、众叛亲离的王后终于被阿曼的百姓赶出了王宫。最终，阿伊莎公主重新登上王位，继续完成她父王的遗愿。

第十章　对阿曼传播的话语体系构建

继位后的阿伊莎并没有忘记与华夏国皇帝的约定，下令与华夏国友好通商。就这样，阿曼的乳香传到华夏国，促进了阿曼的经济增长，扩大了阿曼商品在华夏国的市场。华夏国的医术传到阿曼后，改善了阿曼人的体质，减少了因疾病而带来的死亡。华夏国的冶铁术、纺织术及制造术也在阿曼兴起，造福于阿曼百姓。两国关系越来越好，真真正正地实现了顾青城当初所说的双赢。

第五章　继往开来

阿伊莎继位后，不但实现了两国的友好通商，还特意派使者出使华夏国。就这样，一位名叫哈利德的阿曼国外交使臣前往华夏国。到达华夏国后，哈利德被当地的繁华所吸引，感到十分震惊：这个国家四海升平、欣欣向荣，街道上往来的人脸上都洋溢着幸福的微笑。

哈利德被安排在驿馆住下。他每天早出晚归，在酒楼、茶社观察华夏国人的生活习性，在造船厂、瓷器厂、玻璃制造厂参观访问。就这样过了一段时间，哈利德递交了觐见书，希望能面见华夏国的皇帝。皇帝下令让阿曼使者觐见。哈利德垂首走进富丽堂皇的宫殿，向皇帝施礼后说："尊敬的皇帝陛下，愿你安康！"皇帝笑着说："哈利德先生不必多礼，来人，赐座。"

待哈利德坐下后，皇帝才开口："贵国的阿伊莎公主近况如何？""阿伊莎公主已经继位，成为女苏丹。她自从继位后颁布了许多治国的政令，现在我们国家的人民都相信女苏丹能带领我国发展壮大。"皇帝领首道："如此甚好，贵国的乳香在我朝受民众喜爱，但是乳香的数量不够，不知能否扩大乳香的出口量。"哈利德忙说："陛下请放心，我会向女苏丹禀报的。女苏丹为了表达她的感谢，特地交代我，来到贵国后多观察，若发现贵国有需要，我们会全力帮助。这些天我在贵国观察了一番，发现贵国的造船技术有待改进。若贵国有意，我们国家可以暂借给贵国一些人才，教授你们造船技术。除此之外，我希望陛下能派几位玻璃制造师到我国交流与讲学，不知陛下是否首肯。""互通有无是我们两国人民的愿望，我们愿与阿曼国永远交好！""我代表女苏丹感谢您的善意。至于之前您所提到的乳香，我这次来已经带了一些，以后有商队再来贵国时也会向您进献。贵国商队到了阿曼国，也可以与我们国家的人民拿东西交换乳香。女苏丹已经取消了禁止向外售卖圣物乳香的命令。"友好的交谈过后,皇帝在宫中设宴,为哈利德接风洗尘。

宾主尽欢,哈利德又在华夏国停留了很多天,这才启程回国向女苏丹复命。

四、故事分配

阿曼在广播电台和电视台、通信、报刊杂志三个领域具有一定的优势,对故事《阿伊莎历险记》的宣传具有推动作用。

(一)广播电台和电视台

阿曼全国拥有一家官方广播电台和一家私营电台。官方广播电台下设两个广播站,用阿拉伯语和英语播放节目。为了吸引年轻听众,私营电台主推娱乐节目。阿曼全国拥有一家官方电视台,开设阿拉伯语、英语频道,全天候24小时播送节目。通过卫星接收器,阿曼人民可以观看各种电视节目。[①] 广播电台与电视台具有强大的影响力、权威性,覆盖范围广,更容易使故事《阿伊莎历险记》深入人心,扩大其影响力。

(二)通信

阿曼移动电话用户不断增长,移动服务覆盖全国。阿曼拥有两家电信运营商,分别为阿曼电信和合资电信公司OOREDOO。阿曼互联网用户数量较少,有极大的发展空间。为不断提升互联网的速度,使互联网用户享受更高品质的网络服务,阿曼电信与中国华为公司合作进行G.fast网络的部署工作,开展超宽带网络建设。同时,阿曼电信计划2020年基本完成对首都马斯喀特家庭用户超宽带网络服务的覆盖。依托阿曼快速发展的通信网络,故事《阿伊莎历险记》将在短期内家喻户晓。

[①] 商务部国际贸易经济合作研究院、中国驻阿曼大使馆经济商务参赞处、商务部对外投资和经济合作司:《对外投资合作国别(地区)指南——阿曼(2018年版)》,第12页,https://max.book118.com/html/2020/0302/8115063056002100.shtm。(采用日期:2019年10月25日)

（三）报刊杂志

阿曼全国拥有唯一的官方通讯社，即 1986 年成立的阿曼通讯社。阿曼共有九份日报，拥有阿拉伯语和英语报纸。杂志刊期多样化，有周报（刊）、半月刊、季刊等。[①] 借助报刊杂志成本低、传播范围广、受众面大等优势，故事将逐渐被阿曼人民所熟知。

五、故事消费

故事《阿伊莎历险记》分配渠道建立后，从广播电台和电视台、通信、报刊杂志三个领域分别介绍故事消费的策略。

（一）广播电台和电视台

在广播电台和电视台领域的消费，通过制作节目、宣传和听众互动三个策略实现。

1. 制作节目

制作节目包括：广播类节目、娱乐类电视节目、旅游类电视节目。（1）广播类节目：以故事《阿伊莎历险记》为蓝本，委托阿曼知名节目策划公司，邀请阿曼著名播音主持人、配音演员、歌剧演员、音乐制作人设计不同类型的广播节目，以扩大节目的受众面，如儿童类节目、歌剧节目等。（2）电视娱乐类节目：将故事《阿伊莎历险记》与综艺娱乐节目相结合，如将故事主题与中国的综艺节目《奔跑吧！兄弟》的节目创意进行融合，邀请阿曼和中国知名电视节目主持人、明星参与节目，所有游戏环节与故事情节紧密结合，重点介绍阿曼的历史文化、特产乳香、旅游资源等，突出阿曼和中国的友好关系。（3）旅游类电视节目：与阿曼当地知名节目策划团队合作，邀请中国和阿曼旅游业专家、旅游从业者、美食家、民俗家和知名电视节目主持人参与节目，共同打造一档介绍中国和阿

[①] 商务部国际贸易经济合作研究院、中国驻阿曼大使馆经济商务参赞处、商务部对外投资和经济合作司：《对外投资合作国别（地区）指南——阿曼（2018 年版）》，第 12 页，https://max.book118.com/html/2020/0302/8115063056002100.shtm。（采用日期：2019 年 10 月 25 日）

曼两国历史文化的大型旅游类节目。每期节目的主题与故事《阿伊莎历险记》紧密结合，使中国和阿曼两国的观众在了解彼此历史文化、风土人情、特产美食的同时，逐步加深对故事《阿伊莎历险记》的理解。

2. 宣传

在阿曼人流量密集的大型商场，利用 LED 广告屏或车载广播电台、电视台等平台，将故事《阿伊莎历险记》的广播类节目和电视类节目的宣传片选择在黄金时段重复播放，扩大故事的宣传面。

3. 听众互动

每期广播与电视节目中设置观众有奖问答环节，每月抽取幸运观众，赠送精美礼品。礼品是根据故事《阿伊莎历险记》开发出来的立体书籍、书签、便签纸和抱枕等。通过与观众进行多种形式的互动，进一步在线下推广故事。

（二）通信

在通信领域的消费通过移动手机 App 游戏、互联网发布两个策略实现。

1. 移动手机 App 游戏

邀请阿曼知名游戏制作公司，将故事《阿伊莎历险记》开发为手机 App 游戏。手机用户注册成故事游戏 App 玩家后，都能获得丰厚的游戏道具和装备。将故事的内容与游戏旁白设计结合起来，随着游戏剧情的展开和推进，玩家在体验游戏的同时可不断接触故事。制作故事手游宣传视频或广告，利用智能手机上的各种 App 软件，如购物 App、运动 App 等，插播故事手游宣传视频或广告，不断促使游戏者加深对故事的理解。

2. 互联网发布

将故事《阿伊莎历险记》的微电影或动漫的宣传广告发布到阿曼旅游信息网站、投资信息网站或 Facebook、Twitter 等社交媒体以及网络直播平台等。将故事《阿伊莎历险记》的精装书籍、3D 书籍、动漫书、书签等商品在阿曼的 Roumaan.com、Salmanstores 等在线购物网站售卖，在提高故事书籍网络销售量的同时，使阿曼人民进一步加深对故事的理解。

（三）报刊杂志

在报刊杂志领域的消费通过刊登、宣传两个策略实现。

1. 刊登

邀请阿曼知名作家、编剧、报刊和杂志出版商，针对不同人群的需求将故事《阿伊莎历险记》个别章节改编为不同版本，如漫画版、悬疑版和励志版等，同时选择阿曼出版量、销售量最大的报刊、杂志进行连载。在刊登故事的同时，还可以搭配插图，插图会使故事变得生动和有趣，不断吸引读者继续阅读。受到广大读者好评后，可将故事出版为不同类型的书籍进行销售，还可以继续推出网络版，将故事上传到阿曼各网站，进一步增加故事的阅读量，扩大故事的覆盖面。

2. 宣传

（1）与阿曼当地热销的报刊杂志公司合作。在其广告页面刊登故事的海报及故事简介，加大故事的宣传力度。在广告结尾处注明故事《阿伊莎历险记》销售网站的网址或书店地址。（2）赞助阿曼骆驼比赛。利用赛场的横幅宣传故事《阿伊莎历险记》，对于获得优胜奖的比赛选手，在给予现金奖励的同时赠送故事《阿伊莎历险记》的精装版书籍。与赛场的观众进行互动，凡是参与互动的观众即可获得《阿伊莎历险记》的漫画书、3D 书籍、书签等礼品。通过骆驼比赛的影响力，提高故事的认知度。（3）举办故事读书会。在阿曼图书馆或各级各类学校礼堂，邀请阿曼知名文化学者、作家、有中国留学背景的阿曼学生和在阿曼留学的中国留学生，与阿曼家长、教师和学生面对面地进行交流，在解读故事《阿伊莎历险记》的同时宣传中国和阿曼两国文化，不仅可使阿曼人民加深对故事的理解，还可加深两国人民之间的友谊。（4）将故事《阿伊莎历险记》与阿曼旅游地图设计进行融合。在公路沿线便利店、机场候机厅、图书馆、运动场馆、大型购物中心、旅游景区服务咨询台等地，免费投放阿曼旅游地图。综上，通过各种宣传手段，进一步加大故事的宣传力度。

六、中阿合作

故事生产、故事分配、故事消费的最终目的之一是达成合作，两国的合作主要体现在以下几个方面。

(一)共推制香业

阿曼是乳香的古老产地之一和交易中心，拥有漫长的乳香种植史和深厚的乳香文化。阿曼所产的乳香因味纯色正而闻名遐迩。乳香与阿曼人民的生活息息相关，除了作为香料使用外，其还具有药用、疗养、美容等价值。阿曼乳香的香精提炼加工工艺完整、技术娴熟，尤其是传统手工艺技术十分精湛。据历史记载，中国早在5000年前就已认识并使用香料。中国和阿曼两国乳香交流的历史源远流长。在古代，乳香从阿曼的艾尔巴厘德港口等经"乳香之路"销至中国。香料在中国各行各业应用广泛。但是，受地理、气候等条件的影响，中国香料的种类、产量很少。但中国香料消费市场庞大，尤其是优质天然香料的消费潜力巨大。如果中国和阿曼在乳香生产方面达成合作，阿曼可以向中国提供高品质的乳香原料，向中国输出纯手工提取乳香的工艺。中国可以向阿曼提供发展乳香深加工业的资金、设备和技术等支持。两国共享乳香成果，共同推动乳香产业的发展。

(二)推动医疗合作

阿曼大部分属于热带沙漠气候。由于气候炎热干燥，大多数阿曼人室外运动少，长期处于空调环境，习惯夜晚进食且饮食不规律，喜食甜食。因而，阿曼人容易患腹型肥胖、关节疾病、颈椎病、腰椎病等。针对上述疾病，现代医学虽可使用西药和物理疗法治疗，但疗效不显著。中国的针灸疗法举世闻名，通过刺激穴位来调整人体各种机能，加速新陈代谢，加快分解脂肪，对肥胖症具有显著疗效。针灸疗法还能缓解颈椎病、腰椎病、肩周炎等带来的痛苦。中国非常重视中医学在海外的推广和发展，也在不断探索中医学海外发展的新模式。中国医疗队与阿曼公立医疗机构已经开展多年合作，中国医疗队运用针灸、拔罐和蜂疗等治疗手段针对阿曼常见的疼痛类疾病进行治疗，获得显著疗效。因此，中医、针灸等治疗手段越来越受到阿曼人民和社会的认可。目前，中医和针灸已被纳入阿曼医疗机构。两国在医学领域的交流与合作，不仅有利于促进阿曼医疗水平的提高，减轻患者的痛苦，还促使中国不断提高中医学水平，加大对针灸技术的研究。

(三) 推动轻工业合作

阿曼社会稳定，较为开放。油气产业是阿曼的支柱性产业，其他工业发展缓慢。为减轻对油气产业的依赖，阿曼鼓励发展工业等其他产业。轻工业的发展水平与人民生活的质量息息相关，阿曼许多轻工业产品大量依赖进口，发展潜力巨大。随着经济的快速发展，中国已加大轻工业在资金、科技方面的投入。通过制定严格的轻工业行业标准、质量检测标准等，中国正逐步提升轻工业水平，其轻工业在世界拥有一定的竞争力，轻工业产品出口量不断增加。两国可以在轻工业领域形成优势互补。中国轻工业企业依托阿曼良好的投资环境、优惠的金融和税收政策，可进入阿曼投资建厂，促进阿曼在纺织、造纸、印刷、建材、医疗器械等轻工业领域的发展，缓解阿曼进口轻工业产品的压力。中国可以利用阿曼优越的地理位置、港口辐射能力、发达的港口运输业，发展轻工业产品的转运、转口贸易等。

第十一章　对巴勒斯坦传播的话语体系构建

一、巴勒斯坦概况

巴勒斯坦是中东众多阿拉伯国家中的一员。近些年来，有关巴以冲突、巴以和谈的新闻常常出现在各大新闻媒体上，引发国际社会的广泛关注，更为这个古老的阿拉伯国家增添了些许神秘色彩。

巴勒斯坦国建立于1988年11月15日，巴勒斯坦民族权力机构是其目前的权力机构。巴勒斯坦分为约旦河西岸和加沙地带两部分。根据巴计划与国际合作部1997年10月绘制的地图，约旦河西岸分为八个省，加沙地带分为五个省。

课题组设想的中国和巴勒斯坦的合作主要体现在橄榄、医疗和贸易三个方面，因此仅对这三个方面进行简要介绍。

（一）橄榄

巴勒斯坦是典型的亚热带地中海气候，夏季炎热高温，冬季微冷湿润多雨。最热月份为7—8月，气温最高达38℃左右。冬季平均气温为4℃—11℃，最冷月份为1月。雨季为12月至次年3月。这独特的气候为巴勒斯坦提供了良好的橄榄种植条件。橄榄经过加工和研发，已成为巴勒斯坦外贸出口的重要部分。

（二）医疗

巴勒斯坦人的饮食单一，人体摄入食物营养成分不均衡。缺乏锻炼和不良的生活习惯导致人们的疾病发病率增高。医疗设备、药品、医护人员等不足，使巴勒斯坦的医疗事业发展受到影响。人口流动性大等问题使巴勒斯坦人民就诊难。所以，医疗是巴勒斯坦亟须解决的社会问题之一。

（三）贸易

巴勒斯坦是一个资源丰富的国家，不但拥有大量的石油、天然气、煤、铁和铝土资源，而且拥有大量的大理石和宝石资源。巴勒斯坦与许多国家在机电产品、医药、纺织品等方面开展商贸往来。

二、故事背景

在公元 7 世纪左右，现今的巴勒斯坦被称为迦南地区。一群阿拉伯人从遥远的地方迁徙到此地，在当地传播阿拉伯文化，阿拉伯文明逐渐在这片土地上生根发芽。他们建立了迦南国，子民们世世代代生活在那里。大约 100 年以后，迦南国新国王继任，名叫法里斯，他敏锐、谦逊。他的王后海丽耶是一个美丽聪颖、仁慈善良的人。在他们的带领下，迦南国国富民强，子民安居乐业。

然而，迦南国南部的一场大旱打破了所有的平静。这里将近一年没有下雨了，庄稼全都旱死了，存粮也所剩无几，迦南国南部的子民都生活在水深火热之中。

三、王后的重生

第一章　哈菲兹的求见

很久很久以前，迦南是一块"流着奶和蜜"的宝地。那儿的国王法里斯是个敏锐、谦逊的男士，王后海丽耶是个聪颖、仁慈的女士。他们带领着本国的百姓过着安居乐业的日子。

有一天，一位来自王国南部的穷鞋匠哈菲兹求见国王，他疲倦的身躯倒映在王宫干净、明亮的大理石地板上。他用沙哑的嗓音说道："我尊贵的国王、善良的王后，求求你们帮帮你们的子民，帮帮那些可怜的南部山村的百姓吧！偏僻而遥远的南部地区近一年未下雨了，我们错过了播种的季节，没有粮食去填饱我们空荡的肚子，就连曾经经过村子的那条奔腾不息的小河也在日渐干涸，不能哺育我们村子的人了，往年的存粮也所剩无几。因此，我才代表村子的百姓斗胆前来请愿，请尊贵的国王对我们施以援手！"

国王紧锁眉头，怜悯地说道："哦，我亲爱的子民，我很抱歉听到这个不幸的消息，我将赐予你们二百石粮食，供村民们渡过这艰难的一年。至于来年，祝福你们能够拥有一个丰收年！""我哈菲兹向您致以最诚挚的赞美！"这时，一个细腻温和的声音从轻薄的白纱后面传来："快起来吧！我可怜的子民，为何你们遇到难处不向地方官员递交文书，而是不远千里来到圣都？"这大概就是那位仁慈的王后吧！穷鞋匠一边想着，一边回答道："善良的王后，我们已经无数次递交过文书，可不知为何都石沉大海，所以我才不远万里来到圣都请求国王给予我们援助。""什么？为什么我没有接到文书？哼！现在的官员胆子实在是太大了，看来我要好好整顿一下这些不作为的官员了。"国王怒不可遏，攥紧的拳头微微颤抖着。

细腻的声音再次响起，不过其中又多了几分严肃："我亲爱的子民，请你先下去休息吧。我们一定会彻查此事，绝对不姑息任何一个不作为的官员！""感谢王后，您的仁慈将为您带来好运！"说罢，鞋匠起身离去。

"我尊贵的国王，不要气坏了自己的身体，我们一定要查出是什么人从中作梗，以免这样的事情再次发生，让我们的子民受苦受难！"王后安慰国王。"我的王后，感谢你的细心仁慈，否则我怎么会发现其中的问题，我必定严惩那些不作为的官员，为百姓伸张正义！"国王凝视着王后，坚定地说道。

第二章 费达的惩罚

三个月后，宫廷之上，宰相费达站立在国王下面，用颤抖的声音说道："尊贵的国王，请原谅我这一次的过失吧！我也没有想到这些文书如此重要。看您日夜操劳，为琐事而烦心，我认为这些文书就不必送来打扰您了，我是为了您的身体着想。""为我的身体着想？哼！你不要再为你贪婪的私欲找借口了，你真的以为我是个老眼昏花、思维迟钝的糟老头？你以为没有充足的证据我会把你召来吗？平日里，你仗着权势嚣张跋扈，我睁一只眼闭一只眼也就没有追究，没想到你竟然因灾民没有给你好处而私自截取百姓求救的文书。若不是聪慧的王后察觉到其中有猫腻，我怎么会想到你竟有如此大的胆子。现在证据确凿，没想到你还不思悔改，推卸责

第十一章 对巴勒斯坦传播的话语体系构建

任，今天我必须以人民的名义惩罚你！我将要判处你石刑，让坚硬的石头唤醒你的灵魂！"说完，国王就要拂袖离去。

"哦，不要，敬爱的国王，请您不要对我如此残酷。我发誓，从此以后我将本本分分，不再做这些伤天害理之事。您看在我对您忠心的份上饶了我吧！"费达声泪俱下，连滚带爬地扯住国王的衣角。国王用力扯回自己的衣角："你还敢提及你的忠心，你的忠心就是明知人民有难却不作为，还欺瞒我！""不，我的国王，我也是您的子民，您不能这样对我，那些坚硬的石头砸在我身上，我是不可能存活下去的，您真是个残忍的国王！"费达猛地直起身子，一把擦干净脸上的几滴泪珠，理直气壮地说道。

国王瞪着圆目，怒视着费达桀骜不逊的眼睛，下令道："三日后行刑！"说罢，他拂袖而去。听到这个消息，费达一下子瘫坐在地上，任由侍卫带了下去。"都是王后那个女人，都是她害我遭受石刑，什么仁慈，全是装的，一定是她挑唆的，让国王不念旧情地处决我。我恨她，我一定让她遭受比石刑还要痛苦几十倍的灾难，让她身不如死！"费达坐在大牢里，死死地盯着墙角，手里紧紧地握着一把稻草，恨恨地说道。然而，他并不知道，宫殿中，他心中那个恶毒的王后正在为他求情……

"尊贵的国王，我知道您是个仁慈而智慧的人，您怜惜南部那些可怜的子民，痛恨费达作恶多端，所以您对他实行了这么残酷的刑罚。费达的确嚣张跋扈，但是为何您不用您的仁爱去感化他呢？残酷的刑罚只会让他增添心中的仇恨，您就收回这个残酷的命令吧！"听到这里，国王紧蹙的眉头舒展开来，宠溺地看着眼前的王后，说道："我的王后，你还是太过仁慈，我们不能放纵坏人，石刑是对他最好的惩罚。有一次就会有第二次，如果这次我们放过了他，他一定会再犯的！"王后笑道："尊贵的国王，你看这样如何？您没收了他全部的财产，削去他的宰相职位，贬为平民，再让他到清真寺去打扫院落，听从大伊玛目的教诲，改过自新。这样既让他受到惩罚，又让他免受残酷的刑罚，还让他重新学习如何做人。"国王略微沉思后，默默点头答应了，石刑的惩罚的确太过严苛，大概这个惩罚能够使费达认识到自己的错误吧。

然而，听到这个消息的费达并不领情，甚至愤怒地吼叫道："这群混蛋，这样做简直是让我生不如死，还不如对我实行石刑呢。幸运的话，我一定能够存活下来，那样我就不用被没收财产，也不会被革职变为平民，更不用去听从教化。肯定又是那个恶毒的王后再一次把我推入深渊,她害了我,我一定让她生不如死!"

漆黑的夜空劈过一道闪电,将王后的卧房照亮,窗外的橄榄树飘摇不定,床上安稳睡着的王后还不知道自己解救了一个多么邪恶的人。一场暴风雨将出现在她的生命中,也不知后来的遭遇会不会让她后悔今天做出这个决定。

第三章 红发魔鬼的诱惑

时间过得很快,转眼间费达已经在清真寺里干了一年。

"费达,你昨晚又去赌博了?"小法图买双手叉着腰,冲着费达说。费达睡眼惺忪,打着哈欠说:"滚开,小鬼,要你管我,你知道我是谁吗?我可是宰相,一人之下,万人之上!""哼,你醒醒吧,谁不知道你一年前就被贬为平民了,还在这里做美梦。我要去告诉师父,你不但不按时打扫寺院,还偷偷拿钱跑出去赌博!"小法图买说完,就要转身跑向师父的屋子。

费达这才急了,抓住法图买就往后扯,还恶狠狠地说:"小丫头,你要是敢去,我就把你丢到大沙漠里自生自灭。沙漠里的毒蝎子、毒蛇最喜欢吃你这种细皮嫩肉的小娃娃。"小法图买害怕地缩缩肩,故作镇定地哼了一声,甩脱费达的手,转身离去。费达轻松地拍拍手:"哼,小丫头,敢跟我斗!"说完,他便左摇右晃地走向自己的屋子,准备睡觉。费达一脚踹开简陋的木门走进小木屋,里面又脏又乱,根本无法下脚,但他毫不在意,踏过几件随地乱扔的衣服,倒头就睡在那张小床上……

"喂,朋友,快醒醒!"熟睡的费达感觉有人在拍打自己的脸,他不耐烦地睁开一只眼睛,却吓了一跳——眼前竟然是一个一头红发、鼻子上戴着巨大鼻环的魔鬼。费达连滚带爬想要跑出自己的小木屋,可是平日里不堪一击的木门,他现在使出九牛二虎之力都拉不开。费达颤抖地倚着木门,眼看着魔鬼一步一步靠近却无能为力。就在费达觉得自己死期将至之时,魔鬼却开口说话了:"我亲爱的朋友,你忘了吗?我可是昨天一直陪着你赌博的人呀。你现在怎么吓得屁滚尿流了呢?"费达壮着胆子说道:"你,你,你胡说,我昨天明明就一个人,哪里有什么人陪着?更何况你是人吗?"红发魔鬼毫不在意地回答道:"我是魔鬼。你应该记得,在昨天

第十一章 对巴勒斯坦传播的话语体系构建

出去赌博的路上，你捡到一块翠绿色的宝石，那可是我费尽心思才让你捡到的。只有你捡到它，才能解救被封印在里面的我呀！"

费达这才想起自己的确捡到一块绿宝石，当时这块绿宝石是自己滚到他脚下的，他毫不犹豫地捡起来占为己有，可是没想到竟然捡了个魔鬼回来！费达现在追悔莫及，急忙嚷嚷道："你就放过我吧，我没钱没权，就是一个平民。既然你称我一声朋友，那就不要为难我这个'朋友'了吧！"

红发魔鬼听到这里，硕大无比的眼睛里划过一丝狡黠。他急忙摇着头说道："不不不，我亲爱的朋友，我可是个大好人，我怎么可能为难你呢？我可是来帮你的呀！你看你终日被困在这个清真寺里，日子过得如此凄凉。我是来解救你，让你重生的！"费达不敢相信会有"人"来解救他，便反问道："解救我？我和你素不相识，你为什么要帮助我呢？要知道无事献殷勤，非奸即盗。你要是想让我成为你的仆人，你就做梦吧，我可不要服从你这样的人！"红发魔鬼哈哈大笑起来："当然不是，我怎么会让我亲爱的朋友做我的仆人呢？我只是为你不幸的遭遇而感到惋惜。你本来应该是雄才伟略的宰相大人，却被那个可恶的国王弄到这种地方。你应该跟着我出去报仇呀！"

费达听到此处，想起一年前自己的遭遇，又想起自己现在的惨状，心里无比愤恨。怒火渐渐战胜了他心中的恐惧——既然自己没有能力去报仇，还不如就和眼前这个魔鬼合作。于是，费达试探地说道："其实罪魁祸首是那个伪善的王后，是她挑拨离间，让我沦落至此。你能够帮助我，让她受到应受的惩罚吗？""当然！"红发魔鬼毫不犹豫地答应下来。"坏人必须受到惩罚，我现在就去。明早你就知道什么叫作真正的惩罚，但是你要答应我，只要我成功了，你就要做我最真挚的朋友，我将满足你所有的愿望！"费达略微思索了一下，干脆地回答道："好的，我发誓，如果成功了，我将是你最真挚的朋友！"红发魔鬼听到这里，嘴角扯出一个不明显的弧度："我亲爱的朋友，我将为你出征，讨伐你的敌人，等着我的好消息吧！"说完，他就化作一缕青烟，消失在费达脏乱的屋子里。费达望向王宫的方向，黑夜笼罩着整个大地，他几近癫狂地笑着唱道：

"啊，恶毒的王后，

你终于要受到惩罚！

快快收起你那虚伪的善意吧！

将没有人再受到你的毒害！

我因为你的邪恶丢失了所有的一切，

但是有了那红发魔鬼的帮助，

明天我将开始新的生活，

继续我那逍遥快乐的自由生活！

而你就默默承受惩罚吧！

最好让那愚蠢的国王也陪你一起承受折磨！"

第四章 王后的劫难

第二日清晨，王后的卧房里传出一阵凄厉的尖叫。王后看着镜子里不停长出鱼鳞的脸，几近昏厥。为什么会这样？她颤抖着手慢慢地摸向自己的脸颊，狠下心抓向鱼鳞，却从鱼鳞下渗出一股绿色的液体，不小心碰到手指，手指竟然也开始长出鱼鳞。"啊！怪物，怪物啊！"前来服侍的侍女看到王后，丢下盘子慌乱地往外跑。听到这个叫声，王后再也承受不住内心的恐惧，晕了过去……

"哎，你们听说了吗？我们的王后得了怪病，身上长满了鱼鳞，生长速度特别快，为了不让鱼鳞堵住眼鼻，她每日都要刮三次，鲜血直流，惨不忍睹，已经没有一点人的样子了。"路人们都在议论着。

"你听到了吗？我亲爱的朋友，这就是我帮你给予王后的惩罚，还满意吧！让她痛不欲生，不再有人的样貌，每日还要忍受刀割的剧痛！"红发魔鬼向费达炫耀自己的战果。说完，他突然变成一阵烟，钻进费达的口袋里。费达一看，魔鬼又变成绿宝石，躺在自己的兜里。他又像往常一样在清真寺劳动，可听到路人诉说王后的遭遇，内心非常高兴，心想终于让王后遭受到比他痛苦十几倍的惩罚。他大笑两声，低头对兜里的绿宝石说："走吧，我亲爱的朋友，让我们去逍遥快活，让那个伪善的王后永远生活在痛苦之中吧！"

王后卧房前的大厅里站满了从各个地方赶来的医生，他们中有老者，有青年，脸上都挂着自信的笑容。"王后的病情呀，我在年轻的时候就遇

第十一章 对巴勒斯坦传播的话语体系构建

到过，有了我的独门药膏，一定能够治好王后的怪病，这样国王将赏赐我很多的珍宝。"一位老者笑眯眯地摸着自己的胡须，向周边的医生夸耀起来，仿佛他已经得到国王的赏赐。

一旁的年轻人对此嗤之以鼻："切，我看你真是老糊涂了，你以为这怪病真的和你以前遇到的一样吗？要是那样的话，王宫中的医生早就治好了，还需要你千里迢迢赶来救治？依我看呀，这一定是一种新型的疾病，所以我用尽所学，连夜赶制了这味药丸。这药丸配着我不远千里求来的圣水，一定能够让王后得到重生！"

老者气哼哼地走上前："年轻人，不要痴人说梦了。要不我们打个赌，看看到底谁能治好王后，输了的人就拜对方为师！""赌就赌，谁怕谁呀！"年轻人不服气地反驳道。

"都安静，现在由国王讲话。"远处传来侍卫的声音，原本人声鼎沸的大厅立刻安静下来。国王缓缓地走到人群中间，面容憔悴，没有一丝血色。他用沙哑的嗓音说道："我代表王后感谢各位医生远道而来，想必大家已经听说了王后的病情，怎奈我宫中的医生们学识浅薄，不能治愈王后的病，所以我才召各位到此。我在这里立下誓言，如若谁能够治好我亲爱的王后，我将赏赐他一座宫殿！"

听到这样的承诺，四周就像炸开锅一样热闹起来，众医生议论纷纷，对这偌大的奖励表露出极高的兴趣。"我尊贵的国王，请您让我先去看看王后的病情，我已配置好药丸。我相信，只要服下，王后必定会好转！"刚才的年轻人迫不及待地挤到国王面前。"哦？那从今天开始你先治疗王后的病，如果一周后还是没有效果，那么就换下一位医师！""好的，谢谢国王，我一定还您一个美丽健康的王后！"说罢，年轻人自信地走进王后的卧房。

王后按年轻人的嘱咐吃下药丸，感觉皮肤不再像之前那样滚烫了，年轻人自信满满的。然而，五天过去了，王后除了感觉皮肤不再灼烧之外，并没有其他变化，年轻人垂头丧气地离开了王宫。第二位，第三位，第四位……近半年过去了，王后的病情并没有好转，国王心灰意冷，打算遣散所有的医生。这时，那位老者请求国王给他一次机会，国王犹豫后决定试最后一次。

老者把自己珍藏多年的秘方小心翼翼地拿了出来，轻轻地敷在王后的脸上。第一天，王后脸上快速生长的鱼鳞竟然放缓了生长速度。国王知道后，十分高兴，赏赐了老者很多珍宝。第二天，王后脸上的鱼鳞停止了生长，第三天开始渐渐变少，国王脸上又有了往日的笑容。然而到了第四天，王后脸上反而长出更多鱼鳞，生长的速度也快了起来，不断有绿色的液体从鱼鳞下渗出来。第五天，绿色的液体中竟然生出白色的小虫子。老医者傻了眼，眼看就要好了，为什么会发生这样的事情？国王见状，一怒之下将老者驱逐出王国，永世不得踏入这片土地！

在一个深山的山洞里，费达和红发魔鬼看着水晶球里发生的一切，癫狂地笑着，一切都在他们的掌控中。

第五章　救赎

国王坐在王后的床前，看着样貌可怖的她默默地流泪，喃喃自语道："如果这一切都是惩罚，为什么不是冲着我来，善良的王后又做错了什么，为什么要承受这么痛苦的折磨？"

国王的子民也不断地为温柔善良的王后祈福，他们的祈愿感动了白袍精灵，精灵决定出面帮助他们。

"我尊贵的国王，请您不要担心，您的真诚，王后的仁慈，你们的所有作为我都看在眼里。我愿意帮助你治愈王后！"一阵空灵的声音从天而降，国王急忙站起来，虔诚地看着精灵，说道："请您为我指引方向，到底谁能够治愈我的王后？他在哪里？"白袍精灵回答道："在遥远的东方，有个华夏国，那里有独一无二的医术，将会治愈王后的病。根据指引，医生安彦辰将会前来救治王后，相信不久后他就会出现在迦南城中。我将在暗中保护他在来的途中不受侵犯！请你耐心等待他的到来！"国王恳求道："我代表我的国家向您致以真诚的谢意，我将静候他的到来！"国王再度开口说话时，发现白袍精灵已经消失在天际。国王欣喜若狂地抚摸着王后的脸，仿佛已看到这个聪颖美丽的女子恢复光彩的样子。

第六章　被选中的医生

雨后的京城散发着迷人的清香，太阳还未完全升起，小巷子里就传来此起彼伏的吆喝声。一个简陋的小摊前坐着一位儒雅的年轻人，他举手投足间带着几分平和的气质。他面前早就排了长长的队伍，队伍里有衣不蔽

第十一章 对巴勒斯坦传播的话语体系构建

体的穷苦人,也有气度不凡的达官贵人;有走路一步三摇的老年人,也有能歌善舞的妙龄姑娘。虽然大家眉宇间都流露出一丝不耐烦,但却没有人大声喧哗,谁人不知这个从小就展现高超天赋的安大夫最讨厌别人在他面前大声说话。

安大夫一旁有个异邦长相的小男孩在打着下手。他不似中原人那般拥有洁白的肤色,皮肤有点黝黑。他也不像中原人那样讲礼仪,吃饭竟然直接用手抓。他一直都不说话,只会憨憨地笑。

"安大夫,我这咳血症已经好长时间了,怎么还是不好呢?"一位白发苍苍的老人愁眉苦脸地缓缓说道。安彦辰皱皱眉,他认识这个老人,一辈子无儿无女,老了无依无靠。他本来一辈子没经过什么大风大浪,可偏偏得了这难治的怪病,没有适合的药材怎么能治好他的病呢!"大爷,这病只能靠我的草药慢慢调理,你也要心态平和,有一种名叫橄榄的植物可以治疗你的恶疾。我们中原地区种这种植物的人不少,但是因为环境的原因,我国橄榄并不适合做药材。你的药里独缺橄榄,所以见效慢。"大爷听到这里,面露难色。安彦辰知道大爷生活艰难,便说道:"大爷,你的药钱我不会收的,你只管五天来我这拿一次药就行,我一定治好你的病。"

大爷听到这,颤抖着身子就要跪下来感谢安大夫,一旁的小男孩连忙上前扶起老大爷。安彦辰故作生气地说:"大爷,你这是干什么呀!你这样岂不是折煞我吗?"老人断断续续地咳嗽着,连连摆手说:"不,安大夫,这一跪你绝对受得起,你就是活菩萨呀,若不是你,我一个糟老头子怎么可能有人管我的死活,早都咳死在家中了……""哎,我说你有完没完,看个病用这么长时间,你没看见后面还有这么多人在等着吗?既然得了这等怪病,你还看什么,回家等死吧!"大爷还没说完,就被一个壮年男子恶声恶气地打断了。安彦辰听到这话,生气地说道:"你这人怎么跟长辈说话呢?请你离开,我不会给你看病的。"壮年男子一听,便急了:"你凭什么不给我看病,我可是交了诊费的。再者说,你知道我是谁吗?我可是宰相府的管家,不给我看病,小心我让人收了你这小破摊!"

"哦?原来是宰相府的管家呀,我还以为是宰相呢!"安彦辰不屑地笑笑,"我今天就是不给你看病了,你尽管叫人来收我这小破摊吧!反正你这人心也黑了,任我医术再高超也治不好你,你这黑心病才是绝症呢!""哈哈哈!"周围的病人听到这,都笑了起来。管家何时受过这样的气,甩甩袖子,涨红了脸说道:"好,姓安的,你有种,看我不找人来砸了你这破摊,哼!"说罢,转身离去。

安彦辰不以为然,小声吩咐了一旁的小男孩几句,继续看病。只见小男孩拿出之前管家交的诊费,追上管家并退还给他!大爷担心地说:"安大夫,你不该为我这个穷老头得罪权贵呀!"安彦辰浅笑着说:"在我这里没有贵贱之分,只有病人,你不用担心我了,关照好自己的身体才是正事!快去旁边拿药吧。"老人无奈地摇摇头头,佝偻着身子转身离去。

一阵喧闹后,看病的队伍又回到之前安静有序的状态……夕阳西下,安彦辰揉揉隐隐作痛的太阳穴,安排小男孩收拾摊位回家。

晚饭过后,安彦辰站在书桌前,放下手中画着橄榄的图纸,自言自语道:"到底什么地方才能够找到这优质的、适合做药的橄榄呢?""我的家乡!"安彦辰背后传来走路的声音。他转过身,发现竟是小男孩在说话,他手里拿着被风吹到地上的橄榄图纸,认真地盯着安彦辰说道。

安彦辰面露喜色但又不乏疑惑:"你的家乡?你会说华夏语?你的家乡在哪里?"小男孩憋红了脸,才憋出一句完整的话:"我的家乡在遥远的西亚,我们那里每家每户都种植优质的橄榄,它代表着和平与财富!"

安彦辰看着小男孩稚嫩而认真的脸,既想相信,却又不敢相信。地大物博的中原地区都没有优质的橄榄,遥远的西亚怎么会有呢?听说遥远的西亚都是无尽的沙漠。况且一个小孩子的话又怎能相信呢?这个小男孩是他几个月前捡回来的,当初大家都当这孩子是个怪物,只有他看这孩子太可怜了,才捡了回来为自己打打下手。不过现在仔细端详这小男孩的长相,竟真的和书上记载的那些西亚的外来使者的长相极其相像。也许小男孩说的是真的!安彦辰当即下定决心——第二日启程去那遥远而神秘的西亚寻找橄榄。

再说宰相管家怒气冲冲地回到宰相府,正好宰相下早朝归来。他眼珠一转,心生一计,快步走向轿子,见到宰相便哭诉道:"大人,那东街摆小摊的安彦辰今天竟公然在街上当着所有人的面诋毁您,说您只图享乐,不善政事,奴才前去讨个公道,竟然被他的小伙计打了回来,他还领着一群穷酸的贫民嘲笑我!奴才受点委屈不算什么,可是打狗还要看主人呢,他这是对您的大不敬呀!"

宰相一听,这还了得,竟然还有如此嚣张之人,不管三七二十一就派

第十一章　对巴勒斯坦传播的话语体系构建

人去捉拿安彦辰。一队人马赶到东街，发现安彦辰已经离去，便又打听到他的住处，前去抓人。

"开门，开门……"一阵猛烈的拍门声传来，安彦辰皱皱眉，吩咐小男孩去开门。门刚打开，小男孩就被一脚踢倒在地上，一群官兵冲进来，不由分说地绑了安彦辰，带回宰相府。

"大胆刁民，你为何诋毁我，还殴打我的管家？"宰相怒拍着桌子说道。安彦辰抬头回答道："大人，我并没有诋毁您，更没有殴打您的管家，是您的管家先恶语伤人的。"宰相却不由分说，粗鲁地打断安彦辰："不可能，我的管家几十年来兢兢业业，从来没有骗过我，一定是你在说谎。来人呐，把他关进大牢，罪名就是诋毁宰相，殴打百姓。"

安彦辰坐在大牢里，甚是愁苦——原本要走的，结果遇到这种事情。还有小男孩，也不知道他怎么样了？会不会又受人欺负了？两天过去了，也没人来看看他，本以为这次出行能够找到橄榄并且带回来造福百姓呢。看来这个希望要破灭了。正在他愁苦之时，突然有一批人浩浩荡荡地走进大牢。为首的官兵打开牢门，便退了出去。走上前的是一位身穿官服的人，他庄严地说道："安彦辰接旨。奉天承运，皇帝诏曰：'朕听闻安大夫医术超群，望能见你一面。请于今日午时前来见朕。'钦此。"安彦辰面露疑惑，宰相大人呢？他怎么会放过我呢？来者见他充满疑虑，明白他在想什么，连忙说道："宰相的管家昨天酒后闹事，竟然杀了人，宰相大人不但不秉公处理，还假公济私，被人告发。现如今两人已经双双入狱，又有众多百姓为你伸冤，你才能够得救。快些走吧，再晚就来不及了！"安彦辰听到这些，很是兴奋，立刻爬起来跟着宣旨大臣走出大牢……

安彦辰恭敬地跪在金碧辉煌的金銮殿上，只听见一个声音缓缓道来："朕早有耳闻安大夫医术超群。今日一见，果然气度不凡，你有兴趣来皇宫做个御医吗？""多谢皇上垂爱，但是我已经决定去遥远的西亚寻求我国稀缺的优质药材橄榄，所以不能进宫服侍皇上，请皇上恕罪！""哦？你可知那西亚之国遥远至极，一路上困难重重，你确定要去吗？""是的，皇上，即使有千般困难，我也要前去！""好，既然如此，你就代表我华夏国前去拜访西亚之国。我将赏你黄金万两、茶叶千斤、绸缎百匹、瓷器十箱，供你建交、商贸之用，希望你早日归来！"皇上通情达理地说道。安彦辰听到这些，甚是高兴，连连叩头："谢主隆恩，我定不辱使命。"

第七章　安彦辰的出使

　　第二日一早，安彦辰便收拾好行李物件，带着皇上的赏赐和小男孩准备出发。前来相送的百姓挤满了整条街道，安彦辰看着百姓们一双双不舍的眼睛，暗暗发誓："我一定找到盛产优质橄榄的地方，为大家带回希望，让优质的橄榄不再是稀有之物！"

　　一个月后，马车缓慢地行走在崎岖不平的道路上，安彦辰对小男孩说："前面就要进入危险之地了，我们要小心有人来掠夺我们的财物，那是皇上的赐物，不能有任何闪失。"小男孩点点头，静静地倚在马车窗边假寐。

　　午后突然变天，黄沙四起，原本晴朗的天空瞬间变得昏暗。前行的马儿也受惊了，在原地打转，停滞不前。小男孩早就坐直身子，探头去看外面的天气。"是沙尘暴，快跑！"小男孩突然拉着安彦辰飞速地跳下马车，向不远处的背风沙丘跑去。一阵狂风袭过，可怜的马儿被风浪卷走了。安彦辰感觉自己的骨头都要被风吹散了，眼睛、鼻子、嘴巴、耳朵里全部是黄沙。他紧紧地抓着小男孩的手，直到狂风渐渐消失。他正在庆幸自己躲过一劫，却发现背后有些异常——小男孩竟然陷入了黄沙之中，他们遇到了流沙。安彦辰用尽浑身力气，依然无法阻止小男孩下沉。眼看小男孩就要陷下去了，流沙突然渐渐停了下来。安彦辰凭一己之力，努力挖出陷在流沙中的小男孩。他们疲惫地挪到马车原来所在的地方，所幸食物、水、一些丝绸、十几件瓷器都放在马车底部的暗仓里，没有被风吹走。安彦辰身上的几锭银子还在，其他的物件都不知去向。安彦辰已经管不了这么多了，和小男孩拿出烧饼和水补充能量。稍作休息后，他们收拾好残留的物件，打算找个地方过夜。

　　没想到厄运并没有结束，一群陌生人突然围住了他俩，为首的人拿刀指着他们，叽哩哇啦的，不知在说些什么。但是，看那凶残的面相，一定来者不善。正当安彦辰不知如何和这群人交流时，小男孩却紧张地看着他说："他们说要我们交出身上的所有钱财，否则将杀了我们。"安彦辰很诧异为什么小男孩能听懂他们的语言，但是本着对他的信任，他对小男孩说："告诉他们我们没有钱财，贱命倒是有一条！"小男孩皱皱眉，转过脸一字不差地翻译给那些人。

那群人很惊诧，没想到两个落魄的人竟然敢拒绝他们，只见那个领头人喊了一声就冲向安彦辰。当长长的大刀就要抵上安彦辰的脖子时，只见一团耀眼的白光包住了安彦辰和小男孩。所有人惊诧地抬起头，却看见一个穿着白袍、有着异族长相的人飘浮在空中。小男孩看到后，立刻激动地对安彦辰说道："快看，那一定是精灵，他肯定是来保护我们的。"安彦辰不可思议地看着精灵，精灵看到后，欣慰地笑了起来——幸好赶来得及时，救了安彦辰一命。精灵立刻默念咒语，眨眼间就带着安彦辰和小男孩离开了沙漠，只留下一群目瞪口呆的人。

第八章 安全抵达迦南国

当安彦辰再次醒来时，他已经身在迦南国了。他住的屋子简陋但却很清静，一直在他身边的小男孩却不见了。他非常着急，下床去寻找，还没走出门，小男孩就回来了。他身边还跟着个小女孩，两个人端着饭菜，用自己完全不懂的语言聊着天，可以看出来他们很开心。见到安彦辰醒了，小男孩很高兴地跑向他："我们已经到了我的家乡，这里是我们国家的清真寺！"安彦辰不敢相信自己的耳朵——昨天自己还在沙漠之中生死未卜，怎么今天就到了西亚之国了呢？他快步走到门外，发现屋外的景象和华夏国完全不同，在不远处有座无比壮观的建筑。

安彦辰一阵欣喜，然后又是一阵失落——这一望无际的荒地怎么可能盛产优质的橄榄呢，看来自己真是白来了一趟！安彦辰返回屋子，神情失落。小男孩问他怎么了，他闷闷地说："这里没有橄榄树，更没有优质的橄榄，你骗了我，你只是想让我送你回家吧？"小男孩急忙解释道："不，我没有骗你，这里真的有优质的橄榄。"说完，他转身低声对小女孩说了些什么。小女孩略有疑惑，但是很快出去了。不一会，她从外面拿来一株橄榄枝，上面还结着两个新鲜的橄榄。小男孩接过橄榄枝递给安彦辰，他不敢相信这里真的可以种植橄榄，小心翼翼地接过，用颤抖的手轻轻地抚摸着橄榄果实。他终于找到了优质的橄榄果，华夏人民终于可以使用这种珍贵的药材了。

吃过午饭，小男孩带着安彦辰出门，熟悉清真寺周围的环境。他终于有时间说出心中的疑虑："你为什么会说这么多种语言？为什么你的家乡在这里而你却在华夏国流浪？"小男孩望着远方，缓缓地答道："我本是迦南国人，父亲是商人，常年往来于迦南国和华夏国之间做生意，所以我从小受到熏陶，跟着父亲学会了很多语言。上次前往华夏国时，父亲带着我一同前往，可是没想到父亲半路得了严重的疾病，去世了，家仆们瓜分了货物和钱财，还把我丢在华夏国。他们回了迦南国，我只能在华夏国流浪，最后被你所救。"

小男孩很快从悲痛中走出来，认真地说："安大夫，我知道你医术高强，请你教教我，收我为徒吧。我不想再看着亲人受病痛折磨而自己却无能为力。我要解救更多的患者。"安彦辰十分佩服这个有抱负的孩子，毫不犹豫地答应了："既然你是我的徒弟，我重新给你起个名字，就叫安然吧，希望你以后能够成为优秀的大夫。"男孩开怀大笑，奔向远处正走过来的小女孩，大喊着："法图买，我要成为一名医生了！"原来，这里就是费达以前呆过的清真寺……

第九章　重燃希望

"师父，你看我带回来了什么？"安然人未到声先到，安彦辰抬头看见他拿着一张纸，问道："安然，这是什么？""这是我今天到集市上带回来的告示，你看上面写着，'寻找来自东方的医者，进王宫医治王后的恶疾'。这不就是在找师父吗？我就把告示带回来了。""王后的恶疾？那我要去瞧瞧，说不定治好了还能被赏赐些橄榄带回华夏国呢。这不就是自己这趟行程的目的嘛！"安彦辰在心中打着自己的小算盘。而那头的宫殿里已经许久没有欢声笑语了，就连说话都没人敢大声说。国王愁眉苦脸地坐在王后的床头，一言不发。那东方来的神医到底在哪里？为什么还不出现？眼看王后一天天消瘦下去，自己却无能无力，国王十分愧疚和自责。"国王，国王，好消息，有个自称来自东方的医生求见。"国王听到后，猛地站起来，终于来了，终于等到了。他快步走向大殿，就像是去迎接希望一样。

安彦辰带着安然站在殿外等待着国王的召见，没想到国王竟然亲自迎了出来。见到安彦辰，国王有些惊讶——这么年轻的人，到底能有多高的医术？虽然心中有疑虑，但是国王不敢怠慢，引着两人走向大殿。安彦辰让安然告诉国王，他想给王后治病，但是有一个要求，治好病后，国王要送他五十棵橄榄树苗。国王听到后，表示没有问题，即使是一座宫殿，也

第十一章　对巴勒斯坦传播的话语体系构建

可以送给他，五十棵树苗又何足挂齿！两人达成共识后，国王带着安彦辰前往王后的卧房。费达和红发魔鬼在水晶球里看到这些，轻蔑地笑了笑——不过又是一个为了赏赐的草包医师，没什么可怕的。

安彦辰看到王后惨不忍睹的脸，很震惊，鱼鳞仍然在疯狂地生长着，已经看不出王后原本的长相了。他初步判断王后体内湿气太大，导致毒素爆发了。可这脸上可怕的鱼鳞到底是什么原因导致的呢？他为王后诊脉后发现，她脉象虚浮，好像是中毒了。经过深思熟虑，安彦辰开出了药方，用他带来的金银花、菊花和决明子，配上烘干的橄榄核，磨成粉，让王后喝下去。当国王听安然说到橄榄核可以入药时，很惊讶，这普通的果核真的能治好王后吗？国王吩咐仆人去为王后准备药汤，自己则和安彦辰聊了起来。安彦辰说："王后体内毒素太多，我开的这几味药是为王后清热解毒的，解了王后身上的湿气，才能开始下一步治疗！"国王听了安然的翻译，还是忍不住提出疑问："几种普通的花花草草就能解毒吗？不应该用些名贵的药吗？"安彦辰自信地回答道："当然，最贵的不一定是最好的，您别小看我这些普通的花花草草，它们就能解除王后身上的湿气、毒气，你要是不信，我们明日见分晓！"

第二日再进宫殿时，王后竟然吐血了，国王勃然大怒。面对国王的问责，安彦辰边解释边让安然翻译给国王："您仔细看王后吐的血，那是黑色的血，说明毒素已经排出来了。还有，那血里有很多翻动的小虫子，那些以前都是寄生在王后体内的，现在已经排出来了，难道不好吗？"

听完，国王仔细一看，还真是如此！"你真是一位神医，用一次药就能排出王后体内这么多毒素，是我错怪你了。相信我的王后不久就会好起来的。从此以后，你就放手治疗吧！"安然又将国王的话翻译给安彦辰，他安心了："多谢国王的信任，今日我要为王后行针灸之术，来控制她脸上鱼鳞的生长。如果您愿意的话，可以前来观看。""针灸是什么？我今日就去看看你如何治病。"安彦辰让安然拿出行针工具，各种长短不一、粗细不同的针让国王吓了一跳，但是他也不好阻止，只能在一旁观看。

第一针扎在合谷穴，第二针在足三里……一个小时后，王后身上插满了针，国王在一旁非常担心。半个小时后，安彦辰拔完所有的针，穴位里竟然渗出黑色的血液。经过近半个月的针灸治疗，王后身上的鱼鳞已经不再生长，王后本人也清醒了很多。看着自己的病情有所好转，王后的心情也慢慢变好了，宫殿中又渐渐有了生机。但是水晶球那头的费达和红发魔鬼却不高兴了，又计划着兴风作浪了。"哼！我要让这个神医消失！没了神医，王后的病就一辈子不可能治愈了！"红发魔鬼再次施咒。不一会儿，安彦辰晕了过去。安彦辰昏迷的时间很长，延误了王后的治疗。安然为师父把脉却看不出任何端倪，只是明显感觉到师父的内脏在一天天衰竭。国王也为安彦辰请了各地的医生，大家都无计可施。眼看王后的病情又复发了，安彦辰的生命体征也渐渐消失，国王和安然都很焦虑。

这时，白袍精灵再次出现了："我的国王请您不要着急，现在能救安彦辰的只有居住在橄榄之洲的橄榄树精灵了。能找到她，就可以救安彦辰和王后。"国王和安然听了这话，都绝望了。大家都知道橄榄之洲是凶险之地，传闻只有去世的灵魂才能进去，活人怎么可能进去！"天呐，怎么能这样考验我呢？这是又一次毁灭了我的希望呀！"国王痛哭道。安然却咬了咬牙，说："我去！我去橄榄之洲寻找橄榄树精灵。用我的生命换取师父和王后的生命也是值得的！"白袍精灵也非常佩服这个孩子，激动地说："你可知那是什么地方吗？就连大人都害怕，更不要说你这个年少的孩子了。你真的要去吗？""我确定，我要去，我要救我的师父！"安然坚定地说。听到这，白袍精灵笑了笑，说："恭喜你通过了考验，你有最纯净的心！安然，我将亲自带领你前往，保护你的安全，你一定能顺利找到橄榄树精灵。但是，如何唤醒橄榄树精灵，需要你自己来想办法。还有，你仔细想想平日里师父还教了你什么医术，可以让人的生命延续下去？""平日里师父还教了我拔火罐！"安然自责道，"我怎么能忘了师父还教了我这个，多谢您的指点！"安然快速回到清真寺，按照师父平日教的方法为师父拔火罐，让师父脉络相通，内部器官得到调整。做完这些，他叫来法图买照看师父，便随白袍精灵一同去找橄榄精灵了。有了白袍精灵的帮助，安然很快到了橄榄之洲。可是要怎么唤醒橄榄树精灵呢？安然用尽了办法依然行不通，他坐在橄榄树下，回想着师父平日里对他的各种好，忍不住哭诉道：

"在那遥远的华夏国，
我一个人孤身流浪。
没有人愿意帮助一个异邦人！

第十一章　对巴勒斯坦传播的话语体系构建

我几近死亡，
直到一位仁慈的医生收留了我。
我不愿看着我的恩人离我远去！
我多么希望奇迹发生！
只要恩人能醒来，什么代价我都愿意付出！
哪怕用我的生命换取他的生命！
可是橄榄树精灵，你为何不肯现身来见见我？"

一滴泪，两滴泪……泪水渗进土地。突然，土地中钻出一位小精灵，真诚的泪水竟然是唤醒橄榄树精灵的方法。橄榄树精灵听了安然的故事，很感动，便给予了他一部分自己的灵气去救安彦辰。安然虔诚地谢过橄榄树精灵，与白袍精灵快速回到迦南城，把橄榄的灵气渡给了安彦辰。安彦辰的身体机能渐渐地恢复了。他指导安然每日去为王后行针、拔火罐，并且配上不同的草药让王后内服。等他能下地活动时，王后已经差不多痊愈了，只剩下身上一层厚厚的疤了！怎样让王后的皮肤恢复以前的光洁细腻呢？

午后的清真寺异常炎热，但是橄榄树下却十分清凉！安彦辰踱步在橄榄树下，思索着到底如何治疗王后身上的疤痕。不远处，法图买和安然不知道在用力地捣着什么东西，安彦辰好奇地走过去。法图买和安然周围放着几个橄榄果，只见安然动作熟练地用小刀剥开橄榄果，去除里面的小果核，然后将果肉扔进法图买面前的石缸中。而法图买则拿着一个石锤快速用力地捣着橄榄果肉。安彦辰好奇地问："安然，你们在做什么？"安然抬头看到是师父，急忙回答道："师父，我们在榨油呢！""榨油？橄榄还能榨出油？榨油做什么呢？"安彦辰追问道。"师父，我们这里的人吃的都是橄榄榨出的油呀！因为用油并不多，所以我们每家每户都是自己榨油的。清真寺里的油快要吃完了，我才和法图买在这里榨油。"说话间，法图买已经捣出不少油汁倒进旁边的容器中。安彦辰感叹道："果然是一方水土养一方人！"他站在一旁，突然注意到法图买抓着石锤的手的皮肤异常细腻，就像新生儿的一样。这不可能呀！法图买每天打扫清真寺，并且做饭、打水甚至砍柴，为什么她手上的皮肤还这样好呢？再看她脸颊上的皮肤，显然没有手上的那么好。到底是为什么呢？安彦辰在心中嘀咕着。正在这时，他发现法图买刮干净滴落在容器周围的橄榄油抹在了自己的手上。也许就是橄榄油起了作用呢。安彦辰让安然问法图买手上的皮肤为什么这么细腻？安然很奇怪，但还是听了师父的话。法图买奇怪地看看自己的手，再看看安彦辰，然后说道："我也不清楚，大概是橄榄油的作用吧！一次我的手刮烂了，原本结了疤，但却非常痒，让我难以忍受，我担心会留疤！结果我把橄榄油不小心滴在手上的伤疤上，发现手竟然不痒了。我就天天坚持抹一点，后来不但手不痒了，而且没留疤。从那以后，我就每天抹点橄榄油在手上，我的手即使受了伤，也会很快恢复的！"

安彦辰听完，兴奋地叫起来："法图买，谢谢你，你简直是我的福星！的确是橄榄果帮了你！哦，不只是你，还有我们的王后！麻烦你们继续榨油，这些我要借走用用！"说完，他抱起容器就跑进了自己的房间。法图买和安然诧异地望着安彦辰的背影，这还是那个儒雅的安大夫吗？他们从来没有见过这样的安大夫，是什么让他如此兴奋呢？难道是……

"我尊贵的国王，我已经找到治愈王后身上疤痕的药物！"安彦辰带着安然出现在大殿上，他的声音中夹杂着抑制不住的喜悦。"哦？真的吗？快拿上来让我看看！"国王听了安然的翻译，声音里也夹杂着抑制不住的激动。安彦辰将药瓶递给安然，安然又将药瓶送到国王跟前。国王接过药瓶后急忙打开，扑鼻而来的是一股橄榄的清香。"这怎么是橄榄油？安大夫，你在糊弄我吧！"国王生气地说道。安彦辰笑着回答道："国王，您说得不错，的确是橄榄油，但是我还添加了带来的薰衣草精华。把这东西抹在王后身上，再加上我教她的按摩方法，相信不久王后的皮肤就会恢复如初的。"国王再次闻闻药瓶，果然有一小股更加浓郁的香味。国王将信将疑地说道："这药会有什么副作用吗？会不会让王后再度受伤？""当然不会，这两样东西都是天然的，根本就不会伤害人，就算没有祛疤作用，也有安眠作用，您不妨给王后一试。"国王思索了一会儿，咬咬牙说："好吧，那就给王后试一试！"半年后，王后的皮肤一天天好转，并且开始脱皮，疤痕基本退去，还长出新的肌肤，就像新生儿那样细腻、洁白，并散发着阵阵橄榄清香！

第十章　王后的重生

王后痊愈，举国欢庆，国王为王后举办了一个重生晚宴。"哦，亲爱

第十一章 对巴勒斯坦传播的话语体系构建

的海丽耶，你终于痊愈了，祝贺你！"王后海丽耶回头看到的是自己近一年未见的好友埃及王后。她笑着迎上去答道："是的，应该感谢我的子民以及为我奔波的医生。当然还有国王的坚持和不放弃，因为他们，我才得以痊愈。很高兴再次见到你。"埃及王后不好意思地说道："我很遗憾没能在你生病的时候来看望你，因为我的国王久病不愈，我无法离开我的国家，直到这些天，他的病情大有好转，我才能来到你的晚宴，庆祝你的新生！"

王后海丽耶善解人意地拉着埃及王后的手，说道："我很抱歉听到这个消息，但是我相信埃及的国王陛下是一位明君，深受百姓喜爱，一定能痊愈！你不必因没来看我而感到愧疚。你的到来使我感到很幸福！""谢谢你的谅解，海丽耶你的皮肤竟然恢复了，而且比以前还好，仿若新生婴儿的皮肤，为什么会这样呢？"埃及王后轻抚着海丽耶的脸，惊讶地问道。海丽耶眼中流露出一丝感恩，说道："是来自华夏国的安大夫，他用高超的医术治愈了我的病，不但清理了我身体里的病毒，还为我配置了精油，快速地祛除了我身上的疤，并让我的皮肤得到新生。如果不是他，我们又有谁会知道，迦南遍地生长的橄榄会有这么神奇的功效！"埃及王后疑虑地问道："真的有你说的这么神奇吗？可惜埃及不能种植橄榄树，真遗憾我要错过这么好的美容品了。"王后海丽耶笑着说道："我亲爱的朋友，你不用担心，我早已为你配置好一瓶最上等的精油，你可以带回去试用一下，它还有促进睡眠的功效！"埃及王后兴奋地说道："谢谢你，我亲爱的朋友，它将是我收到的最好的礼物！"

安彦辰带着当初仅存的一匹丝绸找到法图买，为王后制作了一件独一无二的礼服，又还将十件瓷器献给了国王。王后从来没有穿过如此光滑柔顺的绸缎，国王也没有见过如此精致小巧的瓷器。因此，国王派遣法图买和安然到华夏国学习养蚕制衣技术和烧瓷技术，并将本国优质的橄榄树苗回赠给华夏国，解决了华夏国缺乏优质橄榄的问题。十年后，法图买和安然学成归来，法图买开设了缫丝局，雇佣众多迦南国妇女养蚕缫丝。而安然则传授给男人们烧瓷制瓷的技术，并开设制瓷场，向约旦、埃及等国出售瓷器。安彦辰也随着安然回到迦南国，他已学会迦南国语言，经营着自己的小医馆，每天看病的人依旧排着长长的队伍，所幸安然能够经常来帮帮他。安彦辰又拿出自己的积蓄在迦南国开设了中医学校，不少孩子选择学习中医学，这让迦南国的医疗水平得到很大提高。国王也开辟了一块土地，雇佣青壮年种植从华夏国引进的各种中草药。法图买在安彦辰的启发下，将橄榄油加工成橄榄精油，出售给脸上有疤的人。渐渐地，整个迦南国都知道有这么一种神奇的东西，能够祛除疤痕，大家争相购买，到最后即使脸上没有疤痕的人也来购买，因为他们发现橄榄精油不但能够祛疤，还能够美容安眠。周边国家的百姓听闻消息，也前来购买。一时间，迦南国的橄榄精油闻名周边所有国家。盛产橄榄的黎巴嫩想要效仿制造，但是效果远不如迦南国的橄榄精油。当年法图买在华夏国学习缫丝技术时，向华夏国皇帝供奉了一瓶橄榄精油。在法图买归国一年后，华夏国皇帝又派来使者购买橄榄精油。因为华夏国皇后用了那瓶橄榄精油后，效果很好，年轻了不少。国王从心底感谢安彦辰帮自己拯救了心爱的王后，所以他要法图买以极低的价格把橄榄精油卖给华夏国，并且保证长期供应，货源不断。橄榄精油不但治好了王后的疤，而且为迦南国创造了一笔巨大的财政收入，为迦南国以后的发展起到巨大的推动作用。

哦，还有费达那个倒霉蛋，看到王后渐渐好了，他又要红发魔鬼为他施法作乱。哪知这所谓的魔鬼朋友只是为了吸取他身上的邪恶力量来壮大自己的灵魂，此时见无利可图，早已逃之夭夭。费达不甘心，竟然独自跑到王后的晚宴上要刺杀王后，结果失败后被处以火刑，为自己的邪恶付出了生命的代价。

四、故事分配

巴勒斯坦在电影、报刊杂志、广播电台和电视台三个领域具有一定的优势，对故事《王后的重生》的宣传具有推动作用。

（一）电影

巴勒斯坦电影工作者通过细腻的场景设计和叙事性拍摄手法，从主人公的视角讲述巴勒斯坦人民在政治冲突背景下的生活与苦难，烘托出电影人对现实情境的深刻思考与领悟，表达了巴勒斯坦人民渴望和平重返故土的愿望。巴勒斯坦女性电影工作者也异军突起。可以说，巴勒斯坦电影工作者在世界各大电影节中都会有闪亮的身影，在国际电影界具有重要的影响力。然而，受政治因素等的影响，巴勒斯坦的电影主题始终以解放事业为主，题材较为单一。拍摄故事《王后的重生》这类具有奇幻色彩的童话故事，既可丰富巴勒斯坦电影的原始主题，又可增强巴勒斯坦电影工作者在国际影坛的影响力。

（二）报刊杂志

巴勒斯坦通讯社于1971年建立，搜集、整理、加工新闻信息，为巴勒斯坦大众媒体提供各种新闻信息。巴勒斯坦报刊较多，其中《耶路撒冷报》《新生活报》等具有代表性的报刊发行量较大。杂志以月刊和季刊为主，覆盖面较广。报刊和杂志一直是巴勒斯坦人民获取信息的主要渠道。在巴勒斯坦儿童成长的过程中，母亲通常沿袭着讲述民间故事的方式进行学前教育。将故事《王后的重生》与报刊杂志进行结合，通过巴勒斯坦家庭教育中的传统习惯来传播故事，不仅可增进家庭成员之间的感情，丰富儿童的想象力，还可进一步扩大故事的受众面。

（二）广播电台和电视台

巴勒斯坦广播电台分布较广，数量较多，以官方和商业广播电台为主，如建于1964年的官方广播电台——"巴勒斯坦之声"。同时，巴勒斯坦还拥有创建于1995年的、唯一的官方电视台——"巴勒斯坦电视台"。巴勒斯坦电视台暂时有两个频道，其中一个频道覆盖范围为约旦河西岸、加沙地带。利用巴勒斯坦广播电台和电视台等媒体播放故事《王后的重生》，更容易增强故事的吸引力和影响力。

五、故事消费

故事《王后的重生》分配渠道建立后，从电影、报刊杂志、广播电台和电视台三个领域分别介绍故事消费的策略。

（一）电影

在电影领域的消费通过剧本、拍摄、宣传和上映四个策略实现。

1. 剧本

邀请中国和巴勒斯坦著名编剧为主创，再聘请中国和巴勒斯坦文化学者为顾问，以《王后的重生》为蓝本，对故事进行改编，设计出不同类型的、适合不同年龄段的剧本，如原创动画电影、童话改编的真人版电影等。

2. 拍摄

（1）原创动画电影：在中国和巴勒斯坦著名导演的统筹下，由中国和巴勒斯坦3D模型团队、特效团队及其他制作部门共同协作，聘请中国和巴勒斯坦著名制作人，邀请中国和巴勒斯坦著名动画电影制作公司加盟，选择中国和巴勒斯坦知名配音演员，将故事《王后的重生》改编为动画电影。（2）真人版电影：邀请中国和巴勒斯坦著名电影导演合作，选择巴勒斯坦当地知名演员和阿拉伯人较为熟知的中国演员，再以中国民歌或阿拉伯音乐作为配乐，在中国和巴勒斯坦选择与故事中所描述的场景相似的地点拍摄故事《王后的重生》，最大限度地引起观众共鸣，从而扩大故事的影响力。

3. 宣传

针对原创动画电影、童话改编真人版电影制作不同的电影宣传海报和宣传片，如针对儿童设计出动感、色彩艳丽、具有奇幻色彩的电影宣传片和海报。将电影宣传片、海报在电视台、报刊杂志等媒体进行宣传，也可以通过互联网在Facebook、Twitter等社交媒体进行推送。利用首映式、明星见面会、国内外电影节等活动，与现场观众进行互动，不断为电影的上映造势，扩大宣传范围。

4. 上映

在中国和巴勒斯坦同时上映，并与中国和巴勒斯坦电影院达成协议，凡是家长携带儿童观影的，均享受电影票折扣优惠。通过不同的促销活动，增加电影的上座率。

（二）报刊杂志

在报刊杂志领域的消费通过刊登、促销两个策略实现。

1. 刊登

针对不同类型的报刊，将故事《王后的重生》以连载的形式或漫画的形式刊登于巴勒斯坦主要报刊杂志。将故事排版置于整个报纸版面最吸引读者的位置或杂志封面，故事可以编辑为探险类、悬疑类等不同的版本。通过报刊杂志的宣传，吸引不同年龄段的巴勒斯坦读者购买报刊杂志，了解故事。

2. 促销

与巴勒斯坦各大电影院进行联合促销。凡是购买刊登故事《王后的重生》的报刊杂志的读者，均可获得电影代金券一张。读者在购买故事改编的电影票时，可以享受一定折扣。家长携带儿童现场购买故事《王后的重生》童话版报刊的，给予折扣优惠。还可以根据订阅量，给予不同形式的优惠，增加报刊杂志的销售量，提高故事《王后的重生》在巴勒斯坦的知名度。

（三）广播电台和电视台

在广播电台和电视台领域的消费通过橄榄系列化妆品、制作节目和赞助三个策略实现。

1. 橄榄系列化妆品

中国知名化妆品生产企业可与巴勒斯坦化妆品企业合作，研发以故事为主题的橄榄油系列化妆品，打造橄榄系列化妆品品牌。将故事《王后的重生》刻画的人物形象设计到化妆品外观及包装上，既可扩大故事的影响力，又能增加橄榄系列化妆品的营业额。

2. 制作节目

邀请巴勒斯坦当地知名咨询策划公司和知名节目策划团队，策划电视节目或者广播类谈话节目，例如美妆节目等。邀请巴勒斯坦明星、美妆达人、知名时尚杂志编辑、化妆品企业CEO、品牌策划营销团队和巴勒斯坦观众共同参与节目，通过体验、试用，推荐与故事相关的橄榄系列化妆品。在节目录制过程中，讲述品牌创建的过程，分享与品牌创建相关联的故事章节内容，使更多的巴勒斯坦观众熟知故事。

3. 赞助

通过成为"阿拉伯歌王"电视选秀节目的赞助商，让每位参赛选手试用故事橄榄油系列化妆品，并在电视节目中插播故事《王后的重生》系列化妆品广告，借助"阿拉伯歌王"电视选秀节目在巴勒斯坦的影响力宣传故事。

六、中巴合作

故事生产、故事分配、故事消费的最终目的之一是达成合作，两国的合作主要体现在以下几个方面。

（一）互助橄榄产业

巴勒斯坦不仅拥有悠久的油料作物木犀科油橄榄树种植史，还创造了深厚的橄榄文化。巴勒斯坦也是世界高品质橄榄油产地之一。

橄榄树是巴勒斯坦经济的重要组成部分，是巴勒斯坦人民重要的收入来源。橄榄果实是宝，通过冷压可以榨制成橄榄油，橄榄油富含多种维生素、氨基酸，可降血脂、预防心脑血管疾病，并对肠胃具有一定的保健作用。所以，橄榄油是高档的食用油。橄榄油又具有巨大的经济价值、食用价值、药用价值，可加工为美容化妆品和护肤品。

但是，巴勒斯坦橄榄加工厂的压榨生产工艺和设备均较为落后，清洗、成产、压榨等环节均会产生大量的污染物、废弃物。废渣随意丢弃或焚烧，不仅会造成地下水质污染，还严重破坏生态环境，严重影响当地居民的生产生活。橄榄加工业在给巴勒斯坦带来丰厚的经济效益的同时，对当地环境也造成严重的污染。

中国对橄榄油的消费和需求不断增加，橄榄油市场前景广阔。中国自1964年引进油橄榄树进行推广种植，其中，甘肃陇南地区的油橄榄种植基地是中国油橄榄种植基地中的典型代表。历经几十年发展，中国在橄榄树种植、加工方面积累了一定的经验，生产出众多油橄榄相关产品。但中国橄榄油产量无法满足市场需求，依然严重依赖进口。如果中国和巴勒斯坦在橄榄产业方面达成合作，不仅可促使巴勒斯坦橄榄油进入中国市场，还可增加巴勒斯坦橄榄油的出口量，推动巴勒斯坦经济的发展。除此以外，两国在橄榄树种植技术、育种与管理经验方面相互交流，在橄榄油深加工技术、工艺、压榨设备方面共同探索，在废水、果渣处理技术和橄榄叶提取物方面共同研究，可促进中巴两国橄榄油产业的共同发展。

（二）援建医疗

除一部分人口生活在加沙地带和约旦河西岸外，绝大部分巴勒斯坦人民分布于约旦、埃及等周边阿拉伯国家。受政治迫害、战争、失业率较高、人口分布不均等原因的影响，巴勒斯坦政府及卫生部门无法保障所有巴勒斯坦公民都享有基本的医疗卫生服务。巴勒斯坦医疗卫生机构的医疗服务水平较低，医疗技术无法覆盖全国，医疗人才不足。巴勒斯坦亟待解决药品短缺、医疗设施陈旧、医疗人才匮乏和医疗水平有限等问题。中国高度重视国民健康，不断改革医疗体系，完善医疗卫生服务系统，加强医疗行业监管力度，制定健全的医疗行业等规范标准，加大对医疗技术的投入和培养高素质医疗人才等。多年来的努力使中国的医疗效率和治疗水平持续提高。

中国是世界人口大国之一，拥有雄厚的医疗科研经费、大量的医疗案例和非常丰富的临床实践经验。随着中国科技水平的不断提高，新科技、新技术大量应用于医疗领域，如"互联网+医疗"实现跨国远程诊疗，构建"互联网+医疗"网络体系。中国在心血管等领域的医疗水平达到国际领先水平。如果中国和巴勒斯坦在医疗方面达成合作，巴勒斯坦将在医疗卫生体系建设、医疗器材和设备开发、药品研发、医疗人才培养等方面得到中国的大力支持。同时，中国派遣医疗队前往巴勒斯坦，与巴勒斯坦医疗机构建立长期的远程诊疗服务体系，通过加强两国在医疗领域的合作，不断提高两国的医疗技术和水平。

（三）互通贸易

巴勒斯坦位于亚、欧、非洲交通要道，地理位置优越，自古以来就是古丝绸之路上的贸易中转地和集散地。巴勒斯坦以农业为支柱产业，工业基础薄弱，规模不大，以加工业为主。巴勒斯坦没有铁路。由于政治、战争等因素的影响，巴勒斯坦暂无机场、水路交通，出行主要依靠公路。为大力发展经济，巴勒斯坦制定有关投资的法律法规，对投资企业给予优惠政策，吸引招商引资。中国与巴勒斯坦建交30多年，双方在多个领域不断深化合作，两国关系也进入全面发展时期。巴勒斯坦赞同中国提出的"一带一路"倡议，希望与中国在基础设施、能源、电力、通信和工业等多方面加强合作。而中国早已援建巴勒斯坦多个项目，如正在援建的"生活之光——点亮家庭"太阳能发电项目，该项目为加沙地带巴勒斯坦民众解决了日常电力需求。近年来，中国和巴勒斯坦双边贸易不断增加，两国进入双边自贸区洽谈阶段。中国和巴勒斯坦不仅重视两国间关系，还重视两国间的贸易发展。如果巴勒斯坦和中国在贸易投资等方面达成合作，巴勒斯坦可以获得中国在资金方面的援助。借助巴勒斯坦优越的地理位置、一系列优惠政策，大量的中国企业将前往巴勒斯坦参与经贸领域的多项投资，参与巴勒斯坦基础设施建设，从而加快巴勒斯坦经济、交通、电力等领域的发展。中国企业积极投资巴勒斯坦，将会使中国的光伏产业、建材、电力等产品和设施设备进入巴勒斯坦，促进中国经济的发展。

第十二章　对约旦传播的话语体系构建

一、约旦概况

约旦位于亚洲西部,阿拉伯半岛西北部。约旦西与巴勒斯坦、以色列为邻,北与叙利亚接壤,东北与伊拉克交界,东南部和南部与沙特阿拉伯相连,西南一角濒临红海的亚喀巴湾是其唯一的出海口。西部高地属亚热带地中海气候,十分温和。

约旦人口总量约 1001 万人（2019 年）,60% 以上是巴勒斯坦人,38% 的人口为阿拉伯人,还有少量切尔克斯人、土库曼人和亚美尼亚人。

（一）纺织

约旦的轻工业发展较好。纺织、塑料制品、卷烟、皮革、制鞋、造纸等轻工产业发展势头良好。纺织品在约旦国内市场需求量大,同比每年约有 11% 的增长率,对于中国纺织服装企业来说是一个巨大的市场。同时,约旦政府致力于改善投资环境,不断制定和完善投资法规,积极吸引外资,尤其鼓励外商在约旦工业区投资办厂。

（二）死海

死海位于以色列与约旦交界处,是约旦与以色列的最低处,这是一块下沉的地壳,夹在两个平行的地质断层崖之间,形成在大裂谷地区,像一个巨大的集水盆。死海是世界上海拔最低的湖泊,也是世界上最深的咸水湖,死海海水可提炼钾盐。因盐分高,死海水中没有生物存活,甚至连沿岸的陆地上也鲜有生物,这也是人们给它起名为死海的原因之一。

（三）五彩石

约旦古城佩特拉曾是辉煌的商业中心,现今又以它独特的魅力吸引着世界各地的游客。佩特拉古城有着色彩斑斓的岩石,这些绚丽的石头为佩特拉赢得"玫瑰红城市"的美誉。约旦智慧的人民将这些五彩斑斓的石头加工成饰品出售,为到约旦旅游的客人提供了特别而美丽的伴手礼。

二、故事背景

春风和煦,透过缕缕阳光可以看到一个少数民族部落。这里的人们生活得简单快乐、自由自在、无拘无束。男人们除了养家糊口之外,每天都会做礼拜,而妇女们只负责照料家人的生活。是的,这里是世外桃源。

看,那些毛茸茸的动物就是孩子们的好伙伴,它们是每个家庭的忠实守候者——滩羊。滩羊是这个部落中最具有灵性的动物,总是陪在主人身边,陪主人解闷,陪小朋友玩耍。

春风中,杨柳飘絮,彰显着这个部落特有的生机。早晨的第一缕阳光洒在清真寺上,这里每天人来人往,尤其是在被称为主麻日的星期五,人尤其多。在这一天中,无论多忙,男人们都会穿得干干净净,戴上白帽到清真寺做礼拜。

三、山尔的奇幻之旅

第一章 幸运的眷顾

父亲去世后,山尔就和家里唯一的一只滩羊相依为命。山尔走到哪里,滩羊就跟到哪里。在山尔经过一个大峡谷的时候,突降暴风雨,电闪雷鸣,道路泥泞。无奈之下,山尔只好牵着自己的滩羊找到一个山洞,在里面暂时躲避风雨。傍晚时分,雨小点儿了,饥肠辘辘的山尔牵着滩羊走出山洞。他自言自语道:"天色已晚,我今晚就住在山洞里,明天早上再赶路。我现在去找点野果、水和没被雨水淋透的树枝来生火。"

山尔把找到的野果等东西放到滩羊的背上,当他牵着滩羊回到山洞时,完全傻眼了,山洞旁边的一棵枯树被雷劈倒,枯树烧着后致使洞口被大火包围了。更加不幸的是,山尔想起父亲留给自己的羊毛拜毯就在离洞口不远的地方放着,大火烧得这么旺,羊毛拜毯肯定会被引着,而他根本没有办法冲进山洞拿出拜毯。山尔隐隐闻到一股羊毛烧焦的味道,彻底崩溃了。

"为什么，为什么对我这么残忍！连父亲留给我的最后一点东西都要收回？"山尔大喊道。

可是空旷的山谷中除了树木被烧的声音之外，寂静得让人绝望，伤心的山尔不知哭了多久，睡着了。他不知道自己昏睡了多久，朦朦胧胧之中听到有人在喊他的名字。

"是谁在喊我？"山尔心想。

"山尔，山尔……"山尔猛地睁开眼睛，映入眼帘的是家里的那只滩羊。

"刚才是你在叫我吗？"山尔不确定地问道。

"是我。"滩羊开口说道。

"什……什么？你怎么会说话？"听到滩羊说话，山尔惊讶地问道。

"山尔，别怕，你是因过于忧伤而昏迷的，现在对你的考验要开始了。我是精灵化身的滩羊，所以会说话。拜毯被烧了，还可以织一条新的，你再难过也不能挽回你父亲留下的遗物。你父亲活着的时候，曾经去过约旦学习织地毯技术，但是还没有完全学会，他就离开了人世。如果你怀念父亲及他送给你的拜毯，那就随我前往约旦完成你父亲的心愿——学习织毯技术。"听完滩羊的话，山尔逐渐接受了滩羊是精灵的事实，并决定完成父亲的遗愿。

"可是，我现在应该怎么办？约旦那么远，走去已经实属不易。现在父亲留给我的拜毯烧没了，我在约旦如何才能找到教授父亲织毯子的人？我必须拿着拜毯才能找到父亲的师傅啊？"山尔沮丧地说。

"山尔，不要担心，我可以帮你找到约旦的织毯人。你也可以骑着我去约旦啊，我脚力很快的！"

"你能承受住我的重量吗？"

"当然可以，我是精灵，我能做很多常人所做不到的事。"

就这样，这对小伙伴开始了属于他们的旅行。

第二章　无名之泪

在无尽的沙漠之中，有一座古城，古城有一个宝物叫作"无名之泪"，它守护着整座城的安宁。后来突遭变故，"无名之泪"突然消失了，随之怪事发生了——古城也消失得无影无踪，但到了日暮时分，古城又会随着太阳的落下而重现。若想古城的一切恢复正常，必须找到"无名之泪"。可不幸的是，当地的人们现在不能走出这座城堡，因为还有一个与"无名之泪"有关的故事。

传说，"无名之泪"一旦消失，城中的人就不能离开城池。如果有人出城，他将会变成水滴消失在沙漠中，永无轮回。一个年轻人不相信传说，出城去寻找"无名之泪"。当他的两只脚刚踩到城外的沙土上时，他瞬间化为水气，落入沙土之中。这件事发生以后，再也无人敢出城了。可是，如果人们不出城，又如何找回"无名之泪"？

城主找到大法师寻找破解之法，法师看着水晶球说道："一个东方少年将会出现，他的家乡在'灵州'，那里盛产滩羊。他能解决我们的困难，找回'无名之泪'。"然而，百年过去了，这个少年也没有出现，久而久之，城里的人们将法师的预言抛到了脑后。

山尔牵着滩羊在荒无人烟的沙漠中行走了两天，口渴和饥饿让他们倍感难受，他们漫无目地走着，想要找到水源。

"山尔，我要使用灵术带你离开这里。"滩羊说。

"不行，现在你体内缺水，再使用灵术，法力会消耗很多。我们再走走看，也许会遇见一片绿洲。"山尔阻止道。

路途漫长，寻城无望。他们看着西边最后一缕阳光慢慢消失，感到无比绝望。就在这时，天空霎时间明亮起来，他们惊奇地看向天空，一缕缕光束照射下来，晃得他们睁不开眼，等到光芒慢慢散去，山尔和滩羊的面前出现了一座城池。

沉重的城门缓缓打开，可见城内灯火闪烁，有人行走在街道上，霎时间城里的嘈杂声也传了出来。山尔和滩羊被眼前的一幕惊得呆住了。

这时，城墙上出现了一位身穿白衣的美丽女子，她像一个精灵，脖子上那串闪闪发光的水晶项链很吸引人的目光。女子轻声问道："你们是什么人？为什么踏入这无人之境？"她的声音很空灵，穿透力很强，"我在这里生活了几百年，从未看见过一个人涉足这里，都快忘记了还有人类的存在。"

"你好，我叫山尔，这是我的滩羊。我们来自遥远的东方，路过这里，对这个地方完全不了解，若有冒犯的地方，请多多见谅。"山尔上前一步说道。

这个精灵一样的女子听到山尔提到'东方'两个字，眼中闪过一丝震惊之色，不过很快就恢复了："你好，我叫小楠，我看你们现在已经筋疲力尽了，你们进城来吃些东西，休息一下，有什么话明天再说。"

山尔看着滩羊，滩羊点了点头，山尔说："好啊，谢谢你，小楠。"

进城后，小楠带着山尔和滩羊来到一座城堡前，从一扇不起眼的后门进入城堡内。进了一间小屋子，小楠叮嘱道："今天，你们先在这里休息，不要随意外出走动，这里检查得很严格。"随后，她从水晶项链中变出食物给了山尔。

山尔悄悄地对滩羊说："我感觉小楠不简单啊！"

"嗯嗯，我知道，她应该和我一样是个精灵。"滩羊回答道。山尔又吃了一惊，但是他没多说什么，既然滩羊能是精灵，那么小楠为什么不能是精灵呢？

第二天一早，小楠来到山尔的屋子，开门见山地问道："山尔，你和你的羊是来自东方的'灵州'吗？"

"是的。你是怎么知道'灵州'的？"

"那你们可能能解救城中的所有人。"小楠说道。山尔迷惑地看着小楠，小楠继续说道："我们这里只有黑夜，没有白天，这就是你看到城里到处是灯的原因，不信的话你可以打开窗子看一下。"

山尔打开了窗子，天色依然是黑的，灯火照亮了街道。"这是为什么呢？难道夜晚还没过去？"山尔问道。

"不，不是夜晚还没过去，我们的宝物'无名之泪'维持着这里万物的平衡与规律，可是它被坏人抢走了，自然规律也随之被破坏，我们失去了白天。"

"但是我没有'无名之泪'，怎么能够救你们呢？"山尔说道。

"这个我也不清楚，只是百年前的大法师预言从东方'灵州'来的少年可以解救我们。我要带你们去见新任大法师，请求他指点迷津。"小楠说道。

"好的，只要可以帮到你们，我愿意尝试。"山尔点点头，说道。

小楠和山尔带着滩羊从后门出了城堡，他们不想惊动任何人。没走多远，他们就感到天旋地转，定睛一看，几只巨大的鱼正张着大嘴快速地朝他们游来。

"不好，快跑。这是城主的鱼卫，他们是鱼族的魂幻化而成的，聚集了百年的怨气，越变越大，已经成为能吞万物的沙鲲。"小楠紧张地说道。

山尔、小楠和滩羊拼命地跑着。沙鲲摆动尾巴，导致沙土波动不已，山尔、小楠和滩羊寸步难行。这股强大的力量最终让他们陷入了昏迷。

"城主，属下将他们带来了！"

"弄醒他们。"那个被称为城主的人说道。

这时出现了一群身穿白衣的男子，他们将山尔等人围了起来，打开一个小瓶子给山尔、小楠和滩羊闻了闻。

不一会儿，山尔他们缓缓地睁开了眼睛，看到了繁华的大殿以及殿中穿戴整齐的士兵。起身后，山尔发现宫殿中央站着一位身着华丽服装的女子。

"你们这些可恶的闯入者，百年前就是因为外人的闯入，我们丢失了'无名之泪'，万物平衡被打破，我们永失白昼，我的臣民从此不见天日。今天，我要处罚你们。来人，杀了他们。"那女子生气地说道。

山尔吓坏了，情急之下，他想起刚才小楠说的话，便支支吾吾地说道："城主，我们不是故意闯入城里的，您刚才所说'无名之泪'，我也略有耳闻。我可以帮助您和您的臣民重见白昼，请您给我们一个机会吧。"

"你能有办法让我们重见天日？你有什么办法，说来听听。"女子有些不相信地问道。

突然又来了一个问题，山尔急得抓抓脑袋，随便说了一句："需要城中大法师前来告知详情。"

"大胆，你敢戏耍我，你告诉我你有办法让我们见到白昼，这会儿却要让大法师来告知方法。你就是要拖延时间！"女子生气了。

女子不给山尔解释的机会，让卫兵把他们拉到殿外。正准备行刑之际，一位黑袍男子走进大殿，说道："慢着，这个少年是百年前预言的那个东方少年。"

大殿之上的所有人无不惊讶万分，小声讨论起来："那个预言是真的呀！""这个少年真的是从东方来的？""我们要重见天日了？"

"大法师说这个少年是'灵州'来的？"女子问道。

"千真万确，我在水晶球里看到他进了城，随后就不见了踪迹。等我再次发现他时,他已经在大殿之上了。我就匆匆赶了过来。"大法师说道。

"这少年看起来没什么特别之处,如何解救我们?"女子问法师。

"少年,你外出时随身都带了些什么物品?拿出来我看看。"大法师对山尔说道。

山尔把包裹里的所有东西都放在地上,没什么特别之物。大法师摇了摇头正准备说话,山尔突然想起了滩羊:"这只羊也是我带来的。"

大法师围着滩羊转了两圈,难掩眼中的喜悦,高兴地说道:"这就是'无名之泪'的一部分。"

众人惊呆在原地,随后质疑声纷纷响起,女子先镇定了下来,说道:"这只滩羊是'无名之泪'的一部分,这是什么意思?"

"'无名之泪'是一条项链,由水晶链子和五彩石吊坠组成。当年抢匪只拿走了珍贵的五彩石吊坠,却留下了水晶链子。这只羊就是五彩石吊坠幻化而成的。只要它愿意,它就可以变回原貌。"

"可是水晶链子不知去向,如何是好?"女子又担忧起来。

"水晶链子一直在城中,抢匪将水晶链子丢弃在不显眼的地方,现在我们只需要全城搜索,肯定能找出链子。"大法师信心满满地说道。

这时,山尔转头看了看小楠,因为他知道小楠有串神奇的水晶链子。

"城主大人,我就是那条水晶链子幻化成的人。"小楠看着山尔说道。

大殿上的众人又一次惊呆了,今天发生的奇迹太多了,他们一时间无法接受。

滩羊慢慢地来到山尔身边,说道:"山尔,请你认真听我说,其实我第一次见到小楠时,就觉得她似曾相识,直到小楠从水晶链子里拿出食物,我就肯定了她是我的另一半。我和她本是一体。几千年前,我是约旦公主眼泪变成的五彩石,小楠是王子送公主的项链。公主死后,我们流落民间,辗转到这个城里,成了护城之宝。我们可以让城里四季分明,五谷丰收,人民安居乐业。但是,贪婪的抢匪将我们分开了,我被带到遥远的东方。为了不被一次次转手卖掉,无奈之下我幻化成一只羊,落户到你家。渐渐地,我发现你父亲曾经去过约旦学习织地毯技术,而你也要前往约旦完成你父亲的心愿——学习织毯技术。我决定跟着你,因为去约旦必然途经这座城。我要回来和小楠结合成一体,这样才能拯救这城里的人们。山尔,你不会怪我吧?"

"怎么会呢？我的朋友。这一路上要是没有你的照顾，我不可能这么顺利地来到这里。再说你本来就属于这里，是贪婪的人们拆散了你们，并且给城里的人们带来了无尽的苦难。现在好了，你和小楠终于可以结合在一起，城里又要恢复往昔的繁荣了。"山尔高兴地说道。

"今天将是我们的分别之日。你就要出发去实现你父亲的遗愿，我也没有什么可以送你的，我这里有一张毯子，它是用我的毛发编织成的，虽然看起来很粗糙，但是它拥有不同于其他普通毯子的特殊功能，比如它会说话、能载你飞翔。希望它能够陪伴你走过这段艰辛的路程，直到目的地。山尔，此时的离别不是永别，我们总会相见，也许是在梦中……"滩羊哽咽地说道。

"放心吧，我一定会坚强的，不会让你再担心我的。"山尔郑重地说道。

"小楠，该是我们合体的时候了。百年前，我们在这里被迫分离。今日，我们又在这里相聚。我们要守护这座城。大法师，请你念咒语时，将我穿到水晶链子上，这里就会重见光明。谢谢你，山尔。"

滩羊说完，就和小楠变成五彩石和水晶链子，大法师又做法将他们结合到一起。瞬间天空出现一道光，光源慢慢扩大，照射到城中的各个角落。劳作的人们一时间没有反应过来，都愣在了原地。直到人们看见高高挂在天上的太阳，欢呼声响彻天空。

"山尔，去约旦记得找手工制作地毯的哈里！这样才能完成你父亲的遗愿，一定要记着，去吧！祝你一切顺利。"滩羊的声音回荡在天际。

山尔不舍却又豪迈地吟诵着："新的旅程必将是愉快而又艰辛的，我们只享受风景！大海里既有危险的鲨鱼，又有宝贵的珍珠，我们不可能只得到珍珠而不承担风险。天空中的漂亮星辰不能和太阳同时出现。人们啊，当生命中的灾难注定要来时，无须畏惧，尽管坦然面对吧！如果命中注定我们需经历磨难与挫折，那么就让暴风雨来得更猛烈些吧！"

第三章　魔王的出现

城中恢复正常后，城主邀请山尔参加宴会，以示感谢。在宴会上，城主并不十分喜悦，山尔问道："尊敬的城主，您为什么看起来还是不开心呢？"

城主回答道："你有所不知，因为常年不见阳光，城中的女人们都变得比同龄男人苍老，她们有的才三十多岁，就已经满脸皱纹。你看看我的脸，就知道我为什么高兴不起来了。"

当山尔细看城主的脸时，着实被吓了一跳。城主的脸上布满了细细的皱纹，而且肤色暗淡。

"城主，我记得滩羊曾说过，在约旦的一片深蓝色海域中，有一位姑娘，她拥有神奇的法宝，可以帮助女子恢复容貌。"

"真的吗？真的有可以帮助女子恢复容貌的法宝吗？那个姑娘存在吗？"城主惊讶地问道。

"是的，我相信滩羊是不会骗我的。"山尔笑着说。

"可是身为城主，我是不能随意出城寻找这个法宝的。"城主为难地说。

"我愿意为您代劳。"山尔认真地说。

城主非常感谢山尔愿意再次出手相助。山尔知道自己肩上的担子有多重，有多少双眼睛在身后盼望着，希望他能成功归来。城中女子是否可以恢复美丽的容颜，自信地生活，关键就在于他是否能找到那片海。于是，山尔告别了城主，带着滩羊留给他的毯子踏上了征途。

山尔一想到自己背负着的责任与使命，就一刻也不敢休息，连一口水都顾不上喝。毯子说："我亲爱的山尔，你就休息休息吧，这样下去身体会拖垮的，到时候就前功尽弃了。"山尔脸色苍白，嘴唇发干，目不转睛地盯着前方，说："没事，我还好，我们还是尽快赶路吧，别耽误了时辰。"五彩石点缀的毯子在烈日的照耀下闪闪发亮，而它却哭丧着脸，焦灼地看着山尔。

经过风吹、雨打、日晒……山尔终于倒下了，再也没有力气行走。

毯子将山尔安置到一户人家住下，便四处去求医，为身体虚弱的山尔治病，直到山尔康复。因为山尔大病初愈，毯子决定带着他飞往约旦。

"山尔，快看，前面就是世界第一高峰了，可凭我的本事，我们是飞不过去的。所以，我们只能步行前进。"毯子说着，就找到一个平稳的地方停了下来。

山尔从毯子上下来，顺着毯子所指的方向看过去，天啊！那座雪莲般的山峰的地形极其险峻，有大型的冰川、无数的陷坑、许多的陡崖。要想平安翻过这个雪峰，简直比登天还难。瞬间，恐惧占据了山尔的内心。

"毯子，难道没有别的方法翻过雪峰吗？"

"山尔，也不是没有办法。百年前，滩羊和我便在这个国家国王的帮助下，平安地翻过雪峰了。我们可以去找这个国家的公主，如果她愿意帮助我们，那我们就顺利多了。"毯子回答道。

"那国王呢？我们为什么不找他帮忙，非要劳烦公主？"山尔问道。

毯子突然沉默了，很久之后才说道："国王去世了。"说完，毯子又沉默了，山尔知道毯子沉浸在对国王的怀念之中，就没再多问。

为了安慰毯子，山尔唱道："啊！善良的人总会到达极乐，让正义永存，正如一位诗人所说，世间忧愁不会长存。快乐不会消失，那忧愁就会消失得无影无踪；正义永不会消失，邪恶一定会消失得无影无踪。"

山尔唱完，便拍了拍毯子的肩膀说道："我们走吧！"

就在这时，他们听到动听的歌声："谁也阻不断的风雪，哦……解不开的冰封，哦……无尽的严寒，千百年的沉默，收不住的期待……"正当二人都陶醉在这美妙的歌声中时，猛然间刮起一阵大风，山尔感到脚下一阵颤抖。

"不好，我们遇到雪崩了，快跑！"说话间，毯子已拉着山尔向前跑去。山尔和毯子一直跑到一处安全的地方才停下来，大口大口地喘着粗气。

"你们是谁？为什么要放出大魔王？"一个妙龄女子突然出现在山尔和毯子的面前。

"我们没有放出魔王。"山尔答道。

"胡说，你刚才是不是在镇压魔王的山坳里唱歌？"少女语气不善地问道。

山尔和毯子面面相觑，一时间竟答不上话来。

"你，你，你是国王慕寒的小女儿？"毯子小心翼翼地问道。

"大胆，你是什么人？竟敢直呼我父王大名！"少女生气地质问。

"百年前，我和我朋友曾被你父王所救……"毯子说道。

少女大喊一声："什么？你就是害得我和我父王天人永隔的那个人？哈哈，杀父之仇，不共戴天。"少女一时之间性情大变，看着山尔和毯子的眼神也变得凌厉。

第十二章　对约旦传播的话语体系构建

少女使出法术，一阵大风席卷而来，将山尔和毯子刮到一座宫殿之上。

"来人啊，将这两个人压入冰牢，严加看守。哈哈，我长寿五天女终于可以替父王报仇了。"少女也随山尔他们到了大殿之上，并满脸泪水地下令道。

此地的夜总是那么漫长难熬。黑暗中，长寿五天女悄悄来到冰牢，却不想听到了毯子和山尔的对话。

"毯子，你能告诉我百年前那件事的具体经过吗？"山尔问道。

"好吧，我告诉你。百年前，公主出生，魔王为了获得无尽的邪力，便打起拥有魔法的小公主的主意。魔王多次和国王厮杀，但一次都没有成功。有一次，在魔王想抢小公主的时候，恰好滩羊带着我经过，我们发现了魔王的诡计，所以双方发生了争斗。当时，国王得到消息后赶过来加入了战斗。可魔王太厉害了，我们打不过他。为了击退魔王，国王用自己的鲜血浇灌了雪莲，激发了雪莲的力量。最后，魔王被封印在冰山上，可是国王不久后就去世了。"说完，毯子已泣不成声。

"他真是个伟大的父亲啊！"山尔喃喃地说道。

公主听到这些，整个人都虚脱了，原来真相是这样的。

"原来，父王是为了保护我，而我却……"百年来，公主都是在仇恨中度过的，却不知自己竟然一直在错怪他人。

正在公主伤心之际，魔王的声音在空中响起："哈哈，我亲爱的公主，我回来了。这次，没有你那强大的父王，我看你怎样反抗？"

听到魔王的声音，公主慌忙跑进冰牢，亲手解开山尔和毯子的绳子："对不起，是我错怪了你们，你们快走吧。在我父王的房间里有一架天梯，顺着它爬，你们就能离开这座山峰了。记住，千万不要回头。"

"不，公主，我们走了，你该怎么办？我们要留下来帮你。"山尔急切地说道。

"是时候替我父王报仇了，这是我和魔王的恩怨，和你们无关。"公主拒绝了山尔，说完就不见了踪影。

"毯子，快，带我飞去找到公主。"山尔着急地说。

等到山尔和毯子赶过去时，公主和魔王已经开战了。霎时间，风云变色，只听公主说道："美丽圣洁的雪莲啊！我以长寿五天女的身份，用善良和诚恳请求你们,请你们帮我消除邪恶吧!"瞬间,无数雪莲升起,一朵朵汇聚成一朵巨大的雪莲,随后一道亮光闪过,魔王瞬间被包围了。

巨大的雪莲将魔王罩住,并慢慢收紧花瓣,任凭魔王怎样挣扎,雪莲也纹丝不动。可眼见雪莲就要封印魔王时,魔王竟然使出杀手锏,拔出他的兵器天罡剑,试图斩断雪莲。公主见状,急忙割伤自己的手,将鲜血滴在雪莲上。雪莲一下子威力大增,终将魔王收服。这时公主却因失血过多,很是虚弱。

"公主,我们送你回王宫。"山尔边说边替公主包扎伤口。

"山尔,你走吧,离开这里,去继续完成你的使命。我的卫兵会赶过来带我回王宫的。"公主虚弱地说道。山尔抬头看见不远处一队卫兵正小跑着过来。

山尔见魔王已被封印,公主的卫队也将到达,且公主已无大碍,才答应离开。

山尔闭眼吟诵道:"在漆黑的夜里,人们依旧辛勤劳作;在危险之中,人们依然奔波劳顿;在正义面前低头,在邪恶面前抬头。战斗的人们啊!请不要后退,因为正义终会战胜邪恶。"

语毕,太阳缓缓升起,山尔同公主告别之后,就乘着毯子飞到老国王的房间。他们打开房顶的天窗,顺着梯子爬了上去,冷风呼啸,他们稍有不慎,就会被吹落山间。山尔和毯子牢记着公主的话"不能回头看"。就这样,山尔和毯子坚持着翻过了雪山。

"毯子,这一路发生的事真是惊险啊!"山尔看着未知的前方说道。

第四章 深蓝的秘密

经历了各种磨难,毯子载着山尔日夜兼程地飞到神秘女子的住所。山尔将毯子收起来背在了背上,他要让长途飞行的毯子休息一下。首先映入他眼帘的是一片形似双尾鱼的蓝色湖泊。在阳光的照射下,湖面就像一面古老的铜镜,显得神秘而高贵。山尔被眼前的美景征服了。这蓝色的湖水似有一种魔力,吸引着山尔不断地向前走去。沉迷于美景的山尔不慎被脚底的石头绊倒,摔了一跤,蓝色的湖水溅进了他的眼睛。

"啊!好疼呀。"山尔大喊一声,晕了过去。

"醒醒,醒醒……"山尔晕晕乎乎地睁开了眼睛,看到一位美丽的姑娘，她的长发被高高地挽起，有一双像大海一样深邃的碧蓝色眼睛。

"是你救了我吗？美丽的姑娘。"山尔问道。

"是啊，是我，你为什么孤身一人来到这里呢？我在这里住了许多年都没有见过其他人。"小姑娘眨着蓝色的眼睛警惕地问道。

没等山尔回答，小姑娘又说道："我是这里的守护者，如果有外人进入这里，我就要惩罚他。难道你不怕我吗？"

"不，你不会的，因为我觉得你是位善良的天使。"山尔微笑地说道。

"是吗？可是村里的人都说我是个不祥的人。"小姑娘委屈地说道，"因为我出生时村子里发生了祸事，再加上我天生拥有一双蓝色的眼睛，因此村里的人都认为我是个不祥的人，有父母在的时候还好一点，可是我五岁的时候父母就去世了，这在村里人看来都是我的过错，所以他们将我赶出了村庄。"

山尔听后，感到特别悲伤，上前安慰小姑娘："善良的姑娘，别哭啦，这些都是对你的考验，不要放弃，可你又是怎样来到这里的呢？"

"我被村庄里的人赶了出来。"小姑娘回忆道，"然后我遇到一个老奶奶，老奶奶让我帮她拎些东西，我看她年纪大，手脚不便，就帮她拎了。到了老奶奶家后，老奶奶告诉我，这一切都是对我的考验。然后，老奶奶就带我来到这里，让我在这里等一个人，她说这个人不会怕我、嫌弃我。"说完，小姑娘抬头问道："那个人会是你吗？"

"也许是吧。反正我不怕你蓝色的眼睛，不相信你是个不祥的人。"山尔回答道。

"你真是个好人，那你来这里是为了什么呢？"小姑娘问道。

"我在去往约旦的途中经过一座城池，那个城里的女性因为长年见不到日光，皮肤受到损伤。我听说……"

"我知道你需要什么了，跟我来。"不等山尔说完，小姑娘就打断了他。"看，这是湖底的黑泥，你别看它黑，它里面可有丰富的营养物质呢，它一定可以帮到那些可怜的姑娘。

"你这么善良，你会永远幸福的。"

"我已经很幸福了，我并不是不祥之人，我可以帮助到别人，谢谢你。"小姑娘诚恳地对山尔说道。

"你一个人住在这里，多有不便，不如我带你到约旦去，那里很繁华。

你可以在那里生活得更好。"山尔建议。

"其实这里就是约旦的境内，去约旦的首都很方便。但是我不会离开这里，我已经找到我的价值，我要守护这些可以帮人变美的黑泥。我要研究它的特性，看看能不能在黑泥里加入别的物质，来提升它的养颜功效。"姑娘信心满满地说道。

山尔只好告别小姑娘，抖开毯子，带着黑泥飞回城池。城主建议全城女性每天将黑泥敷在脸上一刻钟后再洗去。经过一段时间的黑泥护理，奇迹出现了，女人们的脸不再干枯，而且比以前更加湿润、水嫩、有光泽。

看到这样的结果，山尔朝着那片蓝色湖泊的方向小声说道："小姑娘，愿你永远美丽、安康！"

解决城中所有女人的问题后，山尔辞别了城主，又踏上了新的征程。

第五章　拜师学艺

山尔和毯子排除一切干扰，经过长途跋涉，终于到了约旦。在进入约旦的瞬间，他们就被这个神秘的地方吸引了。

山尔注意到许多细节，这里的人们身穿长袍，头戴头巾，妇女相对于男人来说衣着更加保守。这里的人举止文雅，走路从容，说话时距离比较近，递东西时用的是右手。山尔被这些独特的习俗深深地吸引了。

"毯子，我们怎样才能找到哈里呢？"山尔问道。

"哈里是有名的织毯匠人，很多人都认识他。刚刚我听两个街摊上喝茶的人提到了他，说他在阿姆拉城堡。"

转眼，毯子就载着山尔来到阿姆拉城堡，并感慨道："看，这里是哈里的城堡，虽然身处沙漠腹地，但却有难得一见的美景，哈里在这里过着悠闲自在的生活。值得一提的是，阿姆拉城堡的防御工事可是很厉害的哦。"

看到眼前的美景，山尔情不自禁地说道："哇，好美呀！"

"可是，我们要想见到他，还是很难的。"毯子担忧地说道。

看到毯子脸上的担忧之色，山尔也不禁愁容满面。

"不过，听说这个人有个特殊的癖好——非常喜爱各式各样的毯子，我们可以利用这个方式来接近他。山尔，你不是带了你们家乡的羊毛吗？它可以帮到我们哦！"毯子高兴地说道。

第十二章 对约旦传播的话语体系构建

"这是一个好计划。"山尔忍不住偷偷地笑了笑。

山尔和毯子用所带不多的羊毛织了一张一尺见方的小毯子，上面织有山尔家乡灵州的风景。随后，山尔将小毯子交给哈里家的管家，便和毯子在城堡外面等候消息。

"你们好，来自远方的客人，主人已经在城堡里等候你们了，请跟我来。"山尔和毯子跟着仆人走进城堡。

当山尔看到城堡的内部结构时，不禁惊叹道："这真是一座宏伟的建筑啊！"

只见三条美丽的拱顶走廊从不同的方向汇聚到一个小型的喷泉跟前，喷泉四周被很多不知名的鲜花环绕着。走进客厅，山尔发现这里更是大得出奇。美轮美奂的客厅里，物件有上千件。藏宝架上有精美小巧的鼻烟壶、展翅的雄鹰根雕、璀璨的水晶瓶、嵌宝石的金壶、掐丝工艺的首饰盒，件件都是精品。而客厅东墙上挂着许多精美的挂毯。山尔猜测这些毯子大多出自哈里大师之手。正当山尔和毯子惊叹于客厅的各类物品时，客厅突然变暗了。

"欢迎你们，我尊贵的客人，我是这个城堡的主人——哈里。"黑暗中，一个苍老的声音响起。

"您好，我是山尔，来自东方之国的'灵州'。"山尔说道。

"年轻人，你让我见你的方式很特别，之前要见我的人都是送来贵重物品，可是他们都没能打动我。你送我的小毯子是你亲手织的吗？但是我想你和所有要见我的人的理由是一样的，希望求得我亲手编织的毯子，对吗？"

"是的，哈里大师。我父亲曾经跟您学过织毯技艺，有一块您亲手织的毯子，是您当时奖励给我父亲的。但是那块被父亲珍视的毯子被我不小心烧掉了，我怎样做才能再得到一块您织的毯子呢？"山尔问道。

"年轻人，你想得到我织的地毯子不是不可以，但是你要帮我解答一个一直困扰我的问题，你愿意吗？"哈里大师问道。

"我愿意一试。"

"少年时我的织毯技艺已经远近闻名，中年时更是名扬千里。各国王室和贵族都收藏我织的毯子，曾出现过一毯难求的情况。我既赢得名，又赢得利，还做了自己喜欢的事业。我收了几个徒弟传播技艺，当时的我很快乐。随着地位越来越高,我不再收徒,而是创新技艺,专心织毯。你们看到我的城堡、我的花园、我的用具皆是最奢华的。我已到了人生巅峰,但是我不开心。山尔,你告诉我这是为什么?"

"哈里大师,我可能不能解答你的问题,但是我可以告诉您,如果我是您,我会怎么做。"山尔沉思了一会儿,继续说道,"如果我能有您的织毯水平,我一定会广收徒弟,我要让这样美的织毯遍布全世界,让更多的人感受到织毯艺术的魅力。我想这样我会很开心。"

哈里大师看着山尔,久久没有说话。天色暗了下来,最终哈里大师对山尔说:"少年,我不会给你我的织毯。但是,从明天开始,你可以来我这里学习织毯技艺。我想看到你能织出和我一样水平的毯子,而不是单纯地从我这要一张我的作品。"哈里大师转身离去时,身体挺得笔直,步伐轻快,一扫之前的老态。

第二天,山尔如约来到哈里大师的城堡学习织毯技艺。从这天开始,城堡里的仆人发现,哈里大师每天都有一些变化。"哈里大师能吃更多的食物了,哈里大师的话比以前多了,哈里大师发自内心地笑了。"仆人们交谈着哈里大师的变化。

山尔也在哈里大师的教导下学会了越来越多的织毯技术。哈里大师和山尔还创造了一些新的织毯方法,比如将五彩石研磨成粉在毯子上贴出图案,或者将灵州的滩羊毛与约旦的羊毛混合起来织毯。

听说哈里大师收了徒弟,有个叫穆思发的人也来到城堡想拜哈里为师。人们都觉得穆思发不可能被哈里大师收下为徒。但出乎所有人预料的是,哈里大师竟同意收下这个新徒弟,并让仆人在城堡外张贴收徒的告示。就这样,很多人都成了哈里大师的徒弟。哈里大师破天荒广收门徒的事也成了人们闲暇时讨论的话题。

后来还有更让人们吃惊的事发生了——哈里大师不收徒弟的学费;哈里大师将城堡改成学校;哈里大师竟然走出他的城堡,带着他的徒弟到约旦各地去讲学、建制毯厂。

人们奇怪于哈里大师的转变,但只有哈里大师自己知道是山尔的话点醒了他——名利不一定会让人快乐,但是分享和传承一定会让人愉悦。

山尔跟随哈里大师学艺三年后,织毯技术已十分成熟。一天,哈里大师叫山尔来到他们建立的制毯厂,指着一张山尔织的毯子说道:"年轻人,你织出的毯子丝毫不逊色于我的，甚至比我的还要好。你看你毯子的工艺、构图、色泽都比我的毯子要好。我很高兴你出徒了，你还需要我的织毯吗？"

"老师，我还是希望您送我一张您织的毯子，为我留作纪念。您的毯子也可以激励我不断地改进织毯技艺，提醒我那分享的喜悦。我还要将您教我的技艺传播给我国人民，让他们也能使用这么美丽的物品。"山尔说道。

"哈哈哈，我的好徒弟，你的想法还是那么的质朴。我知道我们终要分离，这种分离不是痛苦的，是让我们欢欣鼓舞的。就像你所说的，你的国人将学会约旦匠人的工艺。文化、技艺、情感都将在两国之间流传。"哈里大师激动地说道。

几天后，山尔带着他的毯子辞别恩师，返回了故土。从此，华夏大地上开始流行使用地毯。

四、故事分配

约旦在旅游业、通信和特色商品三个领域具有一定的优势，对故事《山尔的奇幻之旅》的宣传具有推动作用。

（一）旅游业

约旦处在通往亚洲、非洲和欧洲的交通"十字路口"，因而地理位置优越。约旦自古就是通商贸易交汇之地。那里自然风光秀丽、社会稳定、包容开放，拥有丰富的旅游资源、完备的旅游设施、独特的美食文化，吸引着来自海湾地区、欧洲等地的游客前来旅游。旅游景点包括古罗马时期古城遗址、圆形剧场、"世界新七大奇迹之一"的佩特拉古城、古教堂建筑、死海等。约旦非常重视旅游业的发展，旅游业是约旦国家财政收入的重要组成部分。旅游业不仅带动约旦经济快速发展，促进约旦餐饮、酒店等相关产业发展，还给约旦带来大量的就业岗位。借助旅游业在约旦经济发展中的重要地位，将故事《山尔的奇幻之旅》与旅游业进行融合，不仅可让世界各地游客领略约旦的灿烂文化，还能进一步增大故事的受众面。

（二）通信

在阿拉伯国家中，约旦的互联网普及率排名靠前，处于领先地位。较为开放的约旦电信市场目前拥有三家运营商，分别为 Zain、Umniah 和 Orange，其中 Orange 是约旦唯一的综合运营商。三家运营商各有优势，分别占领移动用户、固网用户和互联网用户市场的不同份额，为约旦通信网络基础设施建设做出贡献，不断提高约旦互联网普及率。其中 Orange 公司是约旦最早推行 4G 的运营商。为 4G 网络能够顺利运行，Orange 公司与中国中兴通讯公司加强合作，2015 年 Orange 公司的 4G 网络服务已覆盖约旦全国。在移动网络、固网方面，Orange 公司不断针对约旦国情调整通信技术，不断给手机用户、互联网用户、企业提供优质服务，带来高速的网络体验。依托约旦成熟的通信网络传播故事《山尔的奇幻之旅》，可不断扩大故事的受众群体。

（三）特色商品

约旦拥有众多传统的手工艺品，其中以马赛克画、沙瓶画和死海化妆品为代表，且深受广大约旦人民的喜爱。马赛克画制作历史悠久、题材广泛，包括神话传说、花鸟鱼虫等内容。因构思巧妙、色彩搭配完美、技艺娴熟、制作精美，马赛克画不仅极具视觉享受，还拥有一定的收藏价值。沙瓶画是用特殊的工具把色彩艳丽的细腻沙子灌入不同形状的玻璃瓶中，各种彩沙通过层次感的叠加形成绚丽的景观。约旦珍贵的死海泥含有多种矿物质和微量元素，能够活化皮肤细胞，加快皮肤新陈代谢，可以用来治疗黑头、皮炎等各种皮肤疾病。因而，死海泥具有清洁皮肤等美容功效，其提炼加工成的化妆品深受世界人民的喜爱。将故事《山尔的奇幻之旅》与约旦极具代表性的传统手工艺术进行融合，开发出富有约旦文化特色的商品，既可提高约旦传统手工艺术在世界范围内的知名度，又可扩大故事《山尔的奇幻之旅》的影响力。

五、故事消费

故事《山尔的奇幻之旅》分配渠道建立后，从旅游业、通信和特色商品三个领域分别介绍故事消费的策略。

（一）旅游业
在旅游业领域的消费通过音乐剧、宣传、营销三个策略实现。
1. 音乐剧
邀请约旦当地知名音乐剧制作公司和知名音乐剧剧团，将故事《山尔的奇幻之旅》改编制作成不同类型的、适合不同年龄层观众的音乐剧。在音乐剧的编排和设计中，将故事中的场景与中国、约旦两国的旅游景点进行融合，让约旦观众在欣赏音乐剧的同时，增强对本国文化的自豪感。
2. 宣传
将故事《山尔的奇幻之旅》的音乐剧宣传海报或宣传片投放到车载广告上，刊登在报刊、纪念册、旅游指南等上，张贴在公路沿途的便利店、高速公路加油站的橱窗上，加大故事的宣传力度。约旦拥有众多旅游资源，可在旅游景点搭建小型舞台，在舞台上展示《山尔的奇幻之旅》音乐剧，邀请游客扮演剧中角色，提高故事的知名度。通过手机 App，不断推送《山尔的奇幻之旅》的音乐剧介绍、宣传片、制作音乐剧时的花絮、与故事相关的旅游信息，凡是使用手机关注故事的 Facebook 或 Twitter 账号的网民，均可获赠小礼品。通过宣传，不仅可加深约旦人民对故事的理解，也可提高他们对中国的认识。
3. 营销
将观看故事《山尔的奇幻之旅》的音乐剧作为旅游项目融入旅游线路中。约旦当地百姓凭有效证件购买音乐剧门票时，享受一定优惠，并可与参演《山尔的奇幻之旅》音乐剧的演员进行现场互动。而且，在节目中设置观众有奖问答环节，随机抽取几名幸运观众，赠送精美小礼品。小礼品是根据故事《山尔的奇幻之旅》开发出来的立体书籍、书签、行李牌等。通过各种形式的互动活动，进一步提升约旦人民了解故事的积极性。

（二）通信
在通信领域的消费通过广告、游戏、电子图书三个策略实现。
1. 广告
以故事《山尔的奇幻之旅》为蓝本，与约旦知名广告公司合作，根据受众需求，设计突出约旦文化特色的故事微电影广告。再将广告植入各类手机软件、电脑软件、免费网站的弹屏广告中，也可以推广至约旦旅游信息网站、投资信息网站、Facebook、Twitter 等社交平台。这种广告具有本土化、亲民化的特点，更容易吸引当地观众。

2. 游戏

以故事《山尔的奇幻之旅》为蓝本，与约旦当地游戏制作公司合作，设计出故事版本的各种网页小游戏或手机游戏，如《山尔的奇幻之旅》拼图、《山尔的奇幻之旅》角色扮演游戏、《山尔的奇幻之旅》探险益智游戏等。网络游戏可让约旦网民在游戏中享受故事带给他们的快乐。

3. 电子图书

每天分时段在网络上推送阿拉伯语版、英语版故事《山尔的奇幻之旅》的文字片段，使约旦人民在阅读故事片段的过程中，产生对故事情节的期待和向往。读者总是在不断对故事进行思考的基础上，带着问题进行下一个片段的阅读，好奇心会一直持续到故事结束。电子图书可以拥有稳定的受众，并留给读者足够的时间和空间去思考故事《山尔的奇幻之旅》。

（三）特色商品

在特色商品领域的消费通过特色商品制作、展览、销售三个策略实现。

1. 特色商品制作

邀请当地百姓参与制作以故事《山尔的奇幻之旅》为主题的沙瓶画；以故事为主题的马赛克镶嵌画、相框画；以故事为主题的死海泥系列化妆品。参与制作特色商品不但可使约旦人民体验特色商品的工艺，而且可加深其对故事《山尔的奇幻之旅》的理解。

2. 展览

在约旦杰拉什文化艺术节等大型活动、安曼皇家文化中心举办的艺术活动、当地知名画廊举办的展览、中国阿拉伯国家博览会等大型展会上，展览故事沙瓶画、马赛克画系列产品，使观众在欣赏《山尔的奇幻之旅》故事特色游商品的过程中逐渐了解故事。

3. 销售

将故事系列沙瓶画、马赛克画和死海化妆品投放在约旦互联网电商平台、电视购物平台、旅游景区特产专卖店、高速公路加油站、机场免税店等，并采取各种促销手段，如捆绑销售等。这样，不仅可带动约旦当地小商品经济的发展，还可进一步扩大故事的影响力和受众面。

六、中约合作

故事生产、故事分配、故事消费的最终目的之一是达成合作，两国的合作主要体现在以下几个方面。

（一）共建纺织业

随着服装行业的不断发展，约旦服装出口额保持增长态势，为约旦增加了就业岗位，带动了约旦经济的发展。约旦政府制定国家中长期规划，其中制衣属于优先发展领域。地理位置优越、社会稳定、政策扶持、市场辐射范围广、工业区多、与多个国家签订自由贸易协定、鼓励外资进入等优势，为约旦纺织业的发展提供了良好机遇。中国和约旦于1977年建立外交关系，2015年建立战略伙伴关系。中国纺织工业在世界生产制造和国际贸易中占据一定优势地位。两国可在纺织业领域深入合作：中国优秀的服装纺织企业前往约旦工业区投资建厂；或与约旦服装纺织企业合作，将中国的纺织原料、服装面料出口至约旦，再将纺织品出口至周边其他阿拉伯国家甚至美洲、欧洲。两国合作，不但可缓解约旦纺织原料紧张问题，增加约旦当地就业岗位，提高约旦纺织从业者专业技术水平，推动约旦物流基础设施建设等，还可促进中国企业不断优化纺织设备配置，提高企业自身管理水平，增加外汇收入。

（二）助推死海泥发展

死海不仅是约旦著名的旅游景点，还蕴藏着丰富的资源，如死海盐、死海泥等。约旦的死海盐、死海泥主要被提炼加工成各种护肤品，深受世界人民的追捧和喜爱。随着中国经济的快速发展，人民生活质量日益提高，中国女性也越来越重视自身皮肤的管理，尤其注重日常的护肤。为了迎合广大消费者的需求，中国不断丰富化妆品原料，提高化妆品加工技术，加大资金和技术投入，使得高质量、多功能的国产护肤化妆品受到广大消费者的喜爱。为了迎合中国广大消费者对高品质护肤品的需求，中国和约旦在死海泥领域达成合作，依托约旦丰富的死海泥资源和死海泥护肤品生产经验，打造适合中国人肤质的死海泥品牌，研发适合中国人的死海泥系列护肤品，如死海泥面膜、护手霜等。借助中国全覆盖的电商平台、社交平台、网络直播平台进行线上销售，不仅可带动约旦化妆品产业的快速发展，扩大约旦死海泥在海外的知名度，还能为中国民族护肤品品牌注入活力，提高中国化妆品的质量，极大地满足消费者的需求。

（三）共建五彩石产业

约旦拥有众多传统手工艺品。约旦人民运用丰富的想象力、特制的工具，制成题材广泛、内容丰富的沙瓶画。沙瓶画是约旦最具代表性的手工艺术品之一。而制作沙瓶画的沙子的来源之一便是约旦佩特拉城的天然彩色岩石，即五彩石。中国工艺美术门类众多，各族人民运用多样的工艺材料、丰富的艺术手法、精湛的工艺技术，创造出无数珍贵的工艺美术品，对中国文化乃至世界文化产生深远影响。但是，中国运用五彩石进行工艺美术品制作的经历还不多。如果将约旦五彩石与中国传统工艺融合，制成各类五彩石工艺美术品，将会极大丰富中国传统美术工艺品的品种。如，将五彩石研磨成粉末，按照一定比例与高岭土混合制作陶瓷产品，或者将五彩石粉末作为陶瓷产品的颜料。同时，中国是世界人口大国，历来重视教育，儿童早教市场潜力巨大。五彩石沙瓶画、沙画是一种极具创造力、视觉冲击力的艺术手法。将五彩石沙瓶画、沙画的制作与儿童早教教育进行融合，不但能促进儿童智力成长，培养儿童的想象力和创造力，而且能增强儿童的动手能力。总之，两国在五彩石领域的合作不但能促进约旦五彩石产业的发展，还可对中国传统工艺美术产业和早教机构的发展发挥积极作用。

参考文献

（一）专著

1. 韩志斌：《列国志：巴林》，社会科学文献出版社 2009 年版。
2. 王景祺：《列国志：科威特》，社会科学文献出版社 2004 年版。

（二）论文

1. 耿纪朋、郑小红：沈寿在中国刺绣史上的地位考略"，《齐齐哈尔师范高等专科大学学报》2014 年第 4 期。
2. 兰馨："'沙漠中的花朵'阿联酋经济概况"，《中国贸易报》2017 年 3 月 30 日，第 8 版。
3. 仝菲："科威特经济发展战略与'一带一路'的倡议"，《阿拉伯世界研究》2015 年第 6 期。
4. 吴贵："巴林王国风情拾趣"，《阿拉伯世界》2004 年第 3 期。
5. 吴富贵："中国和科威特的故事"，《国际人才交流》2018 年第 12 期。
6. 薛庆国："'一带一路'倡议在阿拉伯世界的传播：舆情、实践与建议"，《西亚非洲》2015 年第 6 期。
7. 薛庆国："关于在阿拉伯媒体上传播'中国声音'的思考"，《阿拉伯世界研究》2011 年第 1 期。
8. 余戬平："浅议亚洲国家婚礼服饰与文化——以中国、韩国、日本为例"，《艺术教育》2015 年第 4 期。
9. 郑小红、耿纪朋："苏绣、顾绣的历史与文化的传承"，《剑南文学》2013 年第 6 期。
10. 周童："行走多哈"，《世界文化》2012 年第 4 期。
11. 张宇："中华 H530 轿车沙特市场营销策略研究"，东北大学学位论文，2012 年。

（三）网站资料

1. 滁州气象局："迪拜气候"，https：//www.czqxj.net.cn/qihou_20186。

2. 对外领事网："黎巴嫩国家概况"，http：//cs.mfa.gov.cn/zggmcg/ljmdd/yz_645708/lbn_646888/gqjj_646896/t312280.shtml。

3. 对外领事网："一带一路投资政治风险研究之阿联酋"，http：//www.china.com.cn/opinion/think/2015-06/01/content_35705943.htm。

4. 凤凰网："阿联酋本月起给予中国公民免签入境待遇"，http：//news.ifeng.com/c/7fbV8xMhzXq。

5. 国务院新闻办公室："70年来艰苦奋斗开拓进取 中国能源发展取得举世瞩目伟大成就"，http：//www.ceweekly.cn/2019/0927/269519.shtml。

6. 国家信息中心："阿联酋经济形势及中阿经贸融合发展的思路"，http：//www.sic.gov.cn/News/456/8037.htm。

7. 环球网："也门共和国"，https：//world.huanqiu.com/article/9CaKrnJmTub。

8. 海丝网："也门"，http：//www.hssczl.net/2016-03/24/content_5297054.htm。

9. 人民网："最美的十处世界遗产"，http：//pic.people.com.cn/GB/17817792.html。

10. 人民网："卡塔尔国家概况"，http：//cpc.people.com.cn/GB/67481/94137/124217/7377164.html。

11. 搜狐网："走遍世界"，https：//m.sohu.com/a/194186123_570340/。

12. 搜狐网："巴林列国"，https：//m.sohu.com/a/144497601_714433/。

13. 商务部网站："2017年中巴双边贸易情况"，http：//bh.mofcom.gov.cn/article/zxhz/201803/20180302721943.shtml。

14. 商务部网站："黎巴嫩投资环境概况"，http：//lb.mofcom.gov.cn/article/ztdy/200209/20020900040257.shtml。

15. 商务部国际贸易经济合作研究院、中国驻叙利亚大使馆经济商务参赞处、商务部对外投资和经济合作司：《对外投资合作国别（地区）指南——叙利亚（2019年版）》，https：//max. book118. com/html/2019/0528/7120025114002030. shtm。

16. 商务部国际贸易经济合作研究院、中国驻阿曼大使馆经济商务参赞处、商务部对外投资和经济合作司：《对外投资合作国别（地区）指南——阿曼（2018年版）》，https：//max. book118. com/html/2020/0302/8115063056002100. shtm。

17. 外交部："科威特国家概况"，http：//www. fcnpmgov. cn/weh/gjbdq_676201/g_676203/yi_676205/1206. 676620/1206x0_676622/。

18. 外交部："伊拉克国家概况"，http：//www. fmprcgov. cn/web/gjhdq_676201/gj_676203/yz_676205/1206. 677148/1206x0_677150/。

19. 外交部："巴林王国国家概况"，https：//www. fmprc. gov. cn/web/gjhdq_676201/gj_676203/yz_676205/1206_676356/1206x0_676358/。

20. 新华网："中华人民共和国和卡塔尔国关于建立战略伙伴关系的联合声明"，http：//www. xinhuanet. com/politics/2014 – 11/03/c_1113098280. htm。

21. 新华网："叙利亚伤痛五年，经济至少倒退30年"，http：//www. xinhuanet. com/world/2016 – 03/21/c_128816505. htm。

22. 闫志强："中国重油加工技术跃居国际领先水平"，http：//www. baidiLcom/Hnk? nd = xH5h9x – flmnrfsGjOrYlk6mhus2JSczqkC1kxZUublhgikcdOvHQ_wC。

23. 中华人民共和国驻叙利亚大使馆网站："叙利亚简况"，http：//sy. chineseembassy. org/chn/gjgk/xlyjk/t1620483. htm。

24. 外交部："叙利亚国家概况"，https：//www. fmprc. gov. cn/web/gjhdq_676201/gj_676203/yz_676205/1206_677100/1206x0_677102/。

25. 中华人民共和国驻叙利亚大使馆经商处："叙利亚经济简况"，http：//sy. mofcom. gov. cn/article/ddgk/201905/20190502862031. shtml。

26. 商务部："商务参赞访谈"，http：//interview. mofcom. gov. cn/detail/201605/1545. html。

27. 中国领事服务网："沙特阿拉伯"，http：//cs. mfa. gov. cn/zggmcg/

ljmdd/yz_645708/stalb_647384/。

28. 中国历史网："黎巴嫩",http：//www.861sw.com/sjls/22865.html。

29. 商务部："商务参赞访谈",http：//interview.mofcom.gov.cn/detail/201605/1450.html。

30. 中华人民共和国驻科威特大使馆经济商务处："科威特将实施'绿带'工程,以减轻沙漠化和沙尘暴影响",http：//www.mofcom.gov.cn/article/i/jsWiliykLCM1506/20150601014165.shim。

31. 中国日报中文网："外媒：叙五年内战47万人丧命,基础设施几乎完全被毁",http：//world.chinadaily.com.cn/guoji/2016-02/12/content_23456288.htm。

致　　谢

2016年，姜克银教授开始策划这本书的写作思路、整体构架和具体内容。在宏观框架的指导下，课题组全体成员通力配合，终于在2020年完成这本专著。本书的出版还得到宁夏大学中国阿拉伯国家研究院张前进书记的大力支持，在此一并表示衷心感谢！